Von COBOL zu OOP

Markus Knasmüller ist Leiter der SW-Entwicklung von BMD System-haus, Österreichs führendem Hersteller von Rechnungswesensoftware mit mehr als 130 Mitarbeitern und 10.000 Kunden. In dieser Funktion ist er verantwortlich für die Umstellung von rund 50 Programmierern und 10 Millionen Lines of Code von COBOL auf OOP. Er hat Erfahrungen im Bereich der Schulung von objektorientierter Programmierung sowohl an Universitäten als auch in der Industrie. Im Rahmen seiner Disser-tation an der Universität Linz (Lehrstuhl Prof. Mössenböck) war er an der Fortentwicklung des objektorientierten Systems Oberon beteiligt. Seine Arbeitsschwerpunkte sind Objektorientierung, Datenbanksysteme und Softwarequalität.

Markus Knasmüller

Von COBOL zu OOP

Umsteigen auf objektorientierte Programmierung

 dpunkt.verlag

Dr. Markus Knasmüller
BMD Systemhaus GmbH
Sierninger Straße 190
A-4400 Steyr
E-Mail: knasmueller@bmd.at

Lektorat: Christa Preisendanz
Copy-Editing: Ursula Zimpfer, Herrenberg
Herstellung: Birgit Dinter
Umschlaggestaltung: Helmut Kraus, Düsseldorf
Druck und Bindung: Koninklijke Wöhrmann B.V., Zutphen, Niederlande

Die Deutsche Bibliothek – CIP-Einheitsaufnahme

Knasmüller, Markus:
Von COBOL zu OOP : umsteigen auf objektorientierte Programmierung / Markus Knasmüller. - 1.
Aufl.. - Heidelberg : dpunkt-Verl., 2001
    (dpunkt-Lehrbuch)
    ISBN 3-932588-95-9

1. Auflage 2001
Copyright © 2001 dpunkt.verlag GmbH
Ringstraße 19 b
69115 Heidelberg

Vorwort

Wir bauen Software wie Kathedralen:
Zuerst bauen wir – dann beten wir.

Es war Dienstag, der 15. Mai 1990, 10 Uhr 20: mein erster Kontakt mit der objektorientierten Programmierung. Als ich damals als Student meine ersten Erfahrungen mit dieser Form der Programmierung machte, hatte ich noch nicht einmal einen Compiler dafür zur Verfügung und konnte daher die Übungen nur auf Papier machen. Dennoch war ich von diesem neuen Konzept beeindruckt und habe später verschiedene Programmierprojekte und auch meine Diplomarbeit und Dissertation über diese Thematik geschrieben. Ebenso habe ich gemeinsam mit Professor Mössenböck, selbst Entwickler der objektorientierten Programmiersprache Oberon-2, an der Johannes Kepler Universität Linz hunderte Studenten in die Kunst der objektorientierten Programmierung eingeführt. Als ich dann 1997 die Möglichkeit bekam, bei der Firma BMD Systemhaus GmbH, Österreichs führendem Hersteller von Rechnungswesensoftware, die Leitung der Softwareentwicklung zu übernehmen und mir dabei als Hauptaufgabe die Umstellung der bisherigen COBOL-Entwicklung auf objektorientierte Programmierung anvertraut wurde, war dies natürlich eine gewaltige Herausforderung. Die Erfahrungen, die ich im Rahmen dieses Projektes gemacht habe, und die Technik, die angewandt wurde, um COBOL-Programmierern die objektorientierten Techniken näher zu bringen, bilden die Grundlage für dieses Buch.

Das vorliegende Buch richtet sich somit an alle COBOL-Programmierer, aber auch an alle anderen Programmierer, die von der traditionellen auf die objektorientierte Programmierung umsteigen möchten. Ebenso richtet es sich an Projektleiter, die größere Projekte mit Hilfe von objektorientierten Techniken realisieren möchten. Die Zielgruppe ist somit sehr groß, weltweit haben sicherlich noch einige hunderttausend Programmierer diesen Weg vor sich.

Ziel des Buches ist es dabei, genau diesen Personen den Weg zu erleichtern. Ein möglicher, effizienter Weg wird vorgezeigt, eigene Erfahrungen und vor allem bekannte Fehler werden auch präsentiert, damit der Leser davon profitieren kann, indem er sie (die Fehler) möglichst vermeidet.

Wenn ich mich an den Beginn des Projektes bei BMD zurückerinnere, so hat mir damals genau so ein Buch gefehlt. Dass es ein solches Buch nicht gab, war für mich umso verwunderlicher, weil eben so ein Leitfaden auch für andere sehr nützlich gewesen wäre. Schon damals hatte ich die Idee, ein derartiges Buch zu schreiben, nun nach vielen Entbehrungen und der Verwendung fast jeder freien Minute ist es fertig gestellt.

Selbstverständlich ist so ein Werk aber nie der alleinige Verdienst eines Einzelnen. Daher möchte ich dieses Vorwort auch nutzen, um all jenen zu danken, die mir dabei behilflich waren. Vorneweg ist hier natürlich Professor Mössenböck zu nennen, der nicht nur mit seinem Buch [Mös99], sondern auch mit seinen Vorlesungen zur objektorientierten Programmierung einen sinnvollen Weg, die Kunst der objektorientierten Programmierung zu lehren und zu erlernen, vorgezeigt hat. Auch hat er, ebenso wie Bruno Schäffer, das Manuskript zu diesem Buch gelesen und viele Verbesserungsvorschläge dazu gemacht. Dann seien natürlich die Mitarbeiter der Firma BMD erwähnt, die mich in meinen Bemühungen, die objektorientierte Programmierung einzuführen, immer unterstützt haben. Stellvertretend für alle Seiten seien hier die Mitarbeiter des so genannten NTCS-Teams, also Günther Freudenthaler, Horst und Sylvia Hagmüller, Franz Pfeiler und Robert Zeiml, sowie der BMD-Geschäftsführer Ferdinand Wieser besonders hervorgehoben. Dieses NTCS-Projekt wird auch vom österreichischen Innovations- und Technologiefond (ITF) unter der Projektnummer 801813 gefördert.

Ferner möchte ich meinem Praktikanten Matthias Rumplmaier, der eine Vielzahl der Abbildungen gezeichnet hat, danken. Frau Ursula Zimpfer hat mit großer Sorgfalt die (hoffentlich) letzten Schreibfehler im Manuskript aufgespürt. Auch Frau Preisendanz vom dpunkt.verlag, die die organisatorische Arbeit zu diesem Buch geleistet hat, sei gedankt. Erwähnt werden sollte auch Frau Sigrid Haberkorn von Borland, die es ermöglicht hat, dass dem Buch eine CD mit Testversionen von Delphi und JBuilder beiliegt.

Danken möchte ich aber auch ganz besonders meiner lieben Frau Ulrike, auch wenn dieser Dank wohl nur eine geringe Entschädigung für die vielen entgangenen gemeinsamen Stunden ist.

Steyr, im Februar 2001
Markus Knasmüller

Inhaltsverzeichnis

1 Einführung

1.1 Motivation

Das dritte Jahrtausend hat begonnen und damit auch ein neues Zeitalter in der Informationstechnologie. Rasante Entwicklungen sind zu erwarten, da mit dem neuen Jahrtausend auch die Ära nach dem Y2K-Problem begonnen hat. Durch dieses waren viele Kapazitäten gebunden, die sich mit einem zwar einfachen, aber aufwendigen Erweitern von Datumsformaten auseinandersetzen mussten. Wie wenig kreativ die Behebung des Y2K-Problems war, zeigt beispielsweise folgender, wenn auch nicht ganz ernst gemeinter Brief eines SW-Entwicklungs-Chefs (um den Sinn wortgetreu wiederzugeben, bleibt er unübersetzt):

Y2K-Sinnhaftigkeit

Y2K-Problem

Dear Boss,

our staff has completed the 18 months of work on time and on budget. We have gone through every line of code in every program in every system. We have analysed all databases, all data files, including backups and historic archives and modified all data to reflect the change.

Y2K wörtlich genommen

We are proud to report that we have completed the »Y2K« date change mission, and have now implemented all changes to all programs and all data to reflect your new standards: Januark, Februark, March, April, Mak, June, Julk, August, September, October, November, December. As well as: Sundak, Mondak, Tuesdak, Wendsdak, Thursdak, Fridak, Saturdak

I trust that this is satisfactory, because to be honest, none of this »Y to K« problem has made any sense to me. But I understand it is a global problem, and our team is glad to help in any way possible.

And what does the year 2000 have to do with it? Speaking of which, what do you think we ought to do next year when the two digit year rolls over from 99 to 00? We'll await your direction.

Joan Duh
Snr Programer

Aber so wenig Fortschritt dieses Ändern der Programme war, so viel Kapazitäten band es, dies umso mehr, da in viele Programme noch zusätzlich eine neue Währung, der Euro, eingebaut werden musste. Dadurch war es für Programmierer – insbesondere für solche der alten Schule – einfach, einen geeigneten Arbeitsplatz zu finden. Da besonders alte Programme umgeschrieben werden mussten und diese Programme meist in COBOL programmiert waren, gab es für COBOL-Programmierer wieder gute Arbeitsmöglichkeiten, obwohl noch vor einigen Jahren aufgrund des Durchbruchs neuerer komfortabler Programmiersprachen die Lage eher schlecht aussah. Aber nicht nur bestehende COBOL-Programmierer wurden durch das Y2K-Problem wieder eingesetzt, sondern sogar neu aufgenommene Programmierer wurden in COBOL geschult. Aber wie sagten schon Experten dazu: Vor dem 1. Januar werden die Softwareentwickler gut am Y2K-Problem verdienen, nach dem 1. Januar nur mehr die Rechtsanwälte und diese sogar sehr gut.

Berufsaussicht   In dieser neuen Ära nach dem Y2K-Problem kann nun die volle Konzentration auf Fortschritt und Weiterentwicklung gelegt werden. Natürlich werden damit auch in der Informationstechnologie noch genügend Arbeitskräfte und damit auch Programmierer gesucht, es wird aber vermehrt Kreativität und Leistung und nicht stumpfes »Dahinprogrammieren« gefordert werden. Darüber hinaus sind besonders neue Technologien, wie Internet oder WAP, im Vormarsch. Dadurch wird es für jetzige COBOL-Programmierer nötig sein, sich weiterzuentwickeln. Eine Studie von JOBSTATS über den Arbeitsmarkt vom September 2000 (http://jobstats.jobet.com.au) zeigt etwa, dass nur mehr bei 1,41% aller offenen Programmierstellen die Sprache COBOL gewünscht wird. Dies ist deutlich weniger als etwa bei Java (15,27%) oder C++ (13,91%), obwohl drei Millionen COBOL-Programmierer weltweit vorhanden wären.

Alternativen:
Der Quastenflosser
hat auch überlebt   Durch die großen Vorteile der objektorientierten Programmierung, die im nächsten Abschnitt behandelt werden, ist es auch verständlich, dass derartige Sprachen eher gewünscht sind. Daher ist es sehr wichtig, sich diese Technik anzueignen. Ein Vorhaben, das relativ einfach ist, der Leser ist keine 300 Seiten davon entfernt. Selbstverständlich wird es aber trotzdem eine gewisse Anstrengung benötigen und so mancher wird diese scheuen und sich fragen, ob es Alternativen gibt. Natürlich

gibt es die: Um einen Vergleich aus der Natur zu bringen, die Dinosaurier sind zwar ausgestorben, die Quastenflosser (eine Tierart, die immer hin 250 Millionen Jahre älter ist) leben aber immer noch. Somit werden wohl auch einige COBOL-Programmierer überleben, ohne sich umstellen zu müssen, wobei diese Alternative in Abbildung 1-1 zu sehen ist. Es bleiben dabei aber natürlich zwei Fragen:

Abb. 1–1
Der Quastenflosser: eine Alternative für COBOL-Anwender?

Erstens, gehört man wirklich zu den besten COBOL-Freaks, die überleben werden, und zweitens, ist das Leben als Quastenflosser wirklich so erstrebenswert? Alle jene, die sich auch nur bei einer der beiden Fragen nicht ganz sicher sind, ob sie mit einem klaren JA beantwortet werden kann, sollten weiterlesen. Im Rest dieses Kapitels werden die Vorteile der objektorientierten Programmierung erklärt. Außerdem wird darauf eingegangen, welche Vorbereitungen nötig sind, wie dieser Kurs aufgebaut ist, und für alle, die noch Zweifel haben, wird ein Beispiel aus der Praxis gebracht, das einerseits zeigt, dass ein Umstieg von COBOL auf objektorientierte Programmierung sinnvoll ist, und andererseits, dass das in diesem Buch gezeigte Konzept bereits erfolgreich angewandt wurde.

1.2 Vorteile der neuen Techniken

Die wichtigsten Vorteile der objektorientierten Programmierung sind:

❑ Wiederverwendung: Die objektorientierte Programmierung ermöglicht es, dass ein einmal geschriebenes Programmstück später, auch in ganz anderen Programmen, wiederverwendet werden kann. Durch diese Technik kann der Entwicklungsaufwand reduziert werden. Ein einfaches Beispiel wäre etwa eine Buchungsfunktionalität, die nur einmal geschrieben werden muss und von allen Programmen verwendet wird.

Vorteile von OOP

❑ Erweiterbarkeit: Bestehende Programmteile können aber nicht nur wiederverwendet werden, sie können durch die in Abschnitt 4.2 vorgestellte Vererbung auch erweitert werden, ohne dass die bestehenden Programmteile oder Programme, die diese bereits verwenden, davon irgendwie betroffen wären. Ein einfaches Beispiel dafür

wäre etwa, dass beim Programmieren einer österreichischen Lohn-
software viele Teile aus einer bestehenden deutschen Lohnverrech-
nungssoftware wiederverwendet werden könnten.

❑ Klassenbibliotheken: Die Möglichkeit der Wiederverwendung führt
so weit, dass die wichtigsten Programmteile in Bibliotheken zusammengefasst werden. Aus diesen kann dann der Programmierer die
gewünschten Programmteile auswählen und entweder direkt verwenden oder diese noch durch Vererbung erweitern, ohne dass die
bestehenden Programmteile verändert werden müssen.

❑ Einheitlichkeit der Programme: Durch das Verwenden von Klassenbibliotheken wird aber nicht nur der Entwicklungsaufwand
verringert, sondern es werden auch die neu entwickelten Programme einheitlich gestaltet. Stellt beispielsweise die Klassenbibliothek Objekte zur Gestaltung einer grafischen Benutzeroberfläche zur Verfügung, so sehen natürlich die mit Hilfe dieser Objekte
neu geschriebenen Programme ähnlich aus. Nicht nur was das
Erscheinungsbild, sondern auch was den Quellcode betrifft.

OO-Techniken   Diese Vorteile wären wohl schon Grund genug, auf eine objektorientierte Programmiersprache umzusteigen, aber um diesen Umstieg möglichst effizient zu machen, ist es sinnvoll, sich noch einige weitere vor-
teilhafte Techniken anzueignen, die auch in diesem Buch behandelt
werden. Beispielhaft dafür sind folgende erwähnt:

❑ Objektorientierte Modellierung: Im Regelfall steht am Anfang
eines Projektes immer eine sehr komplexe, schwer zu verstehende
Situation. Der objektorientierte Entwurf mit seinem ganzheitlichen
Ansatz, bei welchem statische Struktureigenschaften und dynamische Zustandsänderungen berücksichtigt werden, hilft, diese komplexe Situation in einem einfachen Modell darzustellen.

❑ Verwendung einer Datenbank: Datenbanken sind eine Erweiterung
des Prinzips der indexsequenziellen Dateien. Sie haben den Vorteil,
dass sie viele zusätzliche Funktionalitäten, wie etwa Recovery
(Garantiestellung, dass auch im Falle eines Programmabsturzes der
Inhalt der Datenbank konsistent bleibt) oder SQL (eine einfache
Abfragesprache), anbieten. Zusätzlich ermöglichen sie auch, dass
der Endbenutzer sich einfache Auswertungen selbst schreiben
kann, wodurch eventuelle individuelle Anpassungen nicht mehr
nötig sind.

1.3 Aufbau des Buches

Grundsätzlich sollte dies genügend Motivation sein, um voll durchzu-starten, und es wäre durchaus auch denkbar, sofort mit dem nächsten Kapitel und damit mit dem eigentlichen Lernstoff weiterzumachen. An dieser Stelle wird aber noch kurz die Gliederung dieses Buches vorgestellt. Ganz wichtig ist dabei, dass hier versucht wird, die objektorientierte Programmierung zu trainieren und nicht eine bestimmte Entwicklungsumgebung. Diese sind zwar meist sehr mächtig und schon in kürzester Zeit können schöne Programme erzeugt werden (manchmal sogar ohne auch nur eine einzige Zeile Code zu schreiben), aber dies birgt für den Anfänger auch gewisse Gefahren. »Erzeugen« ist dabei in der Tat das bessere Wort als Programmieren, denn mit Programmieren hat dies nur wenig zu tun, im Wesentlichen sind nur einige Mausklicks notwendig. Dennoch existieren viele Bücher, die genau mit diesen Mausklicks beginnen. Das Problem dabei ist, dass die dadurch entstehenden Anwendungen zwar sehr schön sind, in der Praxis aber irgendwann (und meistens sehr bald) nicht mehr ausreichen werden. Es werden Veränderungen und Erweiterungen notwendig sein und an dieser Stelle reichen einige Mausklicks nicht mehr aus, sondern es muss auf das Basiswissen zurückgegriffen werden, da Code verändert und auch produziert werden muss. Perfektion ist dabei verlangt und diese muss auch in der objektorientierten Programmierung erst erarbeitet werden. Genau diese Perfektion wird in diesem Buch vermittelt. Dabei wird es vielleicht anfangs ein eher steiniger Weg, weil das erste Ergebnis nicht sofort ein tolles Windows-Programm ist, aber das Endergebnis – die erlernte Perfektion – wird sicherlich dafür entschädigen.

Perfektion ist gesucht! Dieses Buch hilft sie zu erlernen.

Wenn die Welt von COBOL und der objektorientierten Programmierung verglichen werden, dann fallen einige grundsätzliche Unterschiede auf, die in Tabelle 1-1 dargestellt werden.

COBOL	Objektorientierte Programmierung
Begriffe (OCCURS, PERFORM, ...)	Begriffe (Records, Arrays, ...)
Statische Datentypen	Dynamische Datentypen
Typen	Klassen
(Index-)sequenzielle Dateien	Datenbanken
Terminallösungen	Grafische Benutzeroberflächen

*Tab. 1–1
Unterschiede
COBOL – OOP*

Diese Unterschiede zwischen COBOL und OOP dienten als Grundlage für den folgenden OOP-Kurs, denn jedem ist ein Kapitel gewidmet. Aufbauend auf diese grundlegenden Unterschiede zwischen COBOL und OOP ist der Lernstoff in diesem Buch auf fünf Blöcke (und insgesamt 24 Lernabschnitte) aufgeteilt.

Erfahrung des Autors: Übung macht den Meister

Jeder dieser Blöcke besteht aus einzelnen Lernabschnitten, die im Buch aber auch am Bildschirm durchgearbeitet werden können, da sich auf der beiliegenden CD Powerpoint-Lektionen befinden, die mit denen im Buch identisch sind. Jeder dieser Abschnitte wird dabei mit Übungen (meistens Programmieraufgaben) abgerundet, wobei es sich empfiehlt, diese durchzuarbeiten, da Programmieren nicht etwas ist, das auswendig oder aber alleine durch stundenlange Vorlesungen oder Lesen von Büchern erlernt werden kann (auch wenn das natürlich hilft). Programmieren wird vorwiegend durch Übung erlernt. Als der Autor in der Universität das Programmieren erlernte, gab es jede Woche eine 90-minutige Vorlesung, zu der dann daheim (oder damals eigentlich noch am Großrechner der Universität) eine Übung ausgearbeitet werden musste, die ca. zehn Stunden in Anspruch nahm. Dies ist eine sehr effiziente Lernmethode, die deutlich macht, dass Programmieren nur am Computer erlernt werden kann. Daher sind auch die Lernabschnitte in diesem Buch so aufgebaut, dass sie beim Durcharbeiten jeweils ca. 60 Minuten in Anspruch nehmen und mit Übungen abgeschlossen werden, die ein Vielfaches dieser Zeit benötigen. Dabei ist es nicht notwendig, alle Übungen durchzuarbeiten, und es ist auch erlaubt, einen (wenn auch kurzen) Blick auf die Musterlösungen zu werfen (diese befinden sich vollständig auf der CD und auch – sofern es der Umfang zuließ – in Anhang B dieses Buches).

Aufbau der Lernabschnitte

Jeder Lernabschnitt ist demnach nach folgendem Muster aufgebaut:

❑ Kurzübersicht

❑ Lernstoff

❑ Übungen

❑ Musterlösungen zu den Übungen (aus didaktischen Gründen im Anhang und auf der CD enthalten)

Überspringen von Lernabschnitten

Grundsätzlich ist dieses Buch als Lehrbuch gedacht, das vom Anfang bis zum Ende durchgearbeitet werden kann. Selbstverständlich können aber auch nur einzelne Kapitel durchgearbeitet oder aber – je nach Vorwissen – Kapitel übersprungen werden. Falls ein Lernabschnitt übersprungen werden soll, so wäre es vorteilhaft, vorher sicherzugehen, ob dieses Überspringen auch gerechtfertigt ist. Dies kann durch Betrachten der Übungen entschieden werden.

1.4   Auswahl einer Programmierumgebung

Eine der ersten Entscheidungen zu Beginn eines objektorientierten Pro-jektes ist die, welche Programmiersprache gewählt werden sollte. Dabei gibt es verschiedenste Möglichkeiten, da beginnend mit der ersten objektorientierten Programmiersprache SIMULA eine Vielzahl derartiger Sprachen entwickelt wurde. Insbesondere im deutschspra-chigen Raum haben sich dabei drei durchgesetzt:

Sprachen: Delphi, C++, Java – welche ist die beste?

❑ Delphi: Bei dieser Sprache handelt es sich um eine objektorientierte Erweiterung von Pascal [JeWi74], einer sowohl auf Universitäten als auch in der Praxis weit verbreiteten Sprache. Delphi ist schön strukturiert und nach Meinung des Autors für einen ehemaligen COBOL-Programmierer relativ leicht zu erlernen. Sie ist vor allem für kaufmännische Anwendungen gedacht.

❑ C++: Eine objektorientierte Erweiterung der Programmiersprache C, die vor allem für systemnahes Programmieren gedacht ist. Die Sprache ist nicht ganz einfach zu erlernen und verführt etwas zu unstrukturierter Programmierung. Nichtsdestotrotz ist sie die zur-zeit am meisten verwendete OOP-Sprache.

❑ Java: Diese OOP-Sprache ist C++ sehr ähnlich und vor allem für die Programmierung von Internetseiten gedacht. Durch den Inter-netboom hat diese Sprache die größten Wachstumsraten. Proble-matisch ist dabei, dass Programme, die mit Java programmiert sind, dazu neigen, langsam zu sein. Dies trifft insbesondere bei rechenintensiven Aufgaben zu, da der Code nicht kompiliert, son-dern interpretiert wird. Im Internet ist Geschwindigkeit in diesem Bereich eben nicht so wichtig, da der Engpass sowieso durch die Leitungskapazität bestimmt ist und sicherlich nicht durch die Pro-grammablaufgeschwindigkeit.

Die Auswahl der Sprache wäre bereits schwer genug, aber gerade in der objektorientierten Programmierung reicht es nicht aus, sich auf eine Sprache festzulegen, sondern es ist zusätzlich nötig, eine geeignete Programmierumgebung auszuwählen. Diese enthält neben dem Com-piler noch andere Werkzeuge wie einen Debuggeroder ein Projektver-waltungswerkzeug. Wesentlich ist aber, dass zu dieser Umgebung auch eine Klassenbibliothek gehört. Wie bereits angeschnitten und in Kapi-tel 4.5 noch ausführlich erklärt, ist diese oftmals sogar wichtiger als die Programmiersprache.

Die Auswahl einer geeigneten Entwicklungsumgebung ist daher eine wichtige, aber auch eine komplexe Angelegenheit. Wie bereits erwähnt, beginnt im Regelfall jedes größere Projekt mit dieser Ent-

Kriterien für die Auswahl

scheidungsfrage. Sinnvoll ist es hier, einen Anforderungskatalog aufzustellen und die möglichen Kandidaten entsprechend zu bewerten. Kriterien in einem derartigen Katalog könnten vollständige Unterstützung der objektorientierten Technik, Internetfunktionalität, Anbindung an Datenbanksysteme, bereits vorhandene Erfahrung, Ansprechpartner oder aber auch Kosten sein.

Projektleiter entscheidet oft

Der COBOL-Programmierer, der nun in ein konkretes objektorientiertes Projekt einsteigt, muss meist mit der von der Projektleitung getroffenen Entscheidung leben. Daher haben wir versucht dieses Buch von Programmierumgebungen her möglichst unabhängig zu schreiben. Dies ist auch für jene, die nur einmal in die Objektorientierung reinschnuppern wollen, sinnvoll, da sie sich wohl kaum im Vorhinein auf eine einzige Programmiersprache oder gar Entwicklungsumgebung festlegen wollen.

Natürlich ist dies ein schwieriges Unterfangen, insbesondere, wenn Programmbeispiele gezeigt werden. Diese müssen in einer konkreten Programmiersprache angegeben werden. Wenn immer dies notwendig war, wurde die jeweilige Sprache in der Marginalspalte angeführt. Wir haben uns dabei entschieden, sämtliche Beispiele in den Programmiersprachen Delphi und Java zu präsentieren, C++ wurde weggelassen, weil diese Sprache erstens Java nicht unähnlich ist und zweitens durch Java vermehrt abgelöst wird.

1.5 Objektorientiertes COBOL

Eine objektorientierte Programmiersprache wurde in obiger Auflistung vernachlässigt: objektorientiertes COBOL. Dies soll nun in diesem Teilkapitel nachgeholt werden. OO-COBOL ist eine Erweiterung von COBOL um objektorientierte Funktionalitäten, ähnlich wie C++ eine objektorientierte Erweiterung der Sprache C ist. Damit stellt sich natürlich in gewisser Weise die Frage, warum dieses Buch nicht auch auf diese Sprache näher eingeht und sie nicht als Grundlage zum Erlernen der objektorientierten Programmierung nimmt. Dies hat mehrere Gründe:

Beurteilung von OO-COBOL

❏ Jetzige COBOL-Programmierer stoßen nach ihrer Umschulung auf objektorientierte Programmierung meist zu neuen Projektteams dazu. Gerade aber in neuen Projekten wird OO-COBOL eher nicht eingesetzt.

❏ Beim Erlernen der objektorientierten Programmierung geht es nicht nur um das Erlernen von neuen Konzepten, sondern auch und insbesondere um deren Anwendung. Das Arbeiten mit OO-

COBOL würde aber eventuell dazu verführen, so wie bisher weiterzuarbeiten und nur die bereits bekannten Teile zu verwenden. Daher ist es sinnvoll, diese Techniken anhand einer neuen Sprache zu erlernen und sie von Anfang an zu verwenden.

❑ Auch wenn bestehende COBOL-Pakete von traditioneller Programmierung auf objektorientierte Programmierung umgestellt werden, macht es nach Meinung des Autors Sinn, nicht OO-COBOL, sondern eine andere objektorientierte Programmiersprache zu verwenden. Wenn nur OO-COBOL statt COBOL verwendet wird, besteht die Gefahr, dass sich gar nichts ändert, wenn niemand die Programmierer dazu zwingt, diese Konzepte zu verwenden.

1.6 Schreibweise und Konventionen

Schreibweisen wie zum Beispiel »der Anwender« werden in einer allgemeinen und geschlechtsneutralen Bedeutung verwendet.

Damit nicht Stichwörter, die einer großen Anzahl der Leser bekannt sein werden, immer wieder erklärt werden müssen, befindet sich im Anhang des Buches ein ausführliches Glossar.

Programmbeispiele werden ebenfalls durch Vermerke am Rand *Quellcode* gekennzeichnet, wobei der Vermerk immer angibt, um welche Sprache (meistens Delphi oder Java) es sich handelt. Programmfragmente, etwa Schlüsselwörter, die im Text vorkommen, sind durch einen eigenen Formatierungsstil, `program`, gekennzeichnet.

1.7 Die beigelegte CD

Um den Lerneffekt zu verbessern, liegt dem Buch eine CD bei, auf der sich sämtliche Lernabschnitte als Powerpoint-Präsentationen und sämtliche Musterlösungen zu den Übungen in kompilierbarem Zustand befinden. Für diejenigen unter der Leserschaft, die noch keine Programmierumgebung besitzen, befinden sich zusätzlich Testversionen von Borland Delphi und Borland JBuilder auf der CD, damit die Übungen auf jeden Fall ausprobiert werden können.

Die CD hat dabei folgenden Aufbau: Im Hauptverzeichnis befinden *CD-Inhalt* sich drei Ordner:

❑ Powerpoint: Lernabschnitte

❑ Delphi: Musterlösungen zu den Übungen in der Programmiersprache Delphi

❑ Java: Musterlösungen zu den Übungen in der Programmiersprache Java

Unterhalb dieser Ordner befindet sich eine Struktur, die immer gleichartig aufgebaut ist. Jedes Kapitel ist wieder ein eigener Ordner, jeder Abschnitt wiederum ein Unterordner.

Falls eine der beiden Demoversionen installiert werden soll, so muss nur die Datei `borland.html` im Hauptverzeichnis der CD geöffnet werden. Die weitere Vorgangsweise ist dort genauestens beschrieben.

1.8   Ein Beispiel aus der Praxis

BMD

Sollte es nach den bereits vorgestellten Vorteilen der objektorientierten Programmierung noch einer weiteren Motivation bedürfen, um mit Schwung und Elan in den OOP-Kurs zu gehen, sei hier noch ein kurzes Beispiel aus der Praxis angebracht. Die in dem Kurs vorgestellte Methode des Erlernens der objektorientierten Programmierung wurde bei der österreichischen Firma BMD Systemhaus GmbH erfolgreich angewandt, um über 40 COBOL-Programmierer (mit teilweise an die 30 Jahre COBOL-Erfahrung) in die Welt der objektorientierten Programmierung einzuführen. Bei dieser Firma, deren SW-Entwicklungsabteilung vom Autor dieses Buches seit 1997 geleitet wird, handelt es sich um den größten österreichischen Produzenten von Rechnungswesensoftware mit mehr als 10.000 Kunden.

Erfahrung aus der Praxis:
OOP zahlt sich aus

Im Rahmen dieses Projektes [Kna99] wurde und wird die gesamte Softwareentwicklung von COBOL auf objektorientierte Programmierung umgestellt, wobei es sich dabei um immerhin mehr als 10 Millionen Lines of Code handelt. Kapitel 7 geht im Rahmen der Tipps für objektorientierte Projekte noch näher auf die Erfahrungen des BMD-Projektes ein. Um dem Leser noch einen Motivationsschub zu geben, sei an dieser Stelle aber bereits erwähnt, dass durch die neuen objektorientierten Techniken innerhalb kürzester Zeit (jeweils nur einiger weniger Monate) einige neue Pakete, wie ein Dokumentenarchiv und ein Webshop (siehe Abbildung 1-2), entwickelt werden konnten.

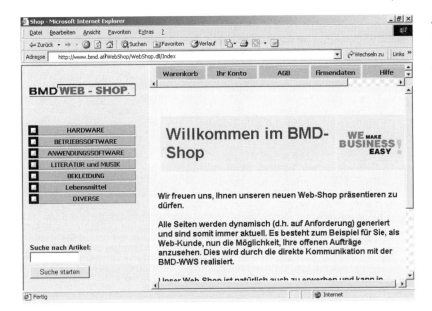

Abb. 1–2
*Der neue BMD-Webshop
(Kernentwicklungszeit:
2 Monate)*

2 Grundlagen

In diesem ersten Teil des OOP-Kurses geht es um allgemeine Grundlagen, sozusagen um einen ersten Einstieg in die Objektorientierung. Dies wird vor dem eigentlichen objektorientierten Konzept erklärt, damit wir uns später genau auf diesen Kernbereich konzentrieren können und uns nicht mit weniger Wichtigem, wie Schleifen oder Variablendeklarationen, beschäftigen müssen.

Erster Einstieg

Beim Programmieren geht es darum, ein Problem so exakt zu beschreiben, dass es der Computer versteht. Dies ist in der Welt des COBOL-Programmierers so und es gilt genauso in der Welt der objektorientierten Programmierung. Ein Programm besteht dabei aus Daten (in COBOL der Data Division) und Befehlen (Procedure Division). Wichtig ist, dass Daten im Speicher gehalten werden und dieser als Menge von adressierbaren Zellen dargestellt werden kann. Um das Verständnis zu steigern, können diese Zellen durch Kästchen symbolisiert werden (siehe Abbildung 2-1). Auf diese Darstellung wird später noch öfters verwiesen.

Kernproblem: Exakte Beschreibung gesucht

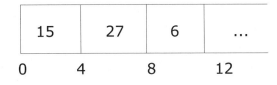

Abb. 2–1
Darstellung des Speichers als Menge von Zellen

In der objektorientierten Programmierung werden allerdings, wie im Folgenden noch gezeigt wird, teilweise Daten und Befehle vereinigt. Ein Programm ist vorerst nur eine schrittweise Abfolge von Abläufen, bei denen jeder Schritt präzise und eindeutig (nicht beispielsweise: »warte ein wenig«) sein muss.

Dementsprechend wird anfangs in diesem Kapitel nichts weltbewegend Neues vorgestellt werden. Die Konzepte sind grundsätzlich von COBOL bekannt, weswegen in diesem Kapitel insbesondere die Unter-

An dieser Stelle ist noch nichts Neues

schiede dazu herausgearbeitet werden. Dabei wird zuerst mit den Symbolen und Datentypen auf die Data Division und dann mit den Anweisungen und Prozeduren auf die Procedure Division eingegangen. Besondere Berücksichtigung finden dabei die schrittweise Verfeinerung sowie die Modul- und Zeigerverwaltung. Die Erfahrung zeigt, dass vor allem die Zeigerverwaltung dem COBOL-Programmierer besondere Probleme schafft.

Environment Division

Angemerkt sei an dieser Stelle auch bereits, dass es in der objektorientierten Programmierung kein Pendant zur Environment Division von COBOL gibt, das heißt, es ist nicht nötig, die Maschine zu beschreiben.

2.1 Der Ersatz für die Data Division: Symbole und Datentypen

In unserem ersten Lernabschnitt werden wir uns mit Symbolen, Standardtypen, Deklarationen und Ausdrükken beschäftigen. Durch Übungen, die einen ersten Einstieg in die verwendete Programmierumgebung schaffen, wird das erlernte Wissen angewendet.

2.1.1 Symbole

Als Symbole in einem Programm gelten Namen, Schlüsselwörter, Zahlen, Zeichen und Zeichenketten, Sonderzeichen sowie Kommentare.

Bei den Namen, die die Dinge in einem Programm bezeichnen, gibt es sprachenabhängig einige grundsätzliche Unterschiede zu COBOL.

Delphi-Besonderheit

Ein Name muss mit einem Buchstaben beginnen. Danach folgen beliebig viele Buchstaben, Zahlen oder der Unterstrich (_). Der in COBOL weit verbreitete Bindestrich ist also nicht erlaubt! Wichtig ist auch, dass die Groß-/Kleinschreibung wie in COBOL keine Rolle spielt (»case-insensitiv«).

*Java-Besonderheit:
Unicode*

Ein Name kann beliebig aus Unicode-Zeichen zusammengesetzt sein, somit können auch (entgegen COBOL) deutsche Umlaute in dem Namen enthalten sein. Am Beginn des Namens muss aber ein Buchstabe, ein Dollar-Zeichen ($) oder ein Unterstrich (_) stehen. Groß-/Kleinschreibung spielt im Gegensatz zu COBOL eine Rolle (»case-sensitiv«), der Name Konto ist also nicht gleich konto. Der in COBOL weit verbreitete Bindestrich ist aber nicht erlaubt, da dieser immer für die Operation Minus steht.

Tabelle 2-1 zeigt einige Namen und gibt an, in welcher Programmiersprache diese gültig sind.

	COBOL	Java	Delphi
MR27XY	Ja	Ja	Ja
4X	Ja	Nein	Nein
aVeryLongName	Ja	Ja	Ja
a-Long-Name	Ja	Nein	Nein
10%OfSum	Nein	Nein	Nein
TenPercentOfSum	Ja	Ja	Ja
_MHK	Nein	Ja	Nein

Tab. 2–1
Beispiele für gültige und ungültige Namen

Schlüsselwörter haben dieselbe Bedeutung wie in COBOL. Sie heben Programmteile hervor (begrenzen sie oder leiten sie ein) und sind reserviert, das heißt, dass sie sonst nicht als Name verwendet werden dürfen. Es fällt aber auf, dass es in anderen Sprachen deutlich weniger Schlüsselwörter als in COBOL gibt. Java hat etwa nur 48, während COBOL über 600 aufweisen kann. Dies heißt aber nicht, dass diese Sprachen weniger mächtig sind, eher im Gegenteil. Die Mächtigkeit basiert aber viel mehr auf der Größe der Klassenbibliothek.

Weniger Schlüsselwörter

Ebenso gibt es auch bei der Verwendung von Zahlen, Zeichen, Zeichenketten und Sonderzeichen (z.B. »+« oder »-«) keine nennenswerten Unterschiede.

Bei den Kommentaren – vom Compiler ignorierte Texte, die das Programm erklären sollen – zeigt sich ein wesentlicher Unterschied zwischen COBOL und der objektorientierten Programmierung. Während in COBOL ein Stern an der 7. Stelle der Befehlszeile einen Kommentar kennzeichnet und somit COBOL eine spaltenorientierte Programmiersprache ist, kennt dies die objektorientierte Welt nicht. Hier ist es vollkommen bedeutungslos, an welcher Stelle innerhalb der Befehlszeile die Symbole vorkommen. Natürlich sollte dies aber nicht von einer ordentlichen Gliederung des Programmquelltextes durch Einrückungen abhalten.

Spaltenorientierung

Kommentare können dabei über mehrere Zeilen gehen und werden durch besondere Symbole eingeschlossen oder sie beginnen an einer bestimmten Stelle und gehen bis zum Zeilenende.

Kommentare

Die Symbole sind (* und *) bzw. // wie aus folgenden Quellcodebeispielen ersichtlich ist:

Delphi

```
(* der Text, der hier steht, ist ein
   KOMMENTAR
und wird vom Compiler ignoriert *)
a := 25; // der Kommentar geht bis zum Zeilenende
```

Java

Die Symbole sind /* und */ bzw. // wie aus folgenden Quellcodebeispielen ersichtlich ist:

```
/*  der Text, der hier steht, ist ein
    KOMMENTAR
und wird vom Compiler ignoriert */
a = 25; // der Kommentar geht bis zum Zeilenende
```

Dokumentations-
kommentar: javadoc

In Java gibt es noch eine Besonderheit, nämlich den so genannten Dokumentationskommentar. Dabei handelt es sich um einen gewöhnlichen Kommentar, der sich vom normalen nur dadurch unterscheidet, dass er mit dem Symbol /** (also zwei Sternen) beginnt. Mit dem speziellen Werkzeug javadoc können Dokumentationskommentare jedoch aus dem Quelltext extrahiert werden und somit kann eine Programmiererdokumentation automatisch erzeugt werden. Dies ist dem Literate Programming, also der Darstellung eines Programms in Buchform [Knu84], nicht unähnlich.

Kommentare sind wichtig,
aber sie sollen auch nicht
übertrieben werden

Exkurs: Anwendung von Kommentaren

Das Setzen von Kommentaren ist eine sehr wichtige Möglichkeit, ein Programm lesbarer zu machen, unabhängig davon in welcher Programmiersprache das Programm geschrieben wird. Gerade in der objektorientierten Programmierung sind sie aber doch eine Spur wichtiger als in COBOL, da sich COBOL-Programme ohnehin durch teilweise sehr ausführliche Befehle wie Zeitungen lesen. Typische Beispiele für sinnvolle Kommentare sind:

– Die Erklärung von Variablen: z.B. var min: INTEGER; // Minimum der Zahlen x und y

– Kopfkommentare bei Modulen und Prozeduren

– Die Erklärung besonders trickreicher Programmstellen, wobei es natürlich besser wäre, diese trickreichen Programmstellen generell zu vermeiden

– Programmgliederung

– Das Auskommentieren für Testzwecke

– Nicht sinnvoll sind auf jeden Fall zu viele Kommentare oder Kommentare, die nur den Programminhalt wiederholen und dem Leser des Programmcodes keine weiteren Informationen liefern. Wichtiger als der beste Kommentar ist ein klares und verständliches Programmieren.

2.1.2   Standardtypen

Wertebereich von
Variablen

Variablen müssen vor ihrer Verwendung deklariert werden. Dabei wird jeder Variablen ein Name und ein Datentyp zugewiesen. Dieser Datentyp legt fest, welche Werte die Variable enthalten darf, aber auch welche Operatoren darauf angewendet werden dürfen. Wichtig dabei ist, dass zwischen vordefinierten Standardtypen und benutzerdefinierten Typen unterschieden wird. Benutzerdefinierte Typen sind zwar auch in COBOL möglich, aber der Leser wird im Laufe des Buches sehen, dass diese in der objektorientierten Programmierung ein noch viel mächtigeres Konstrukt sind. Die wichtigsten Standardtypen sind Zahlen (ganzzahlige und Gleitkommazahlen), Zeichen und boolesche Variablen.

Bei der Definition der numerischen Typen gibt es wesentliche Unterschiede zu COBOL: Ist es dort üblich, mittels des PIC-Formates festzulegen, wie viele Vor- und Nachkommastellen wesentlich sind und welche anderen Besonderheiten (nur positive Zahlen, Speicherung als Dualzahl, usw.) gelten, gibt es in der objektorientierten Programmierung Standardtypen, die je nach Wertebereich und Genauigkeit verwendet werden. Die Typen sind in den verschiedenen Sprachen auch in sehr ähnlicher Weise vorhanden und werden in Tabelle 2-2 vorgestellt. Eine Möglichkeit, die interne Speicherung zu beeinflussen, wie dies etwa in COBOL mit dem DISPLAY-, COMP- oder BINARY-Format möglich ist, gibt es hier nicht.

Numerische Typen: Ersatz für DISPLAY, COMP oder BINARY

Delphi	Java	Größe	Wertebereich
Shortint	byte	1 Byte	-128 .. 127
Smallint	short	2 Byte	-32768 .. 32767
Integer	int	4 Byte	-2147483647 .. 2147483647
Int64	long	8 Byte	-9223372036854775808 .. 9223372036854775807
Real	float	4 Byte	Bis zu 10^{38}, Gleitkommazahl
Double	double	8 Byte	Bis zu 10^{324}, Gleitkommazahl
Char	char	1 Byte (Delphi) 2 Byte (Java)	Beliebiges ASCII-Zeichen Java: Unicode!
Boolean	boolean	1 Byte	TRUE oder FALSE

Tab. 2–2 Standardtypen

Bei dem Typ Zeichen (Char) handelt es sich nur um ein einzelnes Zeichen, würde also einem PIC X(1) in COBOL entsprechen. Beispiele dafür sind '7' oder 'x'.

Eine Variable des Typs Char kann jedes beliebige ASCII-Zeichen sein. Eine derartige Variable ist daher 1 Byte groß. Interessant ist die Funktion ORD(ch), die den numerischen Wert eines Zeichens gemäß dem ASCII-Code liefert.

Delphi-Besonderheit

Aufgrund der mit Java beabsichtigten Unabhängigkeit von Zeichensätzen kann eine Variable des Typs char jedes beliebige Unicode-Zeichen sein. Daher ist eine derartige Variable 2 Byte groß.

Java-Besonderheit: Beliebige Zeichensätze (deutsch, japanisch, ...) werden unterstützt

Beim Typ Boolean handelt es sich um Wahrheitswerte, also um beispielsweise das Ergebnis eines Vergleichsausdruckes x < y. Boolesche Werte können nur wahr (TRUE) oder falsch (FALSE) sein. Boolesche

Boolescher Typ

Variablen sind in COBOL bekanntlicherweise nicht direkt vorhanden, können aber durch den ergänzenden Zusatz WHEN FALSE simuliert werden.

2.1.3 Deklarationen

Eindeutige Namen müssen definiert werden

Deklarationen führen einen Namen ein und verbinden ihn dabei mit einem Typ. Wie beispielsweise in der WORKING-STORAGE-SECTION von COBOL, die alle Variablen, die im Hauptspeicher sind, beinhaltet, muss auch in der objektorientierten Programmierung ein Name vor seiner Verwendung deklariert werden, wobei jeder Name eindeutig sein muss. Wichtig ist dabei, dass die Eindeutigkeit nur für den Gültigkeitsbereich gelten muss. Auf diesen Gültigkeitsbereich einer Variablen wird in Abschnitt 2.3.3 noch näher eingegangen.

Eines sei an dieser Stelle hervorgehoben. Die von COBOL bekannten Stufennummern werden in der objektorientierten Programmierung nicht verwendet, ja der Begriff ist überhaupt nicht bekannt (auch wenn es ähnliche Strukturen gibt).

Konstanten werden nicht mit Stufennummern, sondern durch ein Schlüsselwort definiert

Wesentliche Deklarationen sind Konstanten- und Variablendeklarationen. Konstanten behalten das gesamte Programm über ihren Wert (können nicht verändert werden) und sind somit ein Name für einen bestimmten Wert (z.B. PI statt 3.14152). Konstantennamen sind aber besser lesbar, oft auch kürzer zu schreiben und vor allem sind Programme mit Konstantennamen leichter zu ändern, als wenn die Werte verwendet werden würden. Konstanten werden per Konvention vollständig in Großbuchstaben geschrieben. Während in COBOL die Konstantendeklaration mit Stufennummer 78 erfolgt, wird die Deklaration von Konstanten in der objektorientierten Programmierung durch ein Schlüsselwort eingeleitet (const in Delphi, final in Java). Danach folgt der Name der Konstante sowie der Wert und in Java auch der Typ.

Beispiel für Delphi

```
const PI = 3.14152; // der Typ wird dabei implizit bestimmt
```

Beispiel für Java

```
final float PI = 3.14152; // in Java muss auch der Typ angegeben
                             werden
```

Variablen

Variablen können im Gegensatz zu den Konstanten jederzeit verändert werden. In ihnen können Eingaben oder Ergebnisse gespeichert werden. Bei der Variablendeklaration muss immer der Variablenname und der Typ (explizit) angegeben werden.

Delphi

Die Variablendeklaration beginnt mit dem Schlüsselwort var, danach folgt der Variablenname, ein Doppelpunkt und der Typ. Beispiel: var x: INTEGER; y, z: REAL; ch: CHAR;

Die Variablendeklaration wird nicht mit einem eigenen Schlüssel- *Java*
wort eingeleitet, sondern sie beginnt mit dem Typnamen und endet
sofort darauf mit dem Variablennamen. Beispiel: `int x; float y, z;`
`char ch;`

Wichtig ist, dass Variablen immer initialisiert werden müssen. *Initialisierung von*
Ansonsten ist der Wert der Variablen (mit etlichen Ausnahmen) unde- *Variablen*
finiert, kann also beliebig sein. COBOL bietet dafür ja in der Deklaration die VALUE-Eintragung an. Eine derartige Möglichkeit steht beispielsweise auch in Java zur Verfügung.

Die Initialisierung der Variablen kann direkt bei der Deklaration *Java-Besonderheit*
durchgeführt werden, z.B. `int count = 0;`. Ob die Initialisierung an
dieser Stelle auch zur Lesbarkeit beiträgt, ist allerdings umstritten.

Per Konvention beginnen Variablennamen mit einem Kleinbuchsta- *Stilrichtlinien*
ben. Besteht ein Variablenname aus mehr als einem Wort (bspw. `list-`
`Size`), werden die Wörter zusammengeschrieben und jedes Wort
beginnt mit einem Großbuchstaben. Ebenso beginnen Variablen per
Konvention mit einem Substantiv bzw. mit einem Adjektiv (falls es sich
um boolesche Variablen handelt).

2.1.4   Ausdrücke

Ähnlich zu COBOL gibt es auch in der objektorientierten Program- *Operanden und*
mierung arithmetische Ausdrücke, Vergleichsausdrücke und boolesche *Operatoren*
Ausdrücke. Ein Ausdruck besteht dabei immer aus Operanden (bspw.
Variablen, Konstanten, aber auch Methoden) und Operatoren (bspw.
`+`, `-`, `and`). Die Operatoren werden dabei von links nach rechts ausgewertet, wobei Punktrechnung (multiplizieren, dividieren) Vorrang hat
gegenüber Strichrechnung (addieren, subtrahieren). Im Zweifelfall
wird es Sinn machen, Klammern zu setzen, denn geklammerte Ausdrücke werden immer zuerst ausgewertet.

Die arithmetischen Ausdrücke `+`, `-` und `*` sind wahrscheinlich allgemein bekannt. Auch die Division (`/`) und sogar die Restoperation von
COBOL her sind geläufig (`MOD` liefert dort den ganzzahligen Rest). Es
gibt aber kleine sprachliche Unterschiede.

Die Division mit dem Operator `/` liefert immer ein Gleitkommaer- *Delphi-Besonderheit*
gebnis. Für die ganzzahlige Division sind die Schlüsselwörter `div` und
`mod` zu verwenden, die auch immer ganze Zahlen (Rest wird ignoriert)
liefern.

Division (`/`) und Divisionsrest (`%`) sind sowohl bei Gleitkommazah- *Java-Besonderheit*
len als auch bei ganzen Zahlen definiert, wobei das Ergebnis immer
vom Typ der Operanden abhängt. Eine Division `i / j` mit `i = 3` und
`j = 2` hat im Falle von Integer-Operanden also das Ergebnis 1, im

Vergleiche

Falle von Gleitkommazahlen das Ergebnis 1,5. Auf diese Thematik wird noch näher in Abschnitt 2.2.1 eingegangen werden.

Vergleichsoperatoren vergleichen zwei Werte und ermitteln die Beziehung zwischen diesen beiden Werten. Das Ergebnis dabei ist immer Boolean (TRUE oder FALSE). Folgende Vergleichsoperatoren gibt es: gleich, ungleich, größer (`>`), größer oder gleich (`>=`), kleiner (`<`) und kleiner oder gleich (`<=`).

Delphi-Besonderheit

Gleichheit wird durch `=`, Ungleichheit durch `<>` abgeprüft.

Java-Besonderheit

Gleichheit wird durch `==`, Ungleichheit durch `!=` abgeprüft.

Tabelle 2-3 zeigt eine Zusammenfassung dieser Operatoren.

Tab. 2–3
Arithmetische Operatoren und Vergleichsoperatoren

	COBOL	Delphi	Java
Addition	+	+	+
Subtraktion	-	-	-
Multiplikation	*	*	*
Division	/	/ oder div	/
Rest	MOD-Funktion	mod	%
Gleichheit	EQUAL TO	=	==
Ungleichheit	NOT EQUAL TO	<>	!=
Größer	GREATER THAN	>	>
Größer gleich	GREATER THAN OR EQUAL TO	>=	>=
Kleiner	LESS THAN	<	<
Kleiner gleich	LESS THAN OR EQUAL TO	<=	<=

Boolesche Ausdrücke

Wesentlich sind auch noch boolesche Ausdrücke, da Bedingungen (z.B. if-Abfragen, Schleifen) immer von derartigen Ausdrücken abhängen. Sowohl bei den Operanden als auch beim Ergebnis handelt es sich dabei um den booleschen Datentyp. Grundsätzlich sind Konjunktion (und), Disjunktion (oder) und Negation (nicht) bereits von COBOL bekannt. Generell hat die Negation die höchste Priorität, danach folgt die Konjunktion.

Das ausschließende ODER, also das entweder ... oder ..., das eigentlich dem umgangssprachlichen »oder« entspricht, kann direkt ausgedrückt werden. Ein `a xor b` hat also die gleiche Bedeutung (ist aber verständlicher) wie `(a and not b) or (not a and b)`.

Tabelle 2-4 zeigt, wie die Operatoren in den verschiedenen Sprachen syntaktisch ausgedrückt werden:

	COBOL	Delphi	Java
UND	AND	and	&&
ODER	OR	or	||
NICHT	NOT	not	!
Entweder ODER	-	xor	^

Tab. 2–4
Boolesche Operatoren

Statt der Operatoren `&&` und `||` können auch `&` und `|` verwendet werden. In diesem Falle wird dann nicht die Kurzschlussauswertung (siehe Abschnitt 1.4.3) verwendet, weswegen von diesen Kurzschreibweisen abgeraten wird.

Java-Besonderheit

Exkurs: Gesetze der booleschen Algebra

Die boolesche Algebra ist zwar vielleicht etwas eintönig, sie sollte aber von einem Programmierer sehr gut beherrscht werden. Trotzdem zeigt die Erfahrung häufig, dass dies nicht immer der Fall ist. Dabei könnten durch die Anwendung einiger boolescher Regeln Ausdrücke stark vereinfacht und somit Programme kürzer und lesbarer gemacht werden. Für alle, die glauben dabei noch einen Nachholbedarf zu haben, seien hier die wichtigsten Regeln angeführt:

– A and B ⇔ B and A sowie A or B ⇔ B or A

– A and (B and C) ⇔ (A and B) and C

– A or (B or C) ⇔ (A or B) or C

– A and (B or C) ⇔ (A and B) or (A and C)

– A or (B and C) ⇔ (A or B) and (A or C)

– not not A ⇔ A

– not (A and B) ⇔ not A or not B

– not (A or B) ⇔ not A and not B

– A and not A ⇔ false

– A or not A ⇔ true

Aufbauend auf diese Regeln kann folgendes Beispiel umgeformt (bzw. vereinfacht) werden:

– (A > 5) and not ((A <= 0) or (A >= 10)) ⇔

– (A > 5) and (not (A <= 0) and not (A >= 10)) ⇔

– (A > 5) and (A > 0) and (A < 10) ⇔

– (A > 5) and (A < 10)

Gesetze der booleschen Algebra: Oft nützlich für Optimierungen

2.1.5 Übungen

Diese Übungen dienen zur Vertiefung des Wissens und sollten durchgearbeitet werden. In Klammer steht jeweils eine Zeitangabe, die als ungefährer Richtwert dient. Falls es der Platz zulässt, befinden sich im Anhang, ansonsten auf der CD, Musterlösungen zu den Beispielen.

Aufgabe 1 (20 Minuten): Deklarationen

Geben Sie passende Delphi- oder Java-Definitionen für folgende COBOL-Definitionen an:

a) `05 KONTO-NUMMER PIC 9(5)`

b) `05 KONTO-SALDO PIC S9(5)V99`

c) `05 CH PIC (X)`

d) `05 KURZ PIC 9(2)`

e) `05 GENAUER-WERT PIC S9(9)V9999`

Aufgabe 2 (30 Minuten): boolesche Ausdrücke

a) Gegeben ist der boolesche Ausdruck `(x < z) and (y < z) and (x < y) or (x >= z) and (x < y)`. Welche der folgenden Wertebelegungen ergeben TRUE, welche FALSE?
   ```
   x = 3, y = 5, z = 7
   x = 5, y = 3, z = 7
   x = 5, y = 7, z = 3
   ```
b) Formulieren Sie Ausdrücke, welche TRUE ergeben, wenn
   1. `ch` Buchstabe oder Ziffer ist.
   2. `x, y, z` lauter verschiedene Werte enthalten.
c) Vereinfachen Sie den Ausdruck `(x <> y) or not ((y = z) and (y = x))`.

Aufgabe 3 (130 Minuten): Erster Einstieg in die Programmierumgebung

Als erster Einstieg in die jeweilige Programmierumgebung sollte Anhang A durchgearbeitet werden.

2.2   Der Ersatz für die Procedure Division: Anweisungen

Wie bereits erwähnt kennt die objektorientierte Programmierung den
COBOL-Begriff »Division« nicht. Sehr wohl sind aber auch hier die
Programme in verschiedene Teile aufgeteilt (wenn auch nicht so streng
getrennt). Der Anweisungsteil, mit dem sich dieser Abschnitt auseinan-
dersetzt, entspricht hier in etwa der Procedure Division. Es werden die
wichtigsten Anweisungen (Wertzuweisung, Verzweigungsanweisungen
und Schleifen) vorgestellt.

In OOP gibt es keine Divisions

2.2.1   Wertzuweisung

Während in COBOL hier eigentlich drei verschiedene Typen unterschieden werden: MOVE, COMPUTE und SET, gibt es in der objektorientierten Programmierung immer nur einen Zuweisungsoperator, um
einen Wert einem anderen zuzuweisen. Dabei ist es vollkommen egal,
ob es sich beim neuen Wert um eine Konstante oder um einen erst zu
berechnenden Ausdruck handelt.

Der Zuweisungsoperator ist := *Delphi*

Der Zuweisungsoperator ist = *Java*

Grundsätzlich gilt bei einer Wertzuweisung der Art x := y, dass zuerst
die linke Seite (hier selbstverständlich, aber es könnte sich ja durchaus
auch um einen erst zu ermittelnden Wert handeln, beispielsweise um
das x-te Element eines Arrays) ausgewertet wird, danach die rechte
Seite und dann der Wert der linken Seite durch den der rechten Seite
ersetzt wird. Wichtig dabei ist, dass links eine (zusammengesetzte)
Variable stehen muss und beide Seiten zuweisungskompatibel sein
müssen.

Zuweisungs- beziehungsweise Typkompatibilität bedeutet dabei
nicht zwangsläufig, dass beide Variablen den gleichen Typ haben. Es
wird auch von typkompatibel gesprochen, wenn der Typ der linken
Variablen ein Obertyp des Typs des rechten Ausdrucks ist. Beispielsweise kann eine Integerzahl problemlos einer Gleitkommazahl zugewiesen werden, umgekehrt geht dies nur mit einer Typkonvertierung
(die Kommastellen gehen dabei verloren). Die folgenden Listings zeigen dazu einige Beispiele:

Delphi
```
var i, j: Integer; ch: Char; r: Real;
....
i := 2 * j; // geht: links Integer, rechts Integer
i := 0; // geht: links Integer, rechts Integer
r := i; // geht: Real ist ein Obertyp von Integer
i := r; // geht nicht: Die Kommastellen würden verloren gehen
i := ch; // geht nicht
```

Java
```
int i, j; char ch; float r;
....
i = 2 * j; // geht: links int, rechts int
i = 0; // geht: links int, rechts int
r = i; // geht: float ist ein Obertyp von int
i = r; // geht nicht: Die Kommastellen würden verloren gehen
i = ch; // geht: siehe Erklärung
```

Wie aus der letzten Zuweisung ersichtlich ist, ist der Typ char in Java ohne explizite Konvertierung zu short, int und long zuweisungskompatibel.

Konvertierung: Abschneiden von Kommastellen

Wenn die beiden Ausdrücke nicht zuweisungskompatibel sind, so ist eine Zuweisung dennoch möglich. In diesem Falle muss eine Typkonvertierung stattfinden. Beispielsweise kann durch Abschneiden der Kommastellen eine Gleitkommazahl in eine Integerzahl umgewandelt werden, natürlich geht durch eine derartige Konvertierung Information verloren. Ebenso muss eine Einschränkung des Wertebereichs in Kauf genommen werden. Die folgenden Absätze präsentieren einige Möglichkeiten dieser Typumwandlungen:

Delphi

Gleitkommazahlen können durch die Funktion Trunc (schneidet die Kommastellen ab) in ganzzahlige Zahlen umgewandelt werden:
`i := Trunc(r);`

Generell kann eine Typumwandlung erfolgen, indem der gewünschte Typ vorangestellt wird und der Ausdruck danach in Klammern folgt, etwa `i = Integer(myChar);`

Java

Wenn ein Ausdruck in einen anderen Typ konvertiert werden soll, so muss einfach der gewünschte Typ in Klammern vorangestellt werden, z.B. `i = (int) r;`

Diese Typumwandlung ist insbesondere auch dann wichtig, wenn mit Zwischenergebnissen gearbeitet wird, etwa bei der Zuweisung `r = 1.5 + i1 / i2`. Falls i1 und i2 Integerwerte mit den Belegungen 3 und 2 sind (also `r = 1.5 + 3 / 2`), so sollte man vermuten, dass das Ergebnis 3 ist. Tatsächlich ist es aber nur 2.5, weil das Zwischenergebnis i1 / i2 vom Typ Integer ist (es sind ja beide Operanden vom Typ Integer) und daher das Ergebnis von `r = 1.5 + 1` ermittelt wird. Um dies zu vermeiden, muss das Zwischenergebnis auch in eine Gleitkommazahl umgewandelt werden, etwa `r = 1.5 + (double) i1 / i2`. Dann ist das Ergebnis natürlich 3. Derartiges Beachten der Genauigkeiten von Zwischenergebnissen ist natürlich von COBOL her nicht bekannt.

Zusätzlich zu dem elementaren Zuweisungsoperator bietet Java mehrere abkürzende Zuweisungsoperatoren an, die die Ausführung einer Operation zusammen mit einer Zuweisungsoperation in einem einzigen Operator ermöglichen. Beispielsweise kann die Anweisung i = i + 2 verkürzt durch i += 2 ausgedrückt werden. Weitere Beispiele sind in Tabelle 2-5 enthalten (entnommen: [CaWa97, S. 51]).

Java-Besonderheit

Operator	Benutzung	Gleichbedeutend mit
+=	op1 += op2	op1 = op1 + op2
-=	op1 -= op2	op1 = op1 – op2
*=	op1 *= op2	op1 = op1 * op2

Tab. 2–5
Java: abkürzende Zuweisungsoperatoren

Über die Lesbarkeit derartiger Ausdrücke soll sich der Leser selbst eine Meinung bilden.

Eine weitere Möglichkeit der Abkürzung für die Wertzuweisung bilden die so genannten inkrementellen Operatoren. Dabei kann statt i = i + 1 auch i++ geschrieben werden bzw. statt i = i - 1 auch i--.

Auch in Delphi sind derartige Abkürzungen möglich, statt i := i + 1 kann Inc(i), statt i := i - 1 kann Dec(i) verwendet werden.

Delphi

2.2.2 Anweisungsfolge

Die durch Strichpunkt getrennten Anweisungen werden der Reihe nach abgearbeitet. Anweisungen werden zu einem Anweisungsblock zusammengefasst, der mit einem Paragraphen von COBOL verglichen werden kann.

Ein Anweisungsblock beginnt mit dem Schlüsselwort begin und endet mit dem Schlüsselwort end. Deklarationen stehen dabei immer vor diesen Anweisungsblöcken und niemals zwischen einem begin und end. Zwischen den einzelnen Anweisungen ist jeweils ein Strichpunkt (»Separator«) anzugeben. Nach der letzten Anweisung (also vor dem end) kann ein Strichpunkt stehen, muss aber nicht.

Delphi: Strichpunkt als Separator

Ein Anweisungsblock wird von geschwungenen Klammern {} eingerahmt. In Java dürfen dabei die Deklarationen auch zwischen den Anweisungen im Block stehen. Jede Anweisung wird dabei mit einem Strichpunkt beendet (der Strichpunkt dient hier als »Terminator«), d.h., auch noch vor der schließenden Klammer muss ein Strichpunkt angegeben sein. Danach muss keiner stehen, selbst dann nicht, wenn darauf weitere Anweisungen folgen.

Java: Strichpunkt als Terminator

2.2.3   Die if-Anweisung

If-Anweisung: kaum Unterschied zu COBOL

Die if-Anweisung dient dazu, von zwei möglichen Zweigen aufgrund einer Bedingung nur einen auszuwählen. Diese Anweisung ist von COBOL her bekannt und wird in der objektorientierten Programmierung genauso eingesetzt.

Delphi

Die if-Anweisung hat folgenden Aufbau:

```
if Bedingung then Anweisungsblock1 else Anweisungsblock2
```

Delphi führt also dabei zur besseren Lesbarkeit das Schlüsselwort `then` ein. Der Abschnitt `else Anweisungsblock2` kann gegebenenfalls auch weggelassen werden:

```
if n <> 0 then begin x := y div n; i := i + 1; end;
if x > y then max := x else max := y;
```

Wenn also nur eine einzelne Anweisung in dem jeweiligen Zweig enthalten ist, so muss diese nicht zwischen `begin` und `end` stehen, ansonsten schon. Achtung: Vor dem Schlüsselwort `else` darf kein Strichpunkt angegeben sein.

Java

Die if-Anweisung hat folgenden Aufbau:

```
if (Bedingung) Anweisungsblock1 else Anweisungsblock2
```

Dabei kann der `Anweisungsblock2` auch weggelassen werden:

```
if (n != 0) {x = y / n; i++;}
if (x > y) max = x; else max = y;
```

Häufig werden diese if-Anweisungen auch geschachtelt angewendet.

2.2.4   Die switch- bzw. case-Anweisung

EVALUATE

Bei diesen Anweisungstypen handelt es sich um die Möglichkeit, einen von verschiedenen Anweisungsblöcken in Abhängigkeit vom Wert einer Variablen auszuführen. Sie entsprechen damit der EVALUATE-Anweisung von COBOL.

Diese Mehrfachverzweigung wäre durch die if-Anweisung zwar auch möglich, allerdings meist nur mit tiefen Verschachtelungen, daher ist die switch-Anweisung besser lesbar. Dabei werden in jedem Zweig der Anweisung mögliche Werte (so genannte »Labels« oder »Marken«) für die ausgewählte Variable angeboten. Falls die Marke gleich der Variablen ist, werden die Anweisungen dieses Zweiges ausgeführt. Falls keine der Marken zutrifft, gibt es noch einen Extrazweig, der dann durchlaufen wird. Diese Art der Anweisung kann nur verwendet werden, wenn die Variable ordinal ist, d.h. also ganzzahlig oder dazu kompatibel ist (z.B. Character-Typ).

Eine Mehrfachverzweigung wird in Delphi durch das Schlüsselwort *Delphi-Besonderheit*
case eingeleitet und hat folgenden Aufbau:

```
case variable of Labelliste1: Anweisungsblock1;
    Labelliste2: Anweisungsblock2;
    Labelliste3: Anweisungsblock3;
    ...
    else AnweisungsblockN;
end;
```

In einem Beispiel kann dies wie folgt aussehen:

```
case ch of
    'a'..'z', 'A'..'Z': letter := letter + 1;
    '0'..'9': digit := digit + 1;
    ' ;' : semikolon := semikolon + 1;
    else other := other + 1;
end;
```

Dieses Quellcodefragment könnte also dazu verwendet werden, um in *Labellisten*
einem Text festzustellen, wie viele Buchstaben, Zahlen, Strichpunkte
und andere Zeichen vorhanden sind. Wesentlich ist dabei, dass anstelle
eines einzelnen Labels auch Labellisten verwendet werden können, wie
beispielsweise die Menge aller kleinen Buchstaben ('a'..'z'). Ebenso
können verschiedene Labels durch Beistrich getrennt in einem einzelnen Zweig angeführt werden. Trifft einer dieser Labels zu, wird der
Zweig durchlaufen. Bei den Labels muss es sich dabei aber um Konstanten handeln. Nach Ende dieses Anweisungsblockes wird zum Ende
der case-Anweisung verzweigt.

In Java wird die Mehrfachverzweigung durch das Schlüsselwort *Java-Besonderheit*
switch eingeleitet. Das Schlüsselwort case wird zur Einleitung der einzelnen Labels herangezogen, das Schlüsselwort default steht für die
Einleitung jenes Zweiges, der durchlaufen wird, falls keines der anderen Labels zutrifft. Die Anweisung hat dabei folgenden Aufbau:

```
switch (Variable) {
    case Label1: Anweisungsblock1;
    case Label2: Anweisungsblock2;
    case Label3: Anweisungsblock3;
    ...;
    default: AnweisungsblockN
}
```

In einem Beispiel sieht dies dann folgendermaßen aus:

```
switch (month) {
    case 1: System.out.println ("Januar"); break;
    case 2: System.out.println ("Februar"); break;
    case 3: System.out.println ("März"); break;
    default: System.out.println ("anderer Monat");
}
```

Break-Anweisung　Dieses Beispiel gibt aufgrund einer Integerzahl den Monatsnamen aus. Wesentlich ist dabei die break-Anweisung. Diese führt dazu, dass ans Ende der switch-Anweisung gesprungen wird. Wäre diese break-Anweisung nicht vorhanden, würden, sobald ein Label zutrifft, sämtliche danach folgenden Anweisungen durchlaufen werden. Wären keine break-Anweisungen vorhanden, hätte obige switch-Anweisung also folgendes Aussehen:

```
switch (month) {
    case 1: System.out.println ("Januar");
    case 2: System.out.println ("Februar");
    case 3: System.out.println ("März");
    default: System.out.println ("anderer Monat");
}
```

Würde die Variable month beispielsweise den Wert 2 haben, dann würde nicht nur »Februar«, sondern auch »März« und »anderer Monat« ausgegeben werden, da bei der switch-Anweisung in Java immer an die entsprechende Marke gesprungen wird und danach alle restlichen Anweisungen bis zum Ende der switch-Anweisung ausgeführt werden, unabhängig von den folgenden Labels. Ist es also wie in der EVALUATE-Anweisung von COBOL gewünscht, dass nur ein Zweig durchlaufen wird, so muss die break-Anweisung verwendet werden.

2.2.5　Schleifen

Schleifentypen　Mittels Schleifen können bestimmte Programmteile mehrfach ausgeführt werden. Dies entspricht dem so genannten Inline-PERFORM von COBOL. Grundsätzlich werden drei verschiedene Schleifentypen unterschieden: die abweisende Schleife (die so genannte »while-Schleife«, entspricht PERFORM), die nicht abweisende (oder Durchlauf-) Schleife (die so genannte »repeat-Schleife« oder »do-while-Schleife«, entspricht PERFORM WITH TEST AFTER) und die Zählschleife (»for-Schleife«, entspricht PERFORM VARYING).

Die abweisende while-Schleife hat ihren Namen daher, dass sie (je nach Bedingung) eventuell gar nicht durchlaufen wird. Die Schleife wird also 0-mal, 1-mal oder N-mal (N im Sinne von beliebig oft) durchlaufen. Wie immer zeigt ein einfaches Beispiel am besten die Anwendung:

Delphi
```
i := 1; sum := 0; // berechnet die Summe von 1..n
while i <= n do begin
    sum := sum + i;
    i := i + 1;
end;
```

Daraus ist der Aufbau der while-Schleife in Delphi leicht ersichtlich:

```
while Bedingung do begin Anweisungsblock end;
```

```
i = 1; sum = 0; // berechnet die Summe von 1..n
while (i <= n) {
    sum = sum + i;
    i++;
}
```
Java

Daraus ist der Aufbau der while-Schleife in Java leicht ersichtlich:

```
while (Bedingung) Anweisungsblock
```

Die Semantik dieser while-Schleife lässt sich folgendermaßen darstellen:

```
L: if not bed Gehe zu end;
   Anweisungsfolge;
   Gehe zu L;
end;
```

Im Gegensatz zur abweisenden while-Schleife wird die nicht abweisende Schleife mindestens einmal durchlaufen. Die Bedingung wird nämlich erst nach dem Schleifendurchlauf geprüft und nicht schon am Beginn. Dementsprechend wird die Schleife 1-mal oder N-mal durchlaufen. Aber je nach Programmiersprache gibt es hier noch weitere Unterschiede. *Nicht abweisende Schleife*

Dieser Schleifentyp wird mit dem Schlüsselwort `repeat` eingeleitet. Die Schleife wird so lange durchlaufen, bis eine bestimmte Bedingung eintritt. Dementsprechend wird auch von der repeat-until-Schleife gesprochen. *Delphi*

```
// Umkehrung der Ziffern der Zahl n: 123 => 321
repeat
    write (n mod 10);
    n := n div 10;
until n = 0;
```

Wie aus obigem Beispiel ersichtlich ist, gilt folgende Syntax:

```
repeat Anweisungsblock until Bedingung;
```

Die Semantik dieser repeat-until-Schleife lässt sich wie folgt darstellen:

```
L: Anweisungsfolge
if not bed then Gehe zu L;
```

Der Unterschied zur normalen while-Schleife besteht nur darin, dass die Schleife mit dem Schlüsselwort `do` beginnt und das Schlüsselwort `while` erst am Ende kommt. Die Schleife wird so lange durchlaufen, bis die Bedingung nicht mehr gilt, aber eben mindestens einmal. *Java*

```
do {
    c = in.read();
    …
} while (c != -1); // liest c ein, solange es ungleich 1 ist
```

Dementsprechend gilt folgende Syntax:

```
do Anweisungsblock while (Bedingung);
```

Die Semantik dieser do-while-Schleife lässt sich wie folgt darstellen:

```
L: Anweisungsfolge
if bed then Gehe zu L;
```

PERFORM VARYING-Ersatz durch for-Zählschleife

Bei der for-Schleife handelt es sich um eine Zählschleife, d.h., die Anzahl der Durchläufe ist bekannt. Die for-Schleife ist also der PER-FORM VARYING-Anweisung von COBOL sehr ähnlich. Dabei wird eine Variable (die so genannte »Laufvariable«) am Beginn der Schleife initialisiert und mit jedem Schleifendurchlauf inkrementiert. Die Schleife wird beendet, falls die Variable einen bestimmten Wert erreicht bzw. überschreitet, also die Terminierungsbedingung erfüllt. Diese Überprüfung erfolgt vor dem Schleifendurchlauf, daher ist die for-Schleife also auch eine »abweisende Schleife«.

Die Syntax, die in der jeweiligen Sprache dahintersteckt, wird anhand von Beispielen erklärt.

Delphi

```
for i := 0 to 10 do begin
    …
end
```

Falls die Laufvariable bei jedem Schleifendurchlauf um den Wert 1 erniedrigt werden soll, so wird dies mit 10 downto 0 beschrieben. Von Bedeutung ist hierbei, dass nur um den Wert 1 in(de)krementiert werden kann.

Java

In Java besteht die for-Schleife aus drei durch Strichpunkte getrennte Anweisungsteile. Zuerst wird der Startwert angegeben, dann die Endbedingung und dann wird festgelegt, wie bei jedem Schleifendurchlauf die Zählvariable erhöht bzw. erniedrigt wird:

```
for (i = 0; i < 10; i ++) {
    …
}
```

Dadurch, dass die In- bzw. Dekrementierung durch eine beliebige Anweisung möglich ist, kann auch um einen beliebigen Wert in(de)krementiert werden.

Laufvariable

Wichtig bei der for-Schleife ist, dass die Laufvariable innerhalb der Schleife nicht verändert und anschließend nicht benutzt werden soll (bevor sie nicht neu initialisiert wurde).

2.2.6   Zusammenfassung

Zusammenfassend zeigt Tabelle 2-6 die verschiedenen hier vorgestellten Anweisungen nochmals im Vergleich.

Befehl	COBOL	Delphi	Java
Wertzuweisung	COMPUTE, MOVE, SET	:=	=
If-Anweisung	IF	if	if
Case-Anweisung	EVALUATE	case	switch
Abweisende Schleife	PERFORM	while	while
Nicht abweisende Schleife	PERFORM WITH TEST AFTER	repeat	do while
Zählschleife	PERFORM VARYING	for	for

Tab. 2–6
Zusammenfassung der Anweisungen

In Verbindung mit dieser Zusammenfassung sollte auch erwähnt werden, dass die in COBOL häufig vorkommende GOTO-Anweisung in der objektorientierten Programmierung nicht verwendet wird, da die Programmstruktur und –lesbarkeit stark darunter leidet. Aber dies muss einem erfahrenen COBOL-Programmierer, der wahrscheinlich schon häufig derartige Programme ändern musste, wohl nicht mehr erklärt werden.

GOTO wird nicht unterstützt

Außerdem fällt im Vergleich zu COBOL auf, dass die Anweisungsblöcke immer gleich aufhören, also beispielsweise immer mit `end` und nicht zwischen `END-IF`, `END-COMPUTE` und so weiter unterschieden wird. Wer aber diese Unterscheidung weiterhin möchte, kann jederzeit einen entsprechenden Kommentar, also etwa `end; // while`, schreiben. Gerade bei längeren Anweisungsblöcken kann dies sinnvoll sein.

END-IF

2.2.7   Übungen

Aufgabe 1 (60 Minuten): Fibonacci-Zahlen

Die Fibonacci-Zahlen sind durch folgende Rekursionsbeziehung definiert:

Der Begriff Rekursion wird später noch erklärt

```
F(0) = 1, F(1) = 1, F(n) = F(n-1) + F(n-2) für n > 1
```

Erstellen Sie ein Delphi- oder Java-Programm, das für eine eingelesene Zahl n die Fibonacci-Zahl `F(n)` ausgibt. Dieses Programm darf keine Prozeduren aufrufen, gesucht ist also eine iterative Lösung (mit Schleifen).

Aufgabe 2 (60 Minuten): Buchpreis

Der Buchhändler Numbawan will Bücher vom dpunkt.verlag einkaufen. Er kann dabei zwischen einer Paperback-Version (Grundpreis 300,-) und einer Hardcover-Version (400,-) wählen. Je nach abgenommener Menge erhält Numbawan vom dpunkt.verlag einen Preisnachlass. Den entsprechenden Prozentsatz können Sie folgender Tabelle entnehmen:

	> 100 Stück	> 200 Stück	> 300 Stück
Paperback	-	-5%	-10%
Hardcover	-5%	-10%	-15%

Aber der ökonomisch denkende Numbawan hat noch eine weitere Vergünstigung ausgehandelt: Wenn er die Rechnungssumme innerhalb einer vorgesehenen Anzahl von Tagen begleicht, erhält er einen weiteren Preisnachlass (Skonto).

	< 5 Tage	<10 Tage	≥ 10 Tage
Paperback	- 3%	- 1%	-
Hardcover	- 5%	- 3%	-

Erstellen Sie nun ein Delphi- oder Java-Programm, das die Anzahl der Bücher, die Qualität und die Anzahl der Tage von der Rechnungslegung bis zur Bezahlung einliest und dann den vorgesehenen Preis ausgibt.

2.3   Prozeduren

Prozeduren vermeiden Codeverdopplung

Zur besseren Strukturierung von Programmen ist es möglich, mehrere Anweisungsblöcke zu einer Prozedur zusammenzufassen. Zu diesem Zweck wird eine Prozedur geschrieben, die die Anweisungen beinhaltet. Wird danach die Funktionalität des Anweisungsblockes benötigt, so genügt es, diese Prozedur aufzurufen. Dies ist besonders praktisch, wenn der Anweisungsblock öfters eingesetzt wird: Anstelle einer permanenten Codeverdopplung braucht immer nur dieselbe Prozedur aufgerufen zu werden. Derartige Prozeduren sind aber auch vorteilhaft für die Strukturierung eines Programms und geben die Möglichkeit, benutzerdefinierte Operationen zu implementieren. Prozeduren sind nicht prinzipiell etwas Neues, auch in COBOL gibt es die Möglichkeit, mittels PERFORM so genannte »interne Unterprogramme« aufzurufen.

Diese Prozeduren bilden die Grundlage für die später vorgestellten Methoden, die in der objektorientierten Programmierung eine Hauptrolle spielen.

In Java gibt es eigentlich keine richtigen Prozeduren, sondern nur Methoden. Da dies den Leser anfangs vielleicht etwas verwirren könnte, wird an dieser Stelle nicht näher darauf eingegangen. Die etwas umständliche Definition einer Prozedur als Methode einer Klasse wird spätestens in Kapitel 4.1 verständlich werden. *Java-Besonderheit*

In diesem Unterkapitel wird ein erster Überblick über Prozeduren gegeben. Zuerst werden parameterlose Prozeduren vorgestellt, die zur Vermeidung von Wiederholungen dienen. Danach werden Parameter und lokale Namen von Prozeduren behandelt. Abschließend wird auf Funktionsprozeduren, also Prozeduren, die ein Ergebnis zurückliefern, sowie auf die Rekursion eingegangen. Spätere Lektionen werden noch weitere zusätzliche Informationen zum Thema Prozeduren liefern. *Erster Überblick*

2.3.1 Parameterlose Prozeduren

Bei den parameterlosen Prozeduren handelt es sich um die einfachste Form von Prozeduren. Ein Beispiel ist die Vermeidung von Codeverdopplungen, wie folgendes Codefragment (Delphi-Code) zeigt:

```
x := 3 * y; Write(x); sum := sum + x; Write(sum);
x := 2 * x + 1; Write(x); sum := sum + x; Write(sum);
x := 3 * y + 27; Write(x); sum := sum + x; Write(sum);
```

In diesem Beispiel wird der Code `Write(x); sum := sum + x; Write(sum);` immer wieder verwendet (man spricht daher von »Codeverdopplung«). Dies hat nicht nur den Nachteil, dass das Programm dadurch länger wird (und länger heißt fast immer auch schwerer verständlich), sondern es ist auch schwerer wartbar. Wird beispielsweise gewünscht, `x` formatiert auszugeben und nicht mit einem einfachen `Write`, so müsste die Änderung an jeder Stelle durchgeführt werden.

Eine einfache Verbesserung ist hier durch die Verwendung einer parameterlosen Prozedur möglich. Diese Prozedur besteht dabei aus dem immer wieder verwendeten Code. Statt den Code auszuschreiben, wird einfach die Prozedur aufgerufen. Das Grundkonzept ist bei beiden Sprachen gleich, die Implementierung der Prozedur unterscheidet sich dabei allerdings. *Codeersparnis, aber keine Laufzeitersparnis*

Die Prozeduren beginnen mit dem Schlüsselwort `procedure`. Danach folgt der Name der Prozedur und ein Strichpunkt. Der darauf folgende Anweisungsblock, der immer (auch wenn es sich nur um eine einzelne Anweisung handelt) von `begin` und `end` eingeschlossen sein muss, beinhaltet die Anweisungen, die bei Aufruf der Prozedur durch- *Delphi* laufen werden sollten. Die Prozedur muss dabei nach den Variablende-finitionen, aber vor dem `begin` des Programms stehen. Die folgende Prozedur ist ein einfaches Beispiel dafür:

```
procedure PrintX;
begin
    Write(x); sum := sum + x; Write(sum);
end;
```

Stilrichtlinien   Zur Namensgebung ist zu sagen, dass – per Konvention – die Proze-durnamen mit einem Großbuchstaben und einem Verb (z.B. `Read`, `SearchName`, ...) beginnen sollten.

Java   Parameterlose Prozeduren beginnen vorerst einmal mit den Schlüs-selworten `static void`, wobei später noch weitere Möglichkeiten vor-gestellt werden, mit denen parameterlose Prozeduren eingeleitet wer-den können. Anschließend folgt der Name der Prozedur, ein Klammernpaar und der Anweisungsblock, der immer von zwei geschwungenen Klammern eingeschlossen sein muss (auch wenn es sich nur um eine einzelne Anweisung handelt). Die folgende Prozedur ist ein einfaches Beispiel dafür:

```
static void PrintX () {
    System.out.print(x); sum = sum + x; System.out.print(sum);
}
```

Stilrichtlinien   Zur Namensgebung ist zu sagen, dass – per Konvention – die Pro-zedurnamen mit einem Kleinbuchstaben und einem Verb (z.B. `read`, `searchName`, ...) beginnen sollten.

In Java: Methoden   Wie bereits erwähnt gibt es die klassischen Prozeduren in Java nicht. Diese sind immer als Methoden in Klassen eingebettet. Da dies zu erklären, aber an dieser Stelle zu weit führen würde, werden wir hier nicht näher darauf eingehen und nur die syntaktische Schreib-weise angeben:

```
class Beispiel {

    static void printX () {
        System.out.print(x); sum = sum + x; System.out.print(sum);
    }
}
```

Die Prozedur ist also noch von einem weiteren Konstrukt, der so genannten Klasse, eingeleitet durch das Schlüsselwort `class`, einge-schlossen. Der Name `Beispiel` steht für einen beliebigen (Klassen-) Namen.

Anstelle des Codestückes, das immer wieder verdoppelt wurde, kann nun der Prozeduraufruf stehen. Beim Aufruf reicht es ganz ein-fach, den Prozedurnamen zu schreiben. Ein eigenes Schlüsselwort für den Prozeduraufruf (wie CALL oder PERFORM in COBOL) gibt es hier nicht.

```
x := 3 * y; PrintX;
x := 2 * x + 1; PrintX;
x := 3 * y + 27; PrintX;
...; PrintX;
```
Delphi

Hier muss nach dem Prozedurnamen immer ein Klammernpaar angefügt werden, das noch in Abschnitt 2.3.2 näher erklärt wird.
Java

```
x = 3 * y; printX();
x = 2 * x + 1; printX();
x = 3 * y + 27; printX();
...; printX();
```

An dieser Stelle sei bereits erwähnt, dass das aufrufende Programm im Speicher bleibt, eine Variante eines Prozeduraufrufes wie COBOLs CHAIN-Befehl, bei dem das rufende Programm überlagert wird und dessen Daten verloren gehen, ist nicht möglich.

Um zu verstehen, wie Prozeduren definiert und aufgerufen werden, zeigen die Listings 2-1 und 2-2 für das obige Beispiel das gesamte Programm. Auf eventuelle Unklarheiten wird später noch eingegangen.

```
program BspPrintX;

var
    x, y, sum: Integer;
    ch: Char; // dummy

procedure PrintX;
begin
    WriteLn(x); sum := sum + x; WriteLn(sum);
end; // PrintX

begin
    sum := 0;
    y := 2;
    x := 3 * y; PrintX;
    x := 2 * x + 1; PrintX;
    x := 3 * y + 27; PrintX;
    Read(ch);
end.
```
Listing 2–1
PrintX-Implementierung in Delphi

```
import java.io.*;

class PrintX {
    static int sum = 0;
    static int x;

    static void printX () {
        System.out.println(x); sum = sum + x; System.out.ptintln
                                                    (sum);
    }
```
Listing 2–2
PrintX-Implementierung in Java

```
public static void main (String args[]) {
    int y = 2;
    x = 3 * y; printX();
    x = 2 * x + 1; printX();
    x = 3 * y + 27; printX();
}
}
```

2.3.2 Parameter

Datenaustausch:
Parameter

Natürlich wird meistens nicht nur eine Prozedur aufgerufen, sondern es findet auch ein Datenaustausch zwischen Prozedur und Rufer statt. Beim vorhergehenden Beispiel wäre es sicher sinnvoll gewesen, einerseits der Prozedur den Wert von x zu übergeben und andererseits den neuen Wert von sum dem Rufer mitzuteilen. Schon anhand dieser Erklärung sieht man, dass es zwei Arten von Parametern gibt: den Eingangsparameter und den Ausgangsparameter, wobei es sich in Delphi bei dem Ausgangsparameter genau genommen um einen Ein- *und* Ausgangsparameter handelt.

Java-Besonderheit

In Java gibt es den Ausgangsparameter eigentlich gar nicht. Nur bei zusammengesetzten Typen ist es möglich, die Attribute in der Prozedur zu ändern (siehe dazu später in Kapitel 2.4). Bei Variablen einfachen Typs (int, long, ...) gibt es nur den Eingangsparameter. Abhilfe schaffen kann hier die Funktion (siehe Abschnitt 2.3.4).

Ob es sich bei einem Parameter um einen Eingangs- oder Ausgangsparameter handelt, wird in der Prozedurdeklaration festgelegt, ebenso wird auch dort der Typ des Parameters bestimmt, dies wird in den folgenden Beispielen vorgestellt.

Delphi

Die Parameter werden im Prozedurkopf nach dem Namen der Prozedur zwischen runden Klammern deklariert. Diese Deklaration erfolgt wie bei gewöhnlichen Variablen (also mit Parametername: Typname), die einzelnen Parameter sind durch Strichpunkt getrennt. Falls es sich bei den Parametern um einen Ausgangsparameter handeln soll, muss einfach das Schlüsselwort var vor dem Parameter stehen.

```
procedure Add (x, y: Integer; var z: Integer);
begin
    z := x + y;
end ; // Add
```

Die Eingangsparameter sind in diesem Beispiel die Variablen x und y, bei z handelt es sich um einen Ausgangsparameter.

Java

Auch in Java werden die Parameter im Prozedurkopf nach dem Namen der Prozedur wie gewöhnliche Variablen (durch Komma getrennt) deklariert. Dies erfolgt zwischen runden Klammern.

Die Parameter werden beim Prozeduraufruf dabei in Klammern durch Komma getrennt übergeben, z.B. `Add(2, a * b, result)`. Sie können dabei mit der LINKAGE SECTION von COBOL verglichen werden.

Tabelle 2-7 zeigt zusammenfassend die Unterschiede zwischen Eingangs- und Ausgangsparameter. Unter Formalparameter (fp) werden dabei die im Prozedurkopf deklarierten, unter Aktualparameter (ap) die beim Aufruf angegebenen Parameter verstanden.

Eingangsparameter	Ausgangsparameter
COBOL: CALL BY CONTENT	COBOL: CALL BY REFERENCE
Val-Parameter	Var-Parameter
Werteparameter	Übergangsparameter
Rufer kopiert den Wert (`fp := ap`)	`fp` nur anderer Name für `ap` (beide haben dieselbe Adresse). Zurückkommend auf unsere Kästchen als Symbolbild einer Variablen, können beide durch ein und dasselbe Kästchen dargestellt werden.
Die Prozedur arbeitet mit Kopien, Änderungen des Formalparameters wirken sich nicht auf den Aktualparameter aus.	Die Prozedur arbeitet mit dem Original, eine Änderung eines Formalparameters bewirkt auch eine Änderung des Aktualparameters.
`ap` darf Ausdruck sein (zuweisungskompatibel reicht aus).	`ap` muss Variable von demselben Typ sein.

Tab. 2–7
Unterschiede Eingangs-/Ausgangsparameter:
fp – Formalparameter,
ap – Aktualparameter

Um den Unterschied zwischen Eingangs- und Ausgangsparameter darzustellen, dient folgendes (zugegebenermaßen gemeines) Beispiel (in Delphi-Code):

```
procedure Gemein (var x, y: Integer)
begin
    x := 3 * x;
    y := 3 * y;
end; // Gemein
```

Die Prozedur wird mit folgendem Code aufgerufen:

```
a := 5; Gemein(a, a); Write(a);
```

Bei diesem Beispiel fällt auf, dass hier die Variable `a` zweimal als Ein- und Ausgangsparameter verwendet wird. Bei diesem Parametertyp gilt (siehe Tabelle 2-7), dass der Formalparameter nur ein anderer Name für den Aktualparameter ist. Daher ist `x` nur ein anderer Name für `a`, aber genauso ist auch `y` nur ein anderer Name für `a`. Dies bedeutet, dass bei einer Veränderung von `x` auch `a` und damit auch `y` verändert wird. Das Ergebnis ist daher 45. Am besten erklärt werden kann dies durch eine Abbildung, in der jede Variable als Kästchen dargestellt wird (siehe Abbildung 2-2).

Abb. 2–2
Zeigt das »gemeine«
Prozedurbeispiel in
grafischer Form

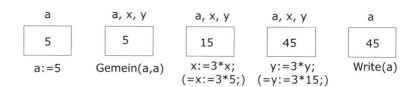

2.3.3　Lokale Namen (Sichtbarkeit, Gültigkeitsdauer)

Lokale – globale Namen

Variablendeklarationen können auch innerhalb von Prozeduren erfolgen. In diesem Falle spricht man dann von lokalen Namen (im Gegensatz zu den sonst »globalen« Namen, die im gesamten Programm gelten). Dies ist ein wesentlicher Unterschied zu COBOL, wo Definitionen der Data Division im gesamten Programm gültig sind.

Delphi

```
procedure PrintX (x: Inte g e r );
    var sum: Integer;
begin
    sum := 3; Write(x); sum := sum + x; Write(sum);
end; // PrintX
```

Java

```
static void printX (int x) {
    int sum = 3 ;
    System.out.print(x); sum = sum + x; System.out.print(sum);
}
```

Wichtig in diesem Zusammenhang sind die Begriffe Sichtbarkeit und Lebensdauer. Lokale Variablen sind naturgemäß nur lokal sichtbar und auch die Lebensdauer ist anders als bei globalen Variablen.

Sichtbarkeit

Sichtbarkeit von lokalen
Namen

Lokale Namen sind außerhalb der Prozedur, in der sie deklariert wurden, unsichtbar (d.h., es kann nicht darauf zugegriffen werden), globale Namen sind dagegen auch in der Prozedur sichtbar. Theoretisch ist es aber auch denkbar, dass eine lokale Variable den gleichen Namen hat wie eine globale Variable. In diesem Fall hat die lokale Variable den Vorrang. Das heißt dementsprechend, dass innerhalb der Prozedur dann nur die lokale Variable angesprochen werden kann. Dieser Sachverhalt sei anhand des folgenden Beispiels (in Delphi-Code) erklärt.

```
program M;
    var a, b: .....

    procedure P;
        var b, c: .....
    begin
        // Markierte Stelle 1
    end; // P
begin
    // Markierte Stelle 2
end.
```

An der markierten Stelle 1 sind die lokalen Variablen b und c sowie die globale Variable a sichtbar, d.h., auf diese kann hier zugegriffen werden. Die globale Variable b ist hier nicht sichtbar, weil sie durch das lokale b überdeckt wird (d.h. aber nicht, dass diese Variable nicht mehr existiert, dies ist eine Frage der Lebensdauer, die gleich behandelt wird). Anhand dieses Beispiels wird aber auch deutlich, dass die Lesbarkeit eines Programms durch die gleiche Benennung von lokalen und globalen Variablen verschlechtert wird. An der markierten Stelle 2 sind nur die globalen Variablen a und b sichtbar.

Überdeckung

In Java gibt es sogar die Möglichkeit, lokale Variable innerhalb eines Blocks (also an jeder Stelle zwischen zwei geschwungenen Klammern) zu deklarieren. Diese gelten dann von der Stelle ihrer Deklaration bis ans Ende des Blocks, in dem sie deklariert sind, also beispielsweise nur innerhalb einer Schleife.

Java-Besonderheit

Lebensdauer

Auch in Bezug auf die »Lebensdauer« unterscheiden sich lokale und globale Variablen. Globale Variablen behalten über das gesamte Programm hinweg ihren Wert (»leben«), lokale Variablen leben hingegen nur so lange, wie ihre Prozedur aktiv ist. Durch das Ende der Prozedur verlieren alle lokalen Variablen ihren Wert. Wird die Prozedur ein zweites Mal durchlaufen, so werden die lokalen Variablen wieder neu angelegt und haben mit denen aus dem ersten Durchlauf nichts mehr zu tun. Beim obigen Beispiel sind beim Markierungspunkt 1 alle lokalen und globalen Variablen aktiv (auch das globale b, obwohl es zu diesem Zeitpunkt nicht sichtbar ist). An der Stelle des Markierungspunktes 2 leben nur die beiden globalen Variablen a und b.

Die Vorteile der Lokalität lassen sich dabei wie folgt zusammenfassen:

Vorteile der Lokalität

❑ Übersichtlichkeit: Zusammengehöriges steht beisammen.

❑ Sicherheit: Lokale Variablen können von außen nicht zerstört werden.

❑ Effizienz: Zugriff auf lokale Variablen ist oft schnell.

Aus diesen Gründen sollten die Deklarationen, wenn möglich lokal stattfinden. Globale Deklarationen sollten nur für Dinge verwendet werden, die wirklich über Prozedurgrenzen hinweg gelten sollten.

2.3.4 Funktionen

Funktionen geben ein Resultat zurück

Funktionen werden dann verwendet, wenn in Ausdrücken wiederholt verwendbare Berechnungen vorkommen. Auch in COBOL gibt es ein derartiges Konstrukt, das sogar mit dem Schlüsselwort FUNCTION aufgerufen wird, die so genannten Intrinsic Functions (eingebaute Funktionen), wie MIN, MAX oder MEAN. Derartige Funktionen können in der objektorientierten Programmierung beliebig selbst programmiert werden und dann in Ausdrücken als Operand verwendet werden. Beispielsweise kann eine Wertzuweisung der Art c := 2 * Max(a, b) codiert werden, wobei Max eine Funktion ist, die den größeren der beiden Werte a und b zurückgibt. Es bestehen folgende Unterschiede zu Prozeduren:

❑ Der Aufruf einer Funktion ist keine Anweisung, sondern ein Operand eines Ausdrucks.

❑ Funktionen berechnen einen Wert und haben daher auch den Typ dieses Wertes.

Die Implementierung einer Funktion zeichnet sich dadurch aus, dass in der Deklaration der Ergebnistyp definiert werden muss. Ferner endet die Funktion, indem der Ergebniswert an den Rufer zurückgegeben wird. Die folgenden Quellcodebeispiele zeigen dies.

Delphi

In Delphi wird eine Funktion durch das Schlüsselwort function eingeleitet. Nach den Parametern folgt ein Doppelpunkt und danach der Typ des Rückgabewertes. In der Funktion selbst gibt es dann eine implizit deklarierte Variable result, der das Ergebnis der Funktion zugewiesen werden muss. Ebenso ist es aber möglich, das Ergebnis einer implizit deklarierten Variablen mit dem Namen der Funktion zuzuweisen. Implizit deklariert bedeutet dabei, dass die Variable nicht extra deklariert werden muss, sondern auch so zur Verfügung steht.

```
function Max (a, b: Integer): Integer;
begin
    if a > b then max := a else max := b;
    // if a > b then result := a else result := b;
    // beide Lösungen wären denkbar
end; // Max
```

In Java wird eine Funktion im Gegensatz zu einer Prozedur nicht mit *Java* void, sondern mit dem Rückgabetypnamen eingeleitet, also beispielsweise mit int. Das Schlüsselwort void zeigt also nur an, dass es keinen Ergebniswert gibt. Steht ein Typname vor dem Prozedurnamen, so bedeutet dies, dass die Funktion ein Ergebnis von genau diesem Typ zurückliefert. Der Ergebniswert selbst muss mit dem Schlüsselwort return an den Aufrufer zurückgegeben werden. Wenn die Ausführung an dieses Schlüsselwort gelangt, wird auch die Funktion beendet.

```
static int max (int a, int b) {
    if (a > b) return a else return b
}
```

Abschließend sei nochmals dargestellt, wann Funktionen und wann *Funktionen – Prozeduren* Prozeduren verwendet werden.

Funktionen:

❏ Genau ein Rückgabewert

❏ Bei Verwendung in Ausdrücken

Prozeduren:

❏ Mehrere oder kein Rückgabewert

❏ Zusätzliche Aktionen werden getätigt

2.3.5 Prozedurausstieg

Es gibt die Möglichkeit, durch ein bestimmtes Schlüsselwort die Prozedur sofort zu verlassen. Danach folgende Anweisungen werden dabei ignoriert und es wird sofort zur aufrufenden Anweisung zurückgesprungen. Diese Anweisung erinnert etwas an die GOTO-Anweisung von COBOL und kann zu schwer lesbaren Programmen führen. Sie sollte daher nur sehr behutsam eingesetzt werden.

Mit Hilfe des Schlüsselwortes exit kann eine Prozedur sofort ver- *Delphi* lassen werden.

Mit Hilfe des Schlüsselwortes return kann eine Prozedur sofort *Java* verlassen werden.

2.3.6   Rekursion

Prozedur ruft sich
selbst auf

Eine Prozedur ist rekursiv, wenn sie sich selbst aufruft. Dabei wird zwischen der direkten Rekursion (eine Prozedur P ruft sich selbst, also P, auf) und der indirekten Rekursion (eine Prozedur P ruft eine Prozedur Q auf, die wiederum P aufruft) unterschieden. Die Rekursion ist auch in COBOL möglich, im Gegensatz zur objektorientierten Programmierung muss dort eine Prozedur, die rekursiv aufgerufen werden soll, extra mit einer LINKAGE SECTION darauf vorbereitet werden. Dies ist in der objektorientierten Programmierung nicht notwendig.

Die Fibonacci-Zahlen der
letzten Übung sind auch
ein gutes Beispiel für die
Rekursion

Die Rekursion ist auch in der Mathematik bekannt, beispielsweise ist die Berechnung der Fakultät rekursiv definiert. Die Fakultät einer Zahl n ist bekanntlich das Produkt aller Zahlen von 1 bis n, also n! = 1 * 2 * 3 * ... * (n – 1) * n. Dies kann aber auch rekursiv so definiert werden, dass die Fakultät von 1 auch dem Wert 1 entspricht, also 1! = 1. Die Fakultät von n lässt sich dann auch so definieren: n! = (n – 1)! * n. Die Implementierung dieser Funktion kann rekursiv dementsprechend folgendermaßen aussehen:

```
function Fact (n: Integer): Integer;
begin
    if n = 1
        then result := 1 // Sonderfall 1! = 1
        else result := Fact(n - 1) * n; // n! = (n - 1)! * n
end; // Fact
```

Am einfachsten wird die Funktionsweise dieser Prozedur durch einen Schreibtischtest verständlich: Wird Fact beispielsweise mit dem Wert 4 aufgerufen, dann wird der Wert von Fact(3) * 4 zurückgegeben. Also wird Fact(3) aufgerufen und dadurch Fact(2) * 3 zurückgegeben. Der Aufruf von Fact(2) bedeutet aber wieder nur, dass Fact(1) * 2 zurückgegeben wird. Beim Abarbeiten von Fact(1) wird nun endlich der Wert 1 zurückgegeben. Damit steht auch das Ergebnis von Fact(2) fest, nämlich 1 * 2 = 2. Darauf aufbauend kann Fact(3) mit 2 * 3, also 6 ermittelt werden. Der Ausgangspunkt Fact(4) gibt dementsprechend den Wert 6 * 4, also 24 zurück. Dieser Ablauf kann auch grafisch, wie in Abbildung 2-3, dargestellt werden.

Abb. 2–3
Grafische Darstellung des
rekursiven Aufrufs Fact(4)

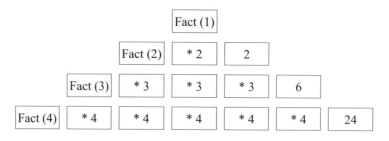

Folgender Quellcodeausschnitt zeigt ein weiteres Beispiel für eine Rekursion. Der Leser sollte sich überlegen, welche Ausgabe für den Aufruf B(3) erzeugt wird:

```
procedure B (x: Integer);
begin
    if x > 0 then B(x - 1);
    WriteLn(x);
end; // B
```

Das Ergebnis des Aufrufes B(3) ist:

```
0
1
2
3
```

Warum? Zuerst wird B(3) aufgerufen, was wiederum B(2) aufruft. Dieses ruft B(1) auf und dieses wiederum B(0). Endlich ist dann die if-Abfrage abgearbeitet und es kommt zur Ausgabe von 0. Nun sind die anderen Prozeduren aber immer noch aktiv und es werden der Reihe nach die Ausgaben durchgeführt.

Rekursionen erfolgen dabei immer nach einem Muster. Jede Rekursion hat mehrere Zweige, wovon immer einer nicht rekursiv ist (sonst würde de facto eine Endlosschleife entstehen). Das Muster sieht demnach folgendermaßen aus:

```
if Problem klein genug then
    Nichtrekursiver Zweig
else
    Rekursiver Zweig
end;
```

Folgende Hinweise sollen das Thema Rekursion abrunden:

- Jedes rekursive Problem lässt sich auch iterativ lösen.
- Die iterative Lösung ist meist effizienter, oft aber komplexer und nicht so leicht verständlich.
- Die Rekursion ist besonders wichtig bei rekursiven Datenstrukturen (siehe dazu das Kapitel 3.2).

2.3.7 Übungen

Aufgabe 1 (15 Minuten): Vereinfachungen

Korrigieren Sie die folgenden drei voneinander unabhängigen Delphi-Codestücke, die sehr umständlich programmiert wurden. Beachten Sie dabei, dass es sich bei den Codestücken nicht um irgendwelche konstruierte handelt, sondern diese wurden tatsächlich vom Autor in verschiedensten Programmen (meist Klausuraufgaben) gesehen.

```
i := 0; (* wobei an dieser Stelle j >= 0 gilt *) // Teilaufgabe A
while i <> j do begin
    i := i + 1;
end;

if a = 0 then begin // Teilaufgabe B
    a := 2 * c;
end
else begin
    if c <> 0 then begin
        a := a * b + 2 * c;
    end
    else begin
        a := a * b;
    end;
end;

while a < b do begin // Teilaufgabe C
    c := a; a := b; b := c;
end;
```

Aufgabe 2 (5 Minuten): Schreibtischtest

Welche Werte gibt folgende Prozedur aus, wenn sie mit x := 5; P(x, x); aufgerufen wird?

```
procedure P (var x, y: Integer);
begin
    y := 2 * x;
    if x > 7 then y := y * x;
    WriteLn(x); WriteLn(y);
end;
```

Aufgabe 3 (40 Minuten): Größter gemeinsamer Teiler

Schreiben Sie eine Funktion GGT (x, y: Integer): Integer bzw. int ggt (int x, int y), die den größten gemeinsamen Teiler der Zahlen x und y berechnet. Als Grundlage dafür kann folgender euklidischer Algorithmus verwendet werden. Dieser Algorithmus ermittelt aufgrund der beiden eingehenden Werte x und y und der Annahme, dass x größer als y ist, den größten gemeinsamen Teiler ggt.

```
rest := rest von x / y;
while rest <> 0 do begin
    x := y; y := rest;
    rest := rest von x / y ;
end;
ggt := y;
```

Aufgabe 4 (90 Minuten): Ganzzahlige Brüche

Schreiben Sie ein Programm, das zwei ganzzahlige Brüche (4 Zahlen a, b, c und d) einliest und deren Summe und Produkt ebenfalls als ganzzahlige Brüche ausgibt. Vereinfachen Sie das Ergebnis durch Kürzen (verwenden Sie dazu die GGT-Funktion von Aufgabe 3). Gliedern Sie Ihr Programm nach seinen Teilaufgaben in Prozeduren.

```
Beispiel:
    Eingabe:
        1.Zähler: 2
        1.Nenner: 3
        2.Zähler: 4
        2.Nenner: 6
    Ausgabe:
        Summe = 4 / 3, Produkt = 4 / 9
```

2.4 Arrays, Strings, Records

Bislang wurden die einfachen Datentypen, mit deren Hilfe beispielsweise einzelne Zeichen oder Zahlen verwaltet werden können, vorgestellt. Diese sind sehr wichtig, aber reichen nicht aus. Denken wir auch nur an die einfachsten Anwendungsbeispiele, etwa aus dem Rechnungswesen: Ein Konto hat nicht nur einen Saldo (der ja problemlos mit einer Gleitkommazahl abbildbar wäre), sondern auch einen Namen, eine eindeutige Nummer usw. Auch eine Liste (Tabelle) von Buchungen ist nötig.

Einfache Datentypen reichen nicht aus

Wir sehen also, dass wir mit den einfachen Datentypen nicht auskommen und zusammengesetzte Typen benötigen werden. Einfache Formen dieser zusammengesetzten Typen sind Arrays, Strings oder Records. Diese Formen sind auch in COBOL bekannt: Arrays entsprechen dabei den OCCURS-Eintragungen von COBOL, Strings sind Zeichenketten, Records werden wie die COBOL-Gruppenfelder verwendet.

2.4.1 Arrays

Unter einem Array wird eine Tabelle von Elementen (Variablenzellen) verstanden. Dabei haben alle Elemente den gleichen Typ, weswegen auch von einer homogenen Datenstruktur gesprochen wird. Die Variable, die als Array deklariert wurde, bezeichnet immer das ganze Array. Das bedeutet, wenn auf diese Variable zugegriffen wird, wird immer auf das Array zugegriffen. Sollte der Zugriff auf ein einzelnes Element des Arrays erfolgen, so ist dieser Zugriff über den Index mög-

Homogene Datenstruktur: Alle Elemente haben den gleichen Typ

lich. Das Array ist bereits von COBOL her bekannt, ein Array mit z.B. 100 ganzzahligen Elementen könnte in COBOL wie folgt definiert werden: A OCCURS 100 TIMES PIC X(4).

Arraydefinition

Delphi: array of

In Delphi könnte dieses Array so definiert werden: var a: array [1..100] of Integer; Die Arraydeklaration beginnt hier also mit dem Schlüsselwort array. Darauf folgen in eckigen Klammern die Indexgrenzen, die in Delphi beliebig sein können. Danach werden das Schlüsselwort of und der Elementtyp (der jeder beliebige Typ sein kann) angegeben. Es sei hier darauf hingewiesen, dass in Delphi nicht nur Grenzen wie untere Grenze = 1, obere Grenze = Anzahl der Array-elemente möglich sind, sondern jede beliebige ganze Zahl herangezogen werden kann, es wäre also auch ein Array der Form array[-3..+6] möglich. Weitere Beispiele für gültige Arraydeklarationen sind: array[1..20] of Real oder array[0..10*3] of Integer. An dieser Stelle sei noch erwähnt, dass es sich bei diesen Deklarationen um so genannte statische Deklarationen handelt, d.h., im Moment des Kom-pilierens ist bereits die Anzahl der Arrayelemente bekannt, die Index-grenzen sind also Konstante. Im Zusammenhang mit den Delphi-Besonderheiten (Abschnitt 2.6.1) werden dynamische Arrays vorge-stellt werden, bei denen die Anzahl der Elemente erst zur Laufzeit (bspw. aufgrund einer Eingabe) feststeht. Dabei handelt es sich um ein ähnliches – wenn auch mächtigeres – Konstrukt wie COBOLs OCCURS DEPENDING ON-Anweisung.

Java: Diese Erklärung vermischt ganz bewusst die Deklaration und die Erzeugung. Später wird dies verständlich werden

Vorneweg sei erklärt, dass es sich in Java bei den zusammengesetz-ten Datentypen, wie Arrays oder Records, immer um dynamische Datentypen handelt. Um den Leser nicht zu überfordern, wird darauf erst später eingegangen, wichtig ist momentan nur, dass es sich bei der Deklaration eines Arrays in Java eigentlich um ein Anlegen handelt und daher das Schlüsselwort new verwendet werden muss, das in Kapi-tel 2.8 noch genauer erläutert wird. Obiges Array könnte in Java dem-entsprechend so angelegt werden: int a[] = new int[100]. Dieses Anlegen des Arrays beginnt also mit dem Elementtyp, danach folgt der Variablenname, ein eckiges Klammernpaar, dann der Zuweisungsope-rator gefolgt vom Schlüsselwort new. Abschließend folgt wieder der Elementtyp und in eckigen Klammern die Anzahl der Elemente. In Java gehen die Arraygrenzen dabei immer von 0..Anzahl der Elemente −1, im konkreten Falle wären sie also 0..99. Im Gegensatz zu COBOL hat also das erste Element nicht den Index 1, sondern den Index 0. In Java wäre es aber auch denkbar, gleich bei der Deklaration des Arrays die Elemente anzugeben, z.B. würde `int a[] = {1, 17, 25, 6}` ein Array mit vier Elementen anlegen, das erste hätte den Wert 1, das zweite den Wert 17 usw.

Ganz wesentlich ist an dieser Stelle aber die Typdeklaration. In der objektorientierten Programmierung können nämlich alle Typen, die nicht sowieso in der Sprache enthalten sind, nachgebaut werden, und es können dann beliebig viele Variablen von diesem Typ angelegt werden. Dadurch wird ein Programm einerseits lesbarer, weil ein sprechender Typname vergeben werden kann und nicht immer wieder die gleiche Struktur wiederholt werden muss. Andererseits ist dies vorteilhaft, weil zwei Variablen mit demselben Typ immer zuweisungskompatibel sind.

Typdeklaration: Eigene Typen werden nachgebaut

Eine Typdeklaration steht immer am Beginn des Deklarationsteils noch vor der Variablendeklaration und beginnt mit dem Schlüsselwort `type`. Anschließend folgt der Typname, ein Gleichheitszeichen und dann der Typ (z.B. `array`). In der Variablendeklaration kann dann eine Variable dieses Typs angelegt werden, beispielsweise:

Delphi

```
type
    IntArr = array[1..100] of Integer;
var
    a: IntArr;
```

In Java ist eine Typdeklaration durch eine Klassendeklaration möglich, auf die in Kapitel 4.1 noch eingegangen wird.

Java

Zugriff auf Arrayelemente

Wie in COBOL kann auch in der objektorientierten Programmierung auf die einzelnen Arrayelemente über ihren Index zugegriffen werden. Kann in COBOL z.B. mittels `A(3)` auf das Element mit dem Index drei zugegriffen werden, so ist dies sowohl in Java als auch in Delphi mit `a[3]` möglich, der Unterschied besteht dabei also vor allem im Verwenden von eckigen anstelle von runden Klammern. Der Zugriff ist selbstverständlich immer nur innerhalb der Indexgrenzen erlaubt, ansonsten wird ein Laufzeitfehler ausgelöst. Ein spezieller Datentyp für den Indexzugriff, wie das INDEX-Format in COBOL, ist in der objektorientierten Programmierung nicht vorhanden. Auch einen speziellen Befehl für das Durchsuchen des Arrays, etwa wie die SEARCH-Anweisung von COBOL, gibt es nicht.

Zugriff wie in COBOL: über Index

Anhand zweier Beispiele soll das Arbeiten mit Arrays erklärt werden. Zuerst folgt das Beispiel `Elementsuche` (Listing 2-3 und 2-4), danach das Beispiel `Monatstage` (Listing 2-5 und 2-6). In `Elementsuche` wird in einem Array `a` das Element `x` gesucht, indem an der ersten

Beispiele machen alles einfacher

Position des Arrays begonnen wird und immer dieses Arrayelement
mit x verglichen wird, solange bis eine Übereinstimmung erfolgt. Wird
eine Übereinstimmung gefunden, so wird in der Variablen pos der
Index des gefundenen Elementes gespeichert, ansonsten hat die
Variable pos den Wert –1. Im Beispiel Monatstage wird für den Monat
month die Anzahl der Tage zu diesem Monat ermittelt, wobei der Einfachheit halber Schaltjahre nicht berücksichtigt werden.

Listing 2–3
Elementsuche in Delphi

```
var
    a: array[1..100] of Integer;
    x: Integer; // gesuchtes Element
    pos: Integer;
    i: Integer;

begin
    … // -- Einlesen des Arrays
    // -- Ermittlung
    pos := -1; i := 1;
    while (i <= 100) and (pos < 0) do begin
        if a[i] = x then begin pos := i; end;
        Inc(i);
    end;
end;
```

Listing 2–4
Monatstage in Delphi

```
var
    days: array[1..12] of Integer;
    d, month: Integer;
begin
    days[1] := 31; days[2] := 28;... days[12] := 31;
    ....
    d := days[month];
end;
```

Listing 2–5
Elementsuche in Java

```
int a[] = new int[100];
int x, pos, i;
…// -- Einlesen des Arrays
// -- Ermittlung
pos = -1; i = 0;
while ((i < 100) && (pos < 0)) {
    if (a[i] == x) pos = i;
    i ++;
}
```

Listing 2–6
Monatstage in Java

```
int days[] = {31, 28, 31, 30, 31, 30, 31, 31, 30, 31, 30, 31};
int d, month;
//....
d = days[month-1]; // Achtung: -1 da Array 0 als untere Grenze hat!
```

2.4.2 Strings

Bei Strings handelt es sich um Zeichenketten, wie sie sehr häufig in Programmen vorkommen. Prinzipiell könnte dafür auch ein Array von Zeichen (also Charakter) verwendet werden, aber Strings haben den Vorteil, dass etliche vordefinierte Funktionen darauf angewendet werden können.

Stringdefinition

Strings werden wie gewöhnliche Variablen deklariert. Danach können ihnen beliebige Stringkonstanten oder andere Stringvariablen zugewiesen werden. Im nächsten Teilabschnitt werden auch verschiedenste Funktionen vorgestellt, mit denen Strings bearbeitet werden können.

String ist ein eigener Typ

Eine Stringdeklaration kann dementsprechend, wie `var str: String;` oder `String str;` aussehen. Allerdings gibt es eine Vielzahl von Spezialfällen bei der Stringdefinition (und -initialisierung), die auch sprachenabhängig sind.

In Delphi wird grundsätzlich zwischen long Strings und short Strings unterschieden. Der wesentliche Unterschied besteht darin, dass long Strings beliebig lang sein können (also dynamisch sind), short Strings aber nur eine bestimmte Länge haben. Die Deklaration dieser short Strings erfolgt durch Anhängen der Länge, z.B. `var str: String[200]`. Short Strings sind effizienter zu benutzen als long Strings und durch die konstante Länge leichter anwendbar für die Dateiverarbeitung. Sind die Strings einmal definiert, können diesen Konstanten zugewiesen werden. Stringkonstanten in Delphi stehen immer zwischen normalen Apostrophzeichen, z.B. `str := ´dpunkt´`. Strings in Delphi können wie Arrays verwendet werden, d.h., auf einzelne Zeichen kann mit `str[i]` zugegriffen werden.

Delphi: long Strings und short Strings

In Java gibt es neben dem Typ `String` noch den Typ `StringBuffer`. Letzterer wird dann verwendet, wenn die Zeichenkette verändert werden sollte. Einer Variablen vom Typ `String` kann beispielsweise nicht einfach ein Zeichen extrahiert werden, für diesen Zweck ist eine Variable vom Typ `StringBuffer` erforderlich. Variablen dieses Typs benötigen zwar mehr Speicherplatz, sind den alphanumerischen Feldern von COBOL aber ähnlicher.

Java: String und StringBuffer

Einer Variablen vom Typ `String` kann direkt nach der Deklaration eine beliebige Zeichenkette zugewiesen werden, z.B. `String str = "dpunkt";`. Dies ist allerdings nur eine Abkürzung für `String str = new String("dpunkt");`. Wie ersichtlich ist, stehen in Java die Zeichenkettenkonstanten zwischen zwei Anführungszeichen. Eine besondere Spezialität sei hier auch erwähnt: Mit Hilfe der Methode `valueOf` kann ein elementarer Typ (char, int, long, usw.) in einen String konvertiert werden: z.B. `String str = String.valueOf(17);`. Auf die einzelnen Elemente eines Strings, also auf die einzelnen Zeichen der Zeichenkette, kann über den Index mittels der Methode `charAt` zugegriffen werden. Variablen vom Typ `StringBuffer` müssen mit Hilfe des Operators `new` angelegt werden (z.B. `StringBuffer str = new StringBuffer("Markus");`. Auf die einzelnen Zeichen einer derartigen Variablen kann nicht über den Index zugegriffen werden.

Direkter Vergleich s1 == s2
ist nicht erlaubt

Ganz wichtig ist, dass es sich bei `String` und `StringBuffer` um dynamische Datentypen handelt (siehe dazu später mehr in Kapitel 2.8). Aus diesem Grund ist bei zwei Strings `s1`, `s2` der direkte Vergleich mit `s1 == s2` nicht erlaubt. Anstelle dessen muss die folgende Funktion verwendet werden: `s1.equals(s2)`.

Spezielle Funktionen

Dass die Zeichenketten wichtige Elemente eines Programms sind, ist auch von COBOL her bekannt. Auch dort gibt es verschiedenste Funktionen, die die Sprache zur effizienten Bearbeitung von Zeichenketten anbietet. Es seien hier nur beispielsweise die STRING-, die UNSTRING- oder die INSPECT-Anweisung erwähnt. Die STRING-Anweisung kann beispielsweise sowohl in Delphi als auch in Java mit dem Operator + nachgebildet werden, der auf Strings definiert ist und mehrere Zeichenketten zusammenfügt. Weitere spezielle Funktionen zur Stringbearbeitung sind in Tabelle 2-8 angegeben.

Tab. 2–8
Spezielle Funktionen zur
Stringbearbeitung

Funktion	Delphi	Java
Teilstring löschen	Delete	Delete
Teilstring einfügen	Insert	Insert
Zahl auf String umwandeln	IntToStr	ValueOf
Länge bestimmen	Length	Length
Position eines Teilstrings bestimmen	Pos	IndexOf
String auf Zahl umwandeln	StrToInt	Wrapper-Klassen: siehe Abschnitt 4.5.3

Diese speziellen Funktionen werden nun näher beschrieben:

Delphi-Stringfunktionen

❑ `Delete (var dest: String; index, count: Integer)` löscht in der Zeichenkette `dest` beginnend an der Stelle `index` eine Anzahl von `count` Zeichen.

❑ `Insert (s1: String; var dest: String; index: Integer)` fügt in der Zeichenkette `dest` an der Stelle `index` die Zeichenkette `s1` ein.

☐ `IntToStr (i: Longint): String` wandelt den Integerwert `i` in eine Zeichenkette um.

☐ `Length (s: String): Integer` gibt die Länge der Zeichenkette `s` zurück. Dabei wird nicht die Länge, die bei der Variablendeklaration gewählt wurde, ermittelt, sondern die tatsächliche Länge, also aus wie vielen Zeichen die Zeichenkette besteht.

☐ `Pos (substr: String; s: String): Integer` sucht in der Zeichenkette `s`, ob die Zeichenkette `substr` gefunden werden kann. Wenn ja, wird der Index, an dem dies (erstmalig) der Fall ist, zurückgegeben, ansonsten wird der Wert −1 zurückgegeben.

☐ `StrToInt (s: String): Longint` gibt eine Zeichenkette als Zahl zurück, falls eine derartige Umwandlung möglich ist, z.B. wenn `s` den Wert `'4711'` hat.

In Java wird, wie bereits erwähnt, zwischen den Klassen `String` und `StringBuffer` unterschieden. Ist beabsichtigt eine Zeichenkette zu verändern, so muss ein `StringBuffer` verwendet werden. Funktionen wie `insert` oder `delete` werden nur von diesem Typ unterstützt. Ferner ist wichtig, dass es sich bei den Funktionen um Methoden handelt, die immer mit `Variablenname.Methodenname` aufgerufen werden. Gibt es z.B. einen `StringBuffer` namens `s`, so wird die delete-Methode mit `s.delete` aufgerufen. Das Wesentliche daran ist, dass sich das Löschen dann auf die Zeichenkette `s` bezieht und diese nicht mehr extra als Parameter übergeben werden muss. Mehr dazu in Kapitel 4.1.

Java-Stringfunktion

☐ `dest.delete(start, end)` löscht in der Zeichenkette `dest` beginnend an der Stelle `start` bis zur Stelle `end` alle Zeichen. `dest` muss vom Typ `StringBuffer` sein.

☐ `dest.insert(index, s1)` fügt in der Zeichenkette `dest` an der Stelle `index` die Zeichenkette `s1` ein. `dest` muss vom Typ `String-Buffer` sein.

☐ `s.valueOf(d)` wandelt den Integerwert `d` in eine Zeichenkette um.

☐ `s.length()` gibt die Länge der Zeichenkette `s` zurück. Dabei wird nicht die Länge, die bei der Variablendeklaration gewählt wurde, ermittelt, sondern die tatsächliche Länge, also aus wie vielen Zeichen die Zeichenkette besteht.

☐ `s.indexOf(substr)` sucht in der Zeichenkette `s`, ob die Zeichenkette `substr` gefunden werden kann. Wenn ja, wird der Index, an dem dies (erstmalig) der Fall ist, zurückgegeben, ansonsten der Wert −1. Diese Funktion geht nur mit dem Typ `String`.

Beispiel

In diesem Beispiel (Listing 2-7 und Listing 2-8) wird in einer Zeichenkette s ein Muster pat gesucht. Wird dieses gefunden, so wird im Parameter pos der Index gespeichert, an dem pat erstmalig gefunden wurde. Im Wesentlichen entspricht dies also der Delphi-Funktion pos bzw. der Java-Methode indexOf.

Listing 2–7
Zeichenkettensuche
in Delphi

```
var
    pat, s: String;
    i, j, pos: Integer;
...
i := 1; pos := -1;
while (i <= Length(s)) and (pos < 0) do begin
    if pat[1] = s[i] then begin
        j := 2;
        while (j <= Length(pat)) and (pat[j] = s[i + j - 1]) do begin
            Inc (j);
        end;
        if j > Length (pat) then begin pos := i; end;
    end;
    Inc(i);
end;
```

Listing 2–8
Zeichenkettensuche
in Java

```
String pat, s;
int i, j, pos;
...
i = 0; pos = -1;
while ((i < s.length()) && (pos < 0)) {
    if (pat.charAt(0) == s.charAt(i)) {
        j = 1;
        while ((j < pat.length()) &&
               (pat.charAt(j) == s.charAt(i + j))) {
            j++;
        }
        if (j >= pat.length()) {pos = i;}
    }
    i++;
}
```

2.4.3   Records

Heterogene
Datenstrukturen:
verschiedene Elemente

Records dienen dazu, verschiedene Daten unter einen Namen zu gruppieren. Denken wir nur an die bisher vorgestellten Datentypen. Damit können beliebige Zahlen, Zeichenketten, Buchstaben oder auch Tabellen dieser Einheiten dargestellt werden. Sollte aber jetzt beispielsweise ein Datum der Form Tag Monat Jahr, bspw. der 6. Dezember 2001, in einer Variablen abgebildet werden, so geht dies nicht mit einer einzigen Variablen. Es müssten drei Variablen, nämlich zwei Integer für Tag und Jahr und ein String für den Monat, verwendet werden. Ein Zugriff über drei Variablen ist natürlich nicht besonders schön, eine Lösung dafür bildet eben der Record, der es ermöglicht, verschiedene Elementtypen zu einer heterogenen Datenstruktur zusammenzufassen. Darin liegt auch der grundsätzliche Unterschied zum Array, das aus lauter gleichen Elementtypen besteht und daher eine homogene Datenstruktur ist. Aus COBOL sind derartige Datenstrukturen bereits bekannt, die Gruppenfelder sind nichts anderes als Attribute eines Records.

Recorddefinitionen

Im Folgenden wird nun kurz beschrieben, wie ein Record für das gegebene Datumsbeispiel definiert werden kann.

Records beginnen mit dem Schlüsselwort `record`, danach folgen die einzelnen Attribute, die wie gewöhnliche Variablen deklariert werden und aus Gründen der Lesbarkeit möglichst in einer eigenen Zeile stehen. Beendet wird der Record mit dem Schlüsselwort `end`, wie in folgendem kurzen Quellcodeausschnitt zu sehen ist:

Delphi

```
type
    Date = record
        day: Integer;
        month: String[10];
        year: Integer;
    end;
```

In Java gibt es den eigentlichen Typ Record nicht. Um einen Record zu verwenden, müssen Klassen benutzt werden. Ein ähnliches Phänomen haben wir bereits in Kapitel 2.3 kennen gelernt, wo festgestellt wurde, dass Java keine Prozeduren, sondern nur Methoden einer Klasse anbietet. Klassen sind aber durchaus ein Ersatz für Records. Später wird gezeigt werden, dass diese sogar noch wesentlich mächtiger sind. Attribute können in Klassen wie normale Variablendeklarationen eingebettet werden:

Java: eigentlich Klassen

```
class Date {
    int day;
    String month;
    int year;
}
```

Recordzugriff

Ein wesentlicher Punkt ist natürlich der Zugriff auf die Attribute des Records. Mit dem Record selbst kann zwar auch gearbeitet werden, aber hier ist eigentlich nur die Übergabe als Parameter einer Prozedur oder die Wertzuweisung (bspw. kann eine Variable vom Typ `Date` einer anderen vom gleichen Typ zugewiesen werden) von Interesse. Die

Zugriff über Punktschreibweise

Attribute des Records können aber wie normale Variablen verwendet werden, der Zugriff erfolgt dabei über einen Punkt, d.h. über `Variablenname.Attributname`. Auf das Attribut `day` des Records `d` kann beispielsweise über `d.day` zugegriffen werden. Im Gegensatz zu COBOL ist der Feldname alleine kein gültiger Wert, da die Attribute (Felder) außerhalb des Records nur in Verbindung mit dem Recordnamen sichtbar sind.

Delphi

```
var d: Date;

d.day := 6;
d.month := 'Dezember';
d.year := 2001
```

Java

In Java muss wie in Abschnitt 2.4.1 zuerst eine Instanz der Klasse angelegt werden, damit gearbeitet werden kann.

```
Date d = new Date();
d.day = 6;
d.month = "Dezember";
d.year = 2001
```

Um die Deklaration von Records noch zu vertiefen, folgen noch weitere Beispiele (Listing 2-9 und Listing 2-10), in denen gezeigt wird, wie ein Konto oder eine Person abgebildet werden könnten.

Listing 2–9
Beispiele für Record-deklarationen in Delphi

```
Konto = record
    name: String[64];
    nummer: Integer;
    saldo: Real;
end;

Person = record
    name: String[32];
    birth: Date;
    adr: record // noch besser wäre hier ein eigener Typ Address
        street, city: String[32];
        nr: Integer;
        end;
end;
```

Listing 2–10
Beispiele für Klassen-deklarationen in Java

```
class Konto {
    String name;
    int nummer;
    double saldo;
}

class Address {
    String street, city;
    int nr;
}
```

```
class Person {
    String name;
    Date birth;
    Address adr;
}
```

Records und Arrays können selbstverständlich auch gemischt zur Anwendung kommen, d.h., ein Array kann als Attribut eines Records verwendet werden. Ebenso ist ein Array von Records vorstellbar. Um dies zu verdeutlichen, wird im folgenden Beispiel ein Array von Personen verwendet.

```
var                                                              Delphi
    p: Person;
    i: Integer;
    list: array[1..100] of Person;
…
p.name := … // Zugriff auf den Namen der Person p
p.name[i] := … // Zugriff auf das i-te Zeichen des Namens von p
list[i].name := … // Zugriff auf die i-te Person der Liste
p.adr.street := … // Zugriff auf den Straßennamen der Adresse von p
```

```
Person p = new Person();                                         Java
int i;
Person list[] = new Person[100];
// Erzeugen der einzelnen Personen - nötig wegen Klassenschreibweise
for (int i = 0; i < 100; i ++) list[i] = new Person();
p.name = … // Zugriff auf den Namen der Person p
p.name[i] = … // Zugriff auf das i-te Zeichen des Namens von p
list[i].name = … // Zugriff auf die i-te Person der Liste
p.adr.street = … // Zugriff auf den Straßennamen der Adresse von p
```

Beispiele

Um die Kenntnisse über Records noch zu verbessern, wird abschließend ein Beispiel vorgestellt (Listing 2-11 und 2-12), das die Suche nach einer Person in einem Telefonbuch ermöglicht. Zu diesem Zweck wird das Array book (100 Personen) so lange durchgesehen, bis der gesuchte Name gefunden wird. Ist das der Fall, wird die Nummer der Person in der Variablen phone gespeichert, ansonsten wird der Variablen der Wert 0 zugewiesen.

```
type
Person = record
    name: String;
    phone: Integer;
end;
PhoneBook = array[0..99] of Person;
```

Listing 2–11
Telefonbuchbeispiel
in Delphi

```
var
    name: String;
    phone, i: Integer;
    book: PhoneBook;
...

i := 0;
while ((i < 100) and (book[i].name <> name)) do Inc(i);
if (i < 100) then phone := book[i].phone else phone := 0;
```

Listing 2–12
Telefonbuchbeispiel
in Java

```
class Person {
    String name;
    int phone;
}
...
String name;
int phone, i;
Person book[] = new Person[100];
for (i = 0; i < 100; i ++) book[i] = new Person();
...
i = 0;
while ((i < 100) && !(book[i].name.equals(name))) i++;
if (i < 100) phone = book[i].phone; else phone = 0;
```

Bedingte Auswertung
sollte immer verwendet
werden

Ganz wesentlich an diesem Beispiel ist die bedingte Auswertung der while-Bedingung, die oft auch als Kurzschlussauswertung bezeichnet wird. In der Bedingung der while-Schleife wird zuerst abgeprüft, ob i kleiner als 100 ist und erst dann der Eintrag von book an der Stelle i überprüft. Wenn die erste Bedingung nicht erfüllt ist, dann ist es ja nicht mehr notwendig, die zweite zu überprüfen, da der Gesamtausdruck sicher falsch ist. Ähnlich wäre dies bei einer oder-Bedingung: Wenn die erste Bedingung erfüllt ist, muss die zweite nicht mehr überprüft werden, da der Gesamtausdruck sicher richtig ist. Dies ist wichtig, denn was würde im gegebenen Beispiel im Falle des Nichtvorhandenseins des Eintrages passieren? Bei umgekehrter Reihenfolge der while-Bedingung oder falls beide Ausdrücke ausgewertet würden, dann müsste auch book[100] überprüft werden. Da die obere Indexgrenze aber 99 ist, würde dies zu einem Laufzeitfehler führen. In Delphi wird die bedingte Auswertung immer angewendet, in Java nur im Falle der Angabe des doppelten Operators (also && bei und bzw. || bei oder). Wird der gewöhnliche Operator verwendet (also & oder |), werden immer beide Ausdrücke ausgewertet, unabhängig davon ob dies nötig ist oder nicht. Da dies auch vom Laufzeitverhalten her sicherlich nicht sinnvoll ist, empfiehlt der Autor immer die bedingte Auswertung.

2.4.4 Übungen

Aufgabe 1 (40 Minuten): Sortieren

Einzugeben ist eine Liste von n Zahlen (n ≤ 1000). Schreiben Sie ein Programm, das diese Zahlen in einen Array a einliest und sortiert wieder ausgibt. Sortieren Sie durch wiederholte Ausführung folgenden Vorgangs für alle i = 1, 2, ..., n − 1:

1. Suche den kleinsten Wert in a[i + 1]..a[n]
2. Vertausche diesen Eintrag mit a[i], falls notwendig

Die Sortierreihenfolge (aufsteigend oder absteigend) sollte ebenfalls eingelesen werden ('up' oder 'down').

Beispiel für eine Eingabe: up 3 5 17 2 27 16 9 −1 (jeweils durch Return getrennt, wobei der negative Wert −1 die Eingabe abschließt)

Aufgabe 2 (40 Minuten): Formatierung

Schreiben Sie ein Programm, das einen Namen bestehend aus erstem Vornamen, zweitem Vornamen und Nachnamen (durch je ein Leerzeichen getrennt) einliest, in ein anderes Format konvertiert und wieder ausgibt.

Beispiele:
Martin Rolf Ammerbacher ⇒ Ammerbacher, Martin R.
Roman Andreas Weizenhuber ⇒ Weizenhuber, Roman A.

Aufgabe 3 (100 Minuten): Datumsberechnung

Ein Datum sei durch folgenden Typ definiert:

```
type
    Date = record
       day, mon, year: Integer;
    end;
```

Vorneweg sollten Sie diesen Typ einmal als Java-Klasse darstellen. Ferner: Erstellen Sie ein Programm, das zwei Datumsangaben einliest und ihre Differenz in Tagen ausgibt. Berücksichtigen Sie Schaltjahre (Schaltjahre sind durch vier teilbar. Jahre, die durch 100, aber nicht durch 400 teilbar sind, sind keine Schaltjahre.). Sie können davon ausgehen, dass die eingegebenen Datumsangaben korrekt sind. Versuchen Sie das Programm in mehrere Prozeduren (und Funktionen) aufzuteilen.

2.5 Schrittweise Verfeinerung

Wie kann ein Problem am besten strukturiert werden?

Nachdem in den vorangegangenen Abschnitten die Äquivalente der objektorientierten Programmierung zu den wichtigsten Konstrukten von COBOL vorgestellt wurden, widmet sich dieses Unterkapitel etwas den algorithmischen Grundlagen: Wie kann ein Programm am besten strukturiert werden. Zu diesem Zweck wird die schrittweise Verfeinerung [Wir71] vorgestellt. Grundsätzlich handelt es sich dabei nicht um eine spezielle Technik der objektorientierten Programmierung, sondern vielmehr um eine allgemeine Technik, die beispielsweise jederzeit auch in COBOL verwendet werden könnte. Aber gerade in COBOL-Programmen fehlt häufig diese Strukturierung: einerseits durch die oftmalige Verwendung des COBOL-Schlüsselwortes GOTO, andererseits auch dadurch, dass die COBOL-Programme meist eine sehr hohe Lebenszeit haben. In dieser langen Lebenszeit haben oft verschiedenste Programmierer mit unterschiedlichstem Stil und unterschiedlichster Qualität Änderungen und vor allem Erweiterungen durchgeführt. Darunter leidet natürlich die Struktur eines Programms. Außerdem haben auch gerade jene Programmierer, die in letzter Zeit sozusagen im Eilzugstempo COBOL erlernt haben, oft ein Manko in der strukturierten Programmierung, da angesichts der Y2K- und Euro-Problematik (siehe bereits Kapitel 1) schnelles Arbeiten wesentlich wichtiger als Qualität (und damit Strukturiertheit) gewesen ist. Aus diesem Grund ist der schrittweisen Verfeinerung ein eigener Lernabschnitt gewidmet.

2.5.1 Generelle Vorgangsweise

Welche Fragen stehen am Anfang der Programmierung?

Die schrittweise Verfeinerung ist eine generelle Entwurfsmethode für Algorithmen. Sie widmet sich dabei besonders den folgenden Fragen, die meist am Beginn der Erstellung eines Programms stehen:

❑ Wo soll begonnen werden?

❑ Welche Schritte folgen danach in welcher Reihenfolge?

❑ Wie kann das Problem in Prozeduren zerlegt werden?

Am einfachsten ist es immer sich am Beginn die Aufgabenstellung genau zu überlegen. So trivial das auch klingt, so wird doch häufig eine genaue Definition vergessen. Gegeben ist dabei immer irgendein Problem, das aus einer einzigen Hauptaufgabe besteht. Diese Aufgabe ist im Regelfall kompliziert und unüberschaubar, und kann meist als so genannte »Blackbox« dargestellt werden (siehe Abbildung 2-4).

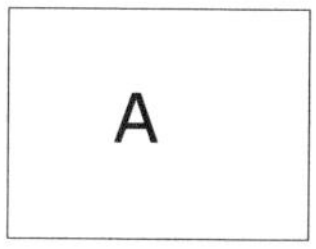

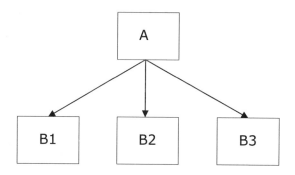

Abb. 2–4
Blackbox

Diese komplizierte Aufgabe, diese »Blackbox«, soll in einem dreistufigen Verfahren in kleinere Aufgaben zerlegt werden. Diese drei Schritte haben dabei folgende Funktionen:

Dreistufiges Verfahren

Schritt 1

Die komplizierte Aufgabe A sollte in Teilaufgaben zerlegt werden. Grafisch ist dies in Abbildung 2-5 dargestellt.

Abb. 2–5
Aufteilung der Aufgabe A in Teilaufgaben

Schritt 2

Der zweite Schritt beginnt mit einer (zugegebenermaßen kühnen) Annahme, nämlich dass die einzelnen Teilaufgaben (also B_1, ..., B_n) bereits gelöst sind und als Prozeduren vorliegen. Darauf aufbauend sollte nun die Aufgabe A mittels Aufrufen der Prozeduren B_1, ..., B_n implementiert werden.

Annahme: Teilaufgabe bereits gelöst

Schritt 3

Im dritten Schritt wird nun jede Teilaufgabe B_i genau angesehen. Dabei muss jeweils unterschieden werden, ob es sich bei diesen Teilaufgaben um einfache Probleme handelt oder nicht. Im ersteren Falle kann die Teilaufgabe direkt implementiert werden, ansonsten handelt es sich wiederum um ein Problem, bei dem es sinnvoll ist, es schrittweise zu verfeinern. Damit wird schon klar, wie weiter vorzugehen ist: Es wird wieder mit Schritt 1 begonnen und es muss nur im Text die Aufgabe A durch B_i ersetzt werden.

Vorteile

Die Vorteile dieser Methode lassen sich dabei wie folgt ableiten:

❏ Die Komplexität wird durch diese Vorgangsweise reduziert.

❏ Das Problem wird einfacher, da die einzelnen Teilaufgaben leichter zu lösen sind als die Gesamtaufgabe.

❏ Eine Arbeit in Gruppen ist einfacher durchzuführen, da die einzelnen Teilaufgaben durchaus von verschiedenen Personen gelöst werden können.

2.5.2   Beispiel

Auswertung von Lottoscheinen

Diese Technik soll durch ein Beispiel in Algorithmenschreibweise deutlich gemacht werden. Die Aufgabe besteht darin, ein Programm zu schreiben, das zur Auswertung von Lottoscheinen (6 aus 49 ohne Beachtung der Zusatzzahl) genutzt werden kann. Zu diesem Zweck werden zuerst die sechs richtigen Zahlen und dann die Tipps (also Kolonnen mit je sechs Zahlen) eingegeben. Bei jeder dieser Kolonnen soll nun die Anzahl der Treffer ausgegeben werden. Dies könnte etwa so aussehen:

```
3    5    7   12   17   23
3    7   12   17   26   35   => 4 Treffer
9   12   19   23   25   31   => 2 Treffer
```

Um diese Aufgabe etwas einfacher zu machen, kann davon ausgegangen werden, dass jede Sechsergruppe bereits aufsteigend sortiert eingegeben wird und dass alle Eingaben korrekt sind.

Das Programm wird durch die Eingabe der Zahl 0 beendet.

Schritt 1

Zuerst muss überlegt werden, welche Teilaufgaben zur Lösung des Problems benötigt werden. Eine einfache Frage, die hier beantwortet werden sollte, ist also, welche Befehle würden wir uns als bereits vorgegeben wünschen, damit wir einen Grobentwurf implementieren könnten. Wichtig ist hier, dass an dieser Stelle die groben Blöcke gesehen werden und nicht die Details.

Bei genauem Lesen der Aufgabe lassen sich zwei Teilaufgaben herausschälen: Einerseits müssen immer sechs Zahlen eingelesen werden, andererseits muss jeweils kontrolliert werden, wie viele Treffer eine Sechserkolonne beinhaltet.

Dementsprechend würden folgende Prozeduren benötigt werden:

Welche Teilaufgaben müssen gelöst werden?

❏ `ReadTupel(t, done)` liest das Sechsertupel `t` ein und gibt in der Variablen `done` an, ob die Eingabe erfolgreich war oder nicht (`t` und `done` sind also Ausgabeparameter).

❏ `CheckTupel(t1, t2, hits)` vergleicht die beiden Sechsertupel `t1` und `t2` und gibt in `hits` die Anzahl der Treffer zurück (`t1` und `t2` sind also Eingabeparameter, `hits` ist ein Ausgabeparameter).

Darauf aufbauend lässt sich folgende Lösung ausarbeiten, wobei der Typ `Tuple` hier für ein `array[1..6] of Integer` stehen könnte.

```
var result, tup: Tuple; done: Boolean; hits: Integer;
…
ReadTuple(result, done);
ReadTuple(tup, done);
while done do begin
    CheckTuple(result, tup, hits);
    WriteLn('=>', hits, ' Treffer');
    ReadTuple(tup, done);
end;
```

Dieses Programm sieht recht einfach aus, das Problem besteht nur noch darin, die beiden Prozeduren `ReadTuple` und `CheckTuple` zu implementieren.

Schritt 2

Bei der Implementierung dieser Teilaufgaben ist nun zu entscheiden, ob diese bereits einfach gelöst werden können oder aber ob sie noch weiter in Unterprozeduren aufgegliedert werden müssen. Da aber weder das Einlesen von sechs Zahlen noch der Vergleich zweier Arrays schwierig zu lösen sein sollte, kann gleich mit der Implementierung angefangen werden. Dies muss aber nicht immer so sein, eine weitere Zerlegung in mehreren Schritten wäre durchaus denkbar.

Implementierung der Teilaufgaben: trivial oder nicht?

Listing 2-13 zeigt die Prozedur `ReadTuple`, die immer sechs Zahlen in ein Array einliest und bei korrekter Eingabe die Variable `done` auf TRUE setzt. Bei falscher Eingabe (eine Zahl außerhalb von 1 und 49) wird `done` auf FALSE gesetzt. Listing 2-14 zeigt die Prozedur `Check-Tuple`, bei der die beiden Tupel `a` und `b` auf Gleichheit kontrolliert werden. Durch die Annahme, dass beide Tupel bereits sortiert sind, ist diese Prozedur relativ einfach zu realisieren.

Listing 2–13
ReadTuple

```
procedure ReadTuple (var tup: Tuple; var done: Boolean);
    var i: Integer;
begin
    WriteLn('Geben Sie bitte sechs Zahlen ein:');
    done := true; i := 1;
    while done and (i <= 6) do begin
        ReadLn(tup[i]);
        done := (tup[i] > 0) and (tup[i] < 50);
        Inc(i);
    end;
end;
```

Listing 2–14
CheckTuple

```
procedure CheckTuple (a, b: Tuple; var hits: Integer);
    var i, j: Integer;
begin
    i := 1; j := 1; hits := 0;
    while (i < 6) and (j <= 6) do begin
        if a[i] = b[j] then begin
            Inc(hits); Inc(i); Inc(j);
        end
        else begin
            if a[i] < b[j] then Inc(i) else Inc(j);
        end;
    end;
end;
```

2.5.3 Zusammenfassung

Zusammenfassend lässt sich sagen, dass durch die schrittweise Verfeinerung eine hierarchische Zerlegung eines komplexen Problems in immer einfachere Teilprobleme möglich ist. Diese systematische Vorgangsweise führt schlussendlich zum gewünschten Programm und somit zur Lösung der gestellten Aufgabe. Es ist danach durchaus möglich, noch Optimierungen durchzuführen. Allerdings sei gewarnt davor, prinzipiell immer optimieren zu wollen. Nicht immer sind Optimierungen sinnvoll, oft bringen sie nur wenig und machen Programme dafür aber schwerer lesbar. Es ist hier oft besser mit Hilfe von Tools (beispielsweise Profilern) jene Stellen, die optimiert werden sollten, herauszufinden, um dann gezielt eingreifen zu können.

2.5.4 Übungen

Aufgabe 1 (180 Minuten): Heiratsvermittlung

Wer suchet, der findet

Ein Heiratsvermittlungsinstitut versucht in regelmäßigen Abständen seine Kunden »unter die Haube« zu bringen. Dazu werden in ein Programm alle Kundendaten eingegeben und die drei besten Paarungen ausgedruckt. Die Kundendaten sind wie folgt aufgebaut:

```
const                                                                    Delphi
    BLACK = 0; BROWN = 1; RED = 2; GREEN = 3; BLOND = 4; WHITE = 5;
    BLUE = 6; GREY = 7; OTHER = 8;

type
Candidat = record
    firstname, secondname: String[32];
    male: Boolean;
    income: Integer;
    hair: Integer;
    eyes: Integer;
    prefIncome: Integer;
    prefHair: array[1..2] of Integer;
    prefEyes: array[1..2] of Integer;
end;
```

```
class Candidat {                                                         Java
    static final int BLACK = 0;
    static final int BROWN = 1;
    static final int RED = 2;
    static final int GREEN = 3;
    static final int BLOND = 4,
    static final int WHITE = 5;
    static final int BLUE = 6;
    static final int GREY = 7;
    static final int OTHER = 8;
    String firstName, secondName;
    boolean male;
    int income;
    int hair, eyes;
    int prefIncome;
    int[] prefHair;
    int[] prefEyes;
}
```

Die Anzahl der zu überprüfenden Kandidaten ist immer kleiner als 50.
Für jeden Kandidaten sind folgende Daten einzulesen: Vorname,
Nachname, Geschlecht, Gehalt, Haarfarbe, Augenfarbe, bevorzugtes
Gehalt, zwei »Wunschhaare«, die auch gleich sein können, und zwei
»Wunschaugen«, die ebenfalls gleich sein können.

Eine Paarung ist nur dann zulässig, wenn die Kandidaten verschiedenen Geschlechts sind und für jeden Kandidaten wenigstens ein
»Wunsch«-wert erfüllt ist. Jeder Kandidat darf in mehreren Traum-
paarungen erscheinen. Die Reihenfolge der Paarungen ergibt sich
anhand der Summe der Übereinstimmungen.

Versuchen Sie das Programm mit Hilfe der schrittweisen Verfeinerung in Prozeduren zu zerlegen.

2.6 Sprachliche Besonderheiten

Vertiefung in die gewählte Programmiersprache

Dieses Kapitel dient zur Vertiefung der vorgestellten Programmiersprachen. Hier geht es um spezielle Funktionalitäten, wie Prozedurvariablen, überladene Methoden oder nichttypisierte Parameter. Diese sind meist sprachenbezogen, d.h., jede Sprache hat hier ihre Eigenheiten. Dementsprechend ist dieser Lernabschnitt zweigeteilt. Zuerst werden Besonderheiten von Delphi, dann von Java vorgestellt. Falls der Leser nur an einer Sprache interessiert ist, so kann der jeweils andere Teil ausgelassen werden.

2.6.1 Delphi-Besonderheiten

Open-Array-Parameter

In Delphi werden Arrays bereits bei der Deklaration fixe Größen zugeordnet. Dies ist nicht unbedingt vorteilhaft, was an folgendem Beispiel leicht erkannt werden kann: Ist z.B. ein `array[1..30] of Integer` gegeben und wurde eine Prozedur geschrieben für die Ausgabe des Arrays, so hat diese folgendes Aussehen:

```
procedure Print (a: array[1..30] of Integer);
    var i: Integer;
begin
    for i := 1 to 30 do WriteLn(a[i]);
end;
```

Array ohne Grenzen

Diese Prozedur hat eine fixe Parameterliste. Wäre beispielsweise ein zweites `array[1..32] of Integer` gegeben und sollte dieses auch ausgegeben werden, müsste die Prozedur ein zweites Mal geschrieben werden. Sicherlich ein unnützer Mehraufwand. Die Lösung dafür ist ein so genannter Open-Array-Parameter, was bedeutet, dass das Array ohne Grenzen deklariert wird. Werden die Grenzen des Arrays innerhalb der Prozedur gebraucht, so gehen diese immer von 0 bis `High`. Die Prozedur könnte dementsprechend folgendes Aussehen haben:

```
procedure Print (a: array of Integer);
    var i: Integer;
begin
    for i := 0 to High(a) do WriteLn(a[i]);
end;
```

Diese Prozedur kann nun mit einem beliebigen `array of Integer` aufgerufen werden, beispielsweise sogar mit `Print([3, 5, 7])`. Wesentlich ist aber, dass Open-Arrays nur als Parameter verwendet werden dürfen.

Ein weiterer wichtiger Punkt im Zusammenhang mit Delphi und Arrays als Parameter ist der Speicherplatzverbrauch. Wie bereits in Abschnitt 2.3.2 erklärt, werden bei normalen Eingangsparametern in der Prozedur Kopien der Parameter angelegt und es wird mit diesen gearbeitet. Das ist natürlich dann problematisch, wenn wie im obigen Beispiel ein Array übergeben wird. Ist dieses sehr groß und wird es nicht verändert, so wird durch die lokale Kopie unnötig viel Speicherplatz belegt. Während dies bei einfachen Parametern kaum eine Rolle spielt, werden bei einem `array[1..1000] of String[255]` beispielsweise schon gut 250 KB verschwendet. Sollte das Array innerhalb der Prozedur nicht verändert werden, was meist der Fall ist, so wäre es doch sinnvoll, diesen Eingangsparameter als Ausgangsparameter mit `var` zu deklarieren, um Speicherplatz zu sparen. Eine andere Variante ist die Deklaration mit `const`, dies deutet an, dass es sich um einen Eingangsparameter handelt, für den aber keine lokale Kopie nötig ist, da innerhalb der Prozedur keine Veränderung am Array durchgeführt wird.

Speicherplatzverbrauch: Vorsicht ist geboten!

Dynamische Arrays

Dynamische Arrays haben keine feste Größe. Es wird erst zur Laufzeit, eventuell aufgrund einer Eingabe, entschieden, wie viele Elemente das Array aufnehmen können sollte. Derartige Arrays werden einfach ohne Indexgrenzen definiert. Bevor das Array verwendet wird, muss die Anzahl der Elemente festgelegt werden, dies ist durch Aufruf von `SetLength(a, n)` möglich, damit wird das Array `a` mit `n` Elementen angelegt. Der Index des Arrays geht dann von 0 bis $n - 1$, da dieser bei dynamischen Arrays immer mit 0 beginnt. Folgendes Quellcodefragment zeigt ein Beispiel für ein dynamisches Array:

Dynamische Arrays: Größe wird erst zur Laufzeit festgelegt

```
var myArr: array of Integer; n: Integer;
...
// n einlesen
SetLength(myArr, n);
// mit myArr arbeiten
```

Nichttypisierte Parameter

Nichttypisierte Parameter sind eine Möglichkeit, eine Prozedur in Delphi ganz offen zu schreiben. Bei der Deklaration des Parameters wird kein Typ angegeben und dementsprechend kann der Aktualparameter dann auch von beliebigem Typ sein. Um innerhalb der Prozedur auf den Parameter zugreifen zu können, muss zuerst eine Typumwandlung stattfinden.

Diese Art der Prozedur ist sehr ineffizient und sollte daher auch sehr sparsam verwendet werden, ein bekanntes Beispiel ist aber die Prozedur `WriteLn(...)`, wobei diese aber vom Compilerhersteller extra optimiert wurde.

Vorausdeklaration

Prinzipiell gilt, dass eine Prozedur nur dann verwendet werden kann, wenn sie bereits definiert wurde. Dies führt beispielsweise bei indirekter Rekursion, also falls etwa eine Prozedur P eine Prozedur Q aufruft und Q wiederum P aufruft, zu Problemen. In diesem Fall müsste nämlich P vor Q, aber auch Q vor P definiert sein, was natürlich nicht möglich ist. Hier hilft eine Vorausdeklaration, wobei nur der Prozedurkopf, gefolgt von dem Schlüsselwort `forward`, angeführt werden muss. Die tatsächliche Implementierung folgt dann an späterer Stelle, wobei die Prozedurköpfe selbstverständlich übereinstimmen müssen. Listing 2-15 zeigt ein Beispiel dafür.

Listing 2–15
Vorausdeklaration
in Delphi

```
program BspForward;

procedure Q (x: Integer); forward;

procedure P (x: Integer);
begin
    if x <> 0 then begin
        WriteLn(x);
        Q(x - 1);
    end;
end;

procedure Q (x: Integer);
begin
    if x <> 0 then begin
        WriteLn(x);
        P(x - 1);
    end;
end;
...
end.
```

Prozedurvariablen

Prozedurvariablen:
ein sehr mächtiges
Konstrukt

In Delphi können Prozeduren auch in Variablen gespeichert werden. Ein Programm kann also folgendermaßen aussehen:

```
procedure P
....
end; // P
...
var v: procedure;
...
v := p;
```

Prozedurvariablen finden ihre Anwendung vor allem in der Parametrisierung von Algorithmen. Beispielsweise kann mit Hilfe von Prozedurvariablen eine allgemeine Prozedur (siehe Listing 2-16) zum Zeichnen beliebiger Funktionen geschrieben werden. Beim konkreten Aufruf wird dann die gewünschte Funktion (siehe Listing 2-17) übergeben.

```
type Func = function (x: Integer): Integer;
procedure Plot (f: Func);
    var x: Integer;
begin
    for x := 0 to 100 do DrawDot(x, f(x));
end; // Plot
```

Listing 2–16
Allgemeine Prozedur zum Zeichnen beliebiger Funktionen

```
function F1 (x: Integer): Integer;
begin result := 2 *x;
end; // F1

function F2 (x: Integer): Integer;
begin result := x * x - 9 * x;
end; // F2
```

Listing 2–17
Beispiele für die Nutzung der Prozedur Plot

Um nun die Funktion y = 2 * x zeichnen zu können, braucht nur Plot(F1) aufgerufen zu werden. Um die Funktion y = x² - 9 * x zu zeichnen, muss Plot(F2) aufgerufen werden.

Wie bereits ganz zu Beginn dieses Abschnitts gezeigt wurde, ist es auch möglich, Prozedurtypen von der Art type BinaryOperation = function (x, y: Integer): Integer; zu definieren. Diese Deklaration legt, wie bei jeder Typdeklaration, die »Form« des Behälters fest. Wesentlich ist dabei, dass kein Prozedurname angegeben wird. Nach einer derartigen Typdeklaration können auch Variablen von diesem Typ deklariert werden und da diese Variablen ja Prozeduren enthalten, können auch diese Prozedurvariablen aufgerufen werden. Listing 2-18 fasst diese Punkte zusammen.

Prozeduren können auch als Typen definiert werden

```
type
    BinaryOperation = function (x, y: Integer): Integer;
var
    v: BinaryOperation; a: Integer;
…
function Sum (x, y: Integer): Integer;
    …
end;
…
v := sum;
a := v(7, 12);
```

Listing 2–18
Zusammenfassung von Prozedurvariablen

Wichtig in diesem Beispiel ist, dass die Zuweisung v := sum ohne Parameterangabe erfolgt und v danach die Prozedurkonstante sum enthält. Eine derartige Zuweisung ist dann erlaubt, wenn beide Prozeduren die gleiche Anzahl von Parametern besitzen und die entsprechenden Para-

meter den gleichen Typ und die gleiche Art (Eingangs- oder Ausgangsparameter) haben. Ob die Parameternamen dabei gleich sind, ist irrelevant.

2.6.2 Java-Besonderheiten

Java Virtual Machine (VM)

Die Java Virtual Machine sorgt dafür, dass die Programme plattformunabhängig sind

Java-Programme sind plattformunabhängig, also kann ein Programm, das beispielsweise auf einer CISC-Maschine (z.B. Intel Pentium) geschrieben wurde, auch auf einer RISC-Maschine eingesetzt werden. Dies ist möglich durch die Java Virtual Machine (VM), mit der eine plattformunspezifische Schicht, die eine Schnittstelle zwischen der Hardware und dem Java-Programm darstellt, eingeführt wurde. Diese VM muss auf jedem Rechner, auf dem Java-Programme ausgeführt werden sollen, installiert werden. Die Programme werden dann in eine Art interpretierbaren Code, den so genannten Java-Bytecode, kompiliert. Dieser Code kann dann von der VM, unabhängig vom Prozessor, interpretiert werden.

Konstante Parameter

final

In Java gibt es, wie bereits in Abschnitt 2.3.2 erklärt wurde, die Trennung zwischen Ein- und Ausgangsparameter nicht aufgrund eines Schlüsselwortes, sondern aufgrund des Parametertyps. Es gibt aber die Möglichkeit, einen Parameter mit dem Schlüsselwort `final` zu deklarieren, wodurch festgelegt wird, dass es sich um ein »call by value« handeln muss. Damit wird verhindert, dass der Parameter auf der linken Seite einer Zuweisung steht. Es wird also nicht eine Sicherheitskopie erzeugt, sondern alleine durch den Compiler eine Veränderung des Parameters verhindert.

Bedingter Ausdruck

Kompakte Schreibweise

Mit Hilfe des bedingten Ausdruckes können Wertzuweisungen, die von einer logischen Bedingung abhängen, sehr kompakt auf die Art `Bedingung ? then-Zweig : else-Zweig` formuliert werden. Folgende if-Anweisung könnte dann mittels eines bedingten Ausdruckes dargestellt werden.

```
if (x > y) {return x;} else {return y;}
```

Der entsprechende bedingte Ausdruck lautet einfach:

```
return (x > y) ? x : y;
```

2.6.3 Übungen

Aufgabe 1 (180 Minuten): Vier gewinnt

Implementieren Sie das bekannte Spiel »Vier gewinnt« auf einem sieben Felder breiten und sechs Felder hohen Spielfeld mit Hilfe des Verfahrens der schrittweisen Verfeinerung. Dabei soll dem Benutzer folgende Funktionalität zur Verfügung stehen:

❑ Anzeigen des aktuellen Spielstandes

❑ Setzen des nächsten Steines

❑ Test, ob ein Spieler gewonnen hat

❑ Neustart des Spiels

2.7 Module

Dieser Lernabschnitt setzt sich mit dem Thema Module auseinander. Module sind den externen Unterprogrammen von COBOL sehr ähnlich. Aber auch die Copies von COBOL können mit ihnen verglichen werden. In COBOL können Programmteile mit dem Befehl COPY eingebunden werden, wodurch Unterprogramme, insbesondere auch Datendefinitionen, in separaten Textdateien verwaltet werden. Bei einer Änderung der Copy müssen aber alle Programme, die diese importieren, neu übersetzt werden. Dies ist bei Modulen nicht der Fall.

Module sind externen Unterprogrammen ähnlich

Dieses Unterkapitel wird zuerst näher auf die Motivation hinter den Modulen eingehen. Danach wird genau erklärt, wie ein derartiges Modul aussieht, bzw. wie es verwendet werden kann. Regeln, die zeigen, wie eine Modularisierung vor sich geht, runden das Thema ab.

2.7.1 Motivation

Mit Hilfe von Modulen kann ein Programm in überschaubare Teile zerlegt werden. Dies ist nicht unbekannt: Auch mit der in Kapitel 2.5 vorgestellten schrittweisen Verfeinerung wird ja auf eine Zerlegung in kleine überschaubare Teile abgezielt. Eine derartige Zerlegung ist sinnvoll, da Großes nur überschaubar ist, wenn es in kleine Teile zerlegt ist und es dadurch zu einer Reduzierung der Komplexität kommt. Ein anderer Vorteil von Modulen ist das Abstrahieren. Dadurch können Details verborgen werden. Dieses Abstrahieren ist die Grundlage für dynamische Datenstrukturen, denen noch ein eigenes Hauptkapitel gewidmet sein wird.

Zerlegung in überschaubare Teile

Sammlung von
Deklarationen

Module bestehen aus einer Sammlung von Deklarationen. Das heißt, dass in ihnen Konstanten, Typen, Variablen und Prozeduren definiert werden. Jedes Modul kann für sich übersetzt werden und dient so als Baustein, der auch von anderen verwendet werden kann. Das Wesentliche an einem Modul sind die Schnittstellen, die genau angeben, was in diesem Modul definiert wurde und was anderen zur Verfügung gestellt wird. Die Deklarationen, die in diesen Schnittstellen enthalten sind, werden auch als »public« bezeichnet, da in den meisten Sprachen, dieses Schlüsselwort zur Kennzeichnung von Schnittstellen verwendet wird. Alle Klienten können dann diese Deklarationen importieren und verwenden. Beispielsweise kann eine Konstante PI in einem Modul definiert werden und dann von verschiedensten Programmen importiert und dort verwendet werden. Einer der vielen Vorteile liegt dabei sofort auf der Hand: Eine Veränderung der Konstante (bspw. statt 3.14 wird der genauere Wert 3.14152 genommen) muss nur an einer Stelle und nicht an mehreren verschiedenen durchgeführt werden. Für denjenigen, der diese Deklarationen importiert, muss die Implementierung dabei gar nicht bekannt sein. In den bisherigen Listings wurde beispielsweise immer eine importierte Prozedur zur Ausgabe verwendet, ohne dass ihre Implementierung bekannt war. Ein Modul kann dabei auch als Zaun gesehen werden, der nur durch Import beziehungsweise Export überwunden werden kann.

2.7.2   Export

Kennzeichnung als
»public«

Damit die Deklarationen eines Moduls von anderen verwendet werden können, müssen diese extra als »public«, also als allgemein verwendbar, gekennzeichnet werden. Diese Kennzeichnung ist abhängig von der verwendeten Programmiersprache.

Delphi

In Delphi wird ein Modul als »Unit« bezeichnet. Dabei wird zuerst die Schnittstelle festgelegt und erst danach erfolgt die eigentliche Implementierung. Das bedeutet, dass ein Modul zuerst mit einer Einleitung beginnt, diese wird durch das Schlüsselwort interface eröffnet. Alle Deklarationen, die hier erfolgen, sind »public«. Erst danach folgt die Implementierung, eingeleitet durch das Schlüsselwort implementation. Dieser Teil beinhaltet die Implementierung der public-Prozeduren und zusätzliche »private« Deklarationen, also Deklarationen, die nicht exportiert werden. Listing 2-19 zeigt ein Beispiel eines derartigen Moduls, dabei werden die exportierten Namen der besseren Sichtbarkeit wegen fett dargestellt.

```
unit BspUnit;

interface
    type
        R = record
            f: Integer;
        end;
    var
        y: R;

    procedure P (a: Integer);

implementation
    procedure Q (b: Char);
    begin
        // ...
    end; // end - Q

    procedure P (a: Integer);
        var x: Integer;
    begin
        // ...
    end; // end - P
initialization
    y.f := 3;
end.
```

Listing 2–19
Delphi-Beispiel für die
Implementierung einer
Export-Schnittstelle

Der Code nach dem Schlüsselwort `initalization` dient zur Initialisierung von globalen Variablen. Dieses Codestück wird beim ersten Zugriff auf das Modul durchlaufen.

Initialisierung

In Java werden exportierte Deklarationen durch den Modifier `public` gekennzeichnet. Das bedeutet, dass vor der Deklaration einfach dieses Schlüsselwort gestellt wird. In Java gibt es noch weitere Modifier, die später zur gegebenen Zeit vorgestellt werden. Grundsätzlich muss aber gesagt werden, dass es in Java den Begriff »Modul« so eigentlich gar nicht gibt. Vielmehr wird hier der Begriff »Package« eingeführt, der aber sehr ähnlich ist. Jede Datei beginnt mit dem Schlüsselwort `package` und dem Namen des Paketes. Es ist durchaus möglich, mehrere Dateien zu einem Package zusammenzufügen, es muss jeweils nur nach dem Schlüsselwort `package` der gleiche Name verwendet werden. Dieses Tricks bedient man sich deshalb, da in Java je Datei nur eine einzige Klasse definiert werden sollte. Listing 2-20 zeigt ein Beispiel für ein Package in Java, dabei werden die exportierten Namen der besseren Sichtbarkeit wegen fett dargestellt.

Java: Package

Listing 2–20
Java-Beispiel für die
Implementierung einer
Export-Schnittstelle

```
package BspUnit;

public class R {
    public int f;
    public static R y;

    static void q (char b) {
        //…
    }

    public static void p (int a) {
        int x;
        // …
    }

    static {
        y = new R();
        y.f = 3;
    }
}
```

Initialisierung
Der Code, der sich im letzten Block nach dem Schlüsselwort `static` befindet (also `y = new R(); y.f = 3;`), dient zur Initialisierung der globalen Variablen `y`. Dieses Codestück wird beim ersten Zugriff auf das Modul durchlaufen. Eine derartige Initialisierung darf nur für Variablen, die mit `static` deklariert wurden, durchgeführt werden.

Nur globale Namen können exportiert werden
In den beiden Listings werden verschiedene Namen exportiert. Grundsätzlich lässt sich sagen, dass Konstanten, Typen, Variablen und Prozeduren exportiert werden können, wobei jeweils gilt, dass diese global sein müssen. In den Beispielen werden der Typ `R`, die Recordkomponente `R.f`, die globale Variable `y` und die Prozedur `p` exportiert. Nicht sichtbar und daher auch nicht exportiert sind etwa die lokale Variable `x` oder die Prozedur `q`.

Module unterstützen die Teamarbeit
Eine mögliche und sehr zu empfehlende Vorgangsweise bei der Erzeugung von Modulen ist es, zuerst die Schnittstellen festzulegen und dann dieses Modul schon zu übersetzen. Somit ist es möglich, dass Klienten die Deklarationen bereits importieren können, obwohl diese noch nicht fertig implementiert sind. Das Modul kann dann nach und nach fertig gestellt werden, wodurch insbesondere das Arbeiten in Teams unterstützt wird.

2.7.3   Import

Alle exportierten Namen können von Programmen oder anderen Modulen importiert werden. Zu diesem Zweck muss aber mit einer eigenen Import-Anweisung festgelegt werden, welche Module importiert werden.

In Delphi muss eine Unit mittels der Anweisung `uses Unitname` *Delphi*
importiert werden. Sollten mehrere Units importiert werden, so können die Namen durch Kommas getrennt werden. Die einzelnen Namen
können dann so verwendet werden, als wären sie in diesem Programm
definiert worden. Ebenso wäre es aber möglich, die Schreibweise `Unit-
name.Variablenname` zu verwenden, dies ist im Falle von Namenskon-
flikten auf jeden Fall nötig. In Delphi kann ein Import etwa so aussehen:

```
program Client;

uses BspUnit;

var x: R; // var x : BspUnit.x;
// …
x := y; // x := BspUnit.y;
P(3); // BspUnit.P(3);
```

In Java kann ein Import mit `import Paketname.Klassenname` erfolgen. *Java*
Sollen alle Klassen eines Paketes importiert werden, so ist dies auch
mittels `import Paketname.*` möglich. Die einzelnen Namen können
dann so verwendet werden, als wären sie in diesem Programm definiert worden. Ebenso wäre es aber möglich, statt des Namens die
Schreibweise `Packagename.Klassenname` zu verwenden. Dies ist im
Falle von Namenskonflikten auf jeden Fall nötig. Ein Import in Java
kann dementsprechend so aussehen:

```
import BspUnit.R;

class Client {
    public static void main (String args[]) {
        R x;
        x = BspUnit.y;
        BspUnit.p(3);
    }
}
```

Eine wesentliche Frage beim Import ist die Reihenfolge, da ein zirkulä- *Reihenfolge: kein*
rer Import verboten ist. Importiert ein Modul A etwa ein Modul B, B ein *zirkulärer Import!*
Modul C, so ist es verboten, dass das Modul C das Modul A importiert.
Selbstverständlich sind auch direkte zirkuläre Referenzen, wie Modul A
importiert Modul B und Modul B importiert Modul A, verboten.

2.7.4 Modularisierung

Module werden vor allem zur Datenabstraktion (siehe dazu besonders *Module dienen zur*
Kapitel 3.1) und als Prozedurensammlung (z. B. Zusammenfassung *Datenabstraktion oder als*
aller Prozeduren zur Ein- und Ausgabe) verwendet. Der Vorgang der *Prozedurensammlung*
Modularisierung ist dabei sehr wichtig.

Ein Modul soll folgenden Richtlinien genügen:

Regeln für
Modularisierung

❏ Abgeschlossenheit: Alle Daten und Prozeduren zu einer Aufgabe sollen in *einem* Modul enthalten sein.

❏ Enge Schnittstellen: Die Schnittstelle eines Moduls soll überschaubar sein (Faustregel: weniger als eine Seite). Sie soll wenige, einfache Prozeduren beinhalten und auch die Prozeduren sollen eine begrenzte Anzahl von Parametern haben (Faustregel: maximal vier).

❏ Überschaubarkeit: Auch das Modul selbst sollte nicht zu groß sein (Faustregel: 1000 Zeilen, also circa 15 Seiten in ausgedrucktem Zustand). Aber es sollte auch vermieden werden, zu viele kleine Module zu produzieren.

Natürlich sind dabei oft Kompromisse gefragt, aber aus diesen prinzipiellen Richtlinien lassen sich verschiedene Merkmale für gute Schnittstellen ableiten:

❏ Einfachheit

❏ Konsistenz

❏ Redundanzfreiheit (gleiche Operationen nicht auf zwei Arten anbieten)

❏ Elementarität (Operationen nicht zusammenfassen, wenn auch einzeln benötigt)

❏ Allgemeinheit (nicht auf bestimmte Fälle zuschneiden)

❏ Robustheit

2.7.5 Übungen

Aufgabe 1 (180 Minuten): Priority-Queue

Warteschlangen:
Wichtiges Beispiel,
Fortsetzung folgt!

An einem Schalter stehen mehrere Leute an. Prinzipiell sollte jene Person an die Reihe kommen, die schon am längsten in der Schlange steht. Der Schalterbeamte behandelt aber nicht alle wartenden Personen gleich. Er unterscheidet zwischen unangenehmen, normalen und angenehmen Kunden. Normale Kunden werden den unangenehmen vorgezogen. Die angenehmen werden sowohl den normalen als auch den unangenehmen Personen vorgezogen. Gibt es mehrere Personen derselben Art, so wird aber jene an die Reihe kommen, welche schon am längsten wartet. Es stehen nie mehr als 100 Leute in der Schlange.

Schreiben Sie ein Modul, das diese Situation simuliert. Es soll die folgende Schnittstelle haben:

```
interface                                                          Delphi
    const UNPOPULAR = 1; INDIFFERENT = 2; POPULAR = 3;

    procedure Add (name: String; k: Integer);
    (* fügt eine neue Person - der Art k - der Queue hinzu *)

    procedure GetNext (var name: String);
    (* liefert den Namen der nächsten Person und entfernt diese *)

    function Count (): Integer;
    (* liefert die Anzahl der Personen *)
```

```
class PriorityQueue {                                              Java
    public final int UNPOPULAR = 1;
    public final int INDIFFERENT = 2;
    public final int POPULAR = 3;

    public static void add (String name, int k) {
        // fügt eine neue Person - der Art k - der Queue hinzu
    }

    public static String getNext () {
        // liefert den Namen der nächsten Person und entfernt diese
    }

    public static int count () {
        // liefert die Anzahl der Personen
    }
}
```

Schreiben Sie zusätzlich ein Testprogramm, das diese Operationen aufruft.

2.8 Pointer – ein Einstieg

Zum Ausklang des ersten Blocks dieses OOP-Kurses wird ein kurzer Überblick zum Thema Pointer gegeben. Diese bilden ein Kerngebiet in der objektorientierten Programmierung, da Objekte im Prinzip immer durch Pointer realisiert werden. In COBOL gibt es zwar einige ähnliche Ansätze, insbesondere die Erweiterung USING BY REFERENCE in OO-COBOL, aber grundsätzlich kann gesagt werden, dass gerade dieses Thema die größten Schwierigkeiten bereitet. Daher ist aufbauend auf diese Einleitung im zweiten Block des OOP-Kurses eine Vertiefung zu diesem Thema vorgesehen.

Diese Lektion ist nur ein erster Einstieg: Kapitel 3 setzt sich intensiv mit dieser Thematik auseinander

2.8.1 Begriffserklärung

Für den Pointer wird oftmals auch die deutsche Bezeichnung »Zeiger« verwendet. Grundsätzlich wird darunter eine dynamische Datenstruktur verstanden. Dynamisch bedeutet dabei, dass der Speicherplatz nicht von vornherein bereits vorhanden ist, sondern erst auf Verlangen

Zeiger

angelegt wird. Ein Pointer ist dabei auch von uneingeschränkter Größe und Form, im Gegensatz zum Array, das beispielsweise immer begrenzt ist.

Listen   Die einfachste Verwendung von Pointern sind eigentlich immer Listen. Eine Liste von Namen kann beispielsweise in einem Array dargestellt werden, aber auch als verkettete Liste. Dabei zeigt immer ein Name auf den nächsten. Der letzte Name zeigt dann auf ein Ende-Kennzeichen, ein so genannter NIL-Pointer. Abbildung 2-6 zeigt diese beiden Möglichkeiten. Der von D ausgehende Strich, begrenzt durch eine vertikale Linie, ist die graphische Darstellung eines NIL-Pointers.

Abb. 2–6
Mögliche Darstellungs-
form für eine Liste

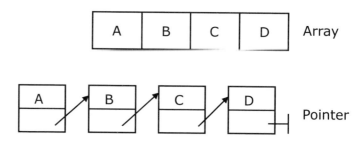

Der Unterschied zwischen einem Array und einer derartig verketteten Liste besteht vor allem darin, dass die Liste de facto beliebig lang sein kann. Das Array hat immer eine obere Grenze, wodurch die Anzahl der Elemente festgelegt ist. Eine verkettete Liste kann mit wenig Elementen begonnen werden und es können immer wieder welche hinzugefügt werden. Ein weiterer Vorteil der Listenform ist, dass Einfügen und Löschen relativ leicht und schnell (auch vom Laufzeitverhalten her) realisiert werden können. Wie Abbildung 2-7 zeigt, helfen Zeiger auch beliebige Datenstrukturen zu konstruieren.

Dynamische Liste ist de
facto beliebig lang

Abb. 2–7
Beispiel für komplexe
Zeiger-Datenstrukturen

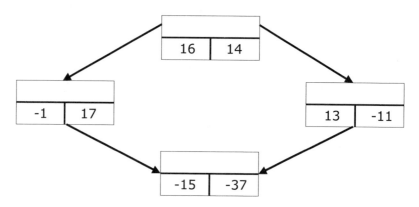

Wie bereits erwähnt, sind Einfügen und Löschen in eine verkettete Liste relativ einfach. Um ein erstes Gefühl für das Arbeiten mit Zeigern zu bekommen, wird noch vor der Erklärung des Datentyps auf diese Algorithmen eingegangen. Zum besseren Verständnis dafür, dient die Abbildung 2-8. Beim Einfügen eines neuen Elementes (in der Abbildung mit B gekennzeichnet) in eine Liste muss einfach das neue Element auf den Nachfolger (Element C) zeigen. Der Vorgänger (Element A) muss anstelle auf C nun auf das neue Element B verweisen. Beim Löschen ist es ähnlich einfach: Das Löschen des Elementes B aus der Liste erfolgt dadurch, dass das Element A nicht mehr auf B zeigt, sondern auf den neuen Nachfolger C. Einfügen und Löschen in einem Array sind dagegen um einiges komplexer. Während bei einer mit Zeigern verketteten Liste immer nur drei Elemente betroffen sind, können beim Array durchaus auch alle Elemente tangiert sein, beispielsweise, wenn das erste Element in einem Array gelöscht wird. Dann reduziert sich bei allen Arrayelementen der Index um den Wert eins.

Einfügen und Löschen in eine verkettete Liste: einfacher als gedacht

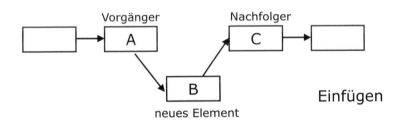

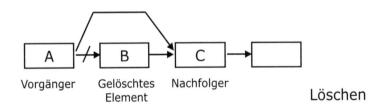

Abb. 2–8
Einfügen und Löschen in einer verketteten Liste

2.8.2 Zeiger

Zeiger sind grundsätzlich eigene Datentypen. Dementsprechend müssen Variablen auch von diesem Typ deklariert werden. Im Regelfall sieht dies so aus, dass ein Typ definiert wird, der ein Zeiger auf einen Record ist. Variablen von diesem Typ können dann als Zeigervariablen verstanden werden, die auf einen Speicherblock am Heap zeigen (siehe Abbildung 2-9).

Zeiger sind grundsätzlich eigene Datentypen

Abb. 2-9
*Grafische Darstellung
einer Zeigervariablen*

Die tatsächliche Deklaration ist dabei natürlich stark von der verwendeten Sprache abhängig. Im Folgenden wird eine Deklaration für eine verkettete lineare Liste von Zeichenketten angegeben.

Delphi   In Delphi wird der Record als ganz gewöhnlicher Typ deklariert und davor ein spezieller Typ als Zeiger darauf eingeführt. Die Syntax dafür ist genauso wie hier vorgestellt.

```
type
    Node = ^NodeDesc;
    NodeDesc = record
        data: String[16];
        next: Node;
    end;
```

Java   In Java gibt es den Datentyp Pointer eigentlich gar nicht, d.h., er kann nicht explizit verwendet werden. Hier ist die Regelung ganz einfach: Sämtliche Arrays und Records (Klassen) sind Pointer, der Typ ist immer implizit gegeben. Eine verkettete Liste kann daher als »gewöhnliche« Klasse dargestellt werden.

```
class Node {
    String data;
    Node next;
}
```

Rekursive Definition   Wie beide Beispiele zeigen, sind diese Definitionen rekursiv, was aber leicht zu verstehen ist, da jeder Knoten der Liste wieder auf einen Knoten zeigt. Da dies ein speziell behandelter Sonderfall ist, hat der jeweilige Compiler damit kein Problem und es wird kein syntaktischer Fehler hervorgerufen. Eine Variable p vom Typ Node wird im Speicher so dargestellt wie in Abbildung 2-10 gezeigt.

Abb. 2-10
*Grafische Darstellung des
Datentyps Node*

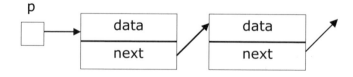

*New legt Block im
Speicher an*   Wesentlich bei einer Variablen vom Typ Pointer (ob implizit oder explizit deklariert) ist, dass eine derartige Variable vor ihrer Verwendung zuerst angelegt werden muss. Dies erfolgt mit der new-Funktion, die im Speicher einen Block (Heapblock) der benötigten Größe anlegt.

Somit wird alleine durch die Deklaration einer Pointervariablen noch nicht der Speicherplatz des Objekts beansprucht. Erst durch das Erzeugen des Objekts mittels `new` wird dieser belegt. Ein Sonderfall dabei ist aber auch der nicht angelegte Pointer, der auf kein Objekt zeigt, der so genannte NIL- oder NULL-Pointer.

Der Zugriff auf die Variable bzw. auf die Komponenten des Records, auf den der Zeiger zeigt, erfolgt wie bei einem normalen Record, d.h., auf die Komponente `data` kann im obigen Beispiel einfach mittels `p.data` zugegriffen werden. Selbstverständlich kann aber auch mit der Zeigervariablen selbst gearbeitet werden, so kann einer Variablen `q` vom Typ `Node` einfach die Variable `p` zugewiesen werden. Wichtig ist dabei aber, dass durch die Wertzuweisung kein neuer Speicherplatz und damit kein neuer Knoten angelegt wird, d.h., nach der Zuweisung zeigen sowohl `p` als auch `q` auf denselben Knoten (siehe Abbildung 2-11). Eine Veränderung der Komponente `p.data` führt daher gleichzeitig auch zu einer Veränderung der Komponente `q.data`. Diesen Effekt hatten wir schon einmal bei den Var-Parametern (siehe dazu Beispiel `Gemein` in Abschnitt 2.3.2), was auch leicht verständlich ist, da es sich bei einem Var-Parameter eigentlich auch um einen Zeiger (wenn auch nur implizit deklariert) handelt.

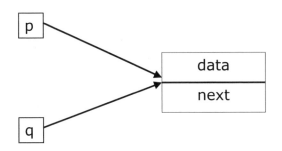

Abb. 2–11
Zeigerzuweisung:
Beide Zeiger zeigen auf
das gleiche Objekt

2.8.3   Standardalgorithmen

In diesem Abschnitt soll anhand von einigen kurzen Operationen gezeigt werden, wie eine einfache Liste funktioniert. Im gegebenen Fall gibt es zwei wichtige Zeiger `head` und `tail`: `head` ist der Zeiger auf den Kopf der Liste (das erste Listenelement), `tail` der Zeiger auf den Schwanz der Liste (das letzte Listenelement). Am Beginn, wenn die Liste leer ist, zeigen beide Zeiger auf NIL. Dies kann folgendermaßen aussehen:

Head und Tail: Der Kopf und der Schwanz der Liste

```
var head, tail: Node;

...

initalization head := nil; tail := nil;
```

Delphi

Java
```
static Node head, tail;
…
static {
    head = null; tail = null;
}
```

Knoten muss zuerst angelegt werden

Der Einfachheit halber werden bei dieser Liste die Knoten immer hinten angefügt. Dieses Hinzufügen geschieht auf einfache Weise: Der Knoten muss zuerst einmal angelegt werden (dynamisch!), danach wird der neue Wert in diesen Knoten geschrieben und der Zeiger `tail` muss auf dieses neue Objekt zeigen (ist jetzt das neue letzte Listenelement). Soweit ist dies sehr einfach, es müssen aber noch zwei weitere Punkte beachtet werden. Erstens muss der Sonderfall der leeren Liste geprüft werden, da dann auch der `head`-Zeiger auf dieses neue Element zeigen muss. Wird ein Element nämlich in eine leere Liste eingefügt, dann ist dieses neue Element nicht nur das letzte, sondern auch das erste Element.

Zweitens muss natürlich der Fall der nicht leeren Liste untersucht werden. Dabei muss der Vorgänger des neuen Elementes, das bisherige letzte Element, auch auf dieses zeigen. Dies ist einfach zu realisieren, da nur `tail.next` auf das neue Element gesetzt werden muss. Dies kann wie folgt durchgeführt werden:

Delphi
```
procedure AddNode (data: String);
    var p: Node;
begin
    New(p); p.data := data; p.next := nil;
    if head = nil then head := p else tail.next := p;
    tail := p;
end; // AddNode
```

Java
```
public static void addNode (String data) {
    Node p = new Node();
    p.data = data; p.next = null;
    if (head == null) head = p; else tail.next = p;
    tail = p;
}
```

Speicherblock selbst überlebt das Prozedurende

Bemerkenswert ist dabei, dass der für `p` angelegte Speicherblock das Ende der Prozedur überlebt, obwohl die Lebensdauer der Variablen selbst auf die Prozedur begrenzt ist.

Durchlaufen einer Liste

Eine wichtige Funktion beim Arbeiten mit Listen ist das Durchlaufen einer Liste, d.h., dass mit dem ersten Element begonnen wird, dieses wird beispielsweise ausgegeben, dann wird mit dem zweiten Element weitergemacht bis zum letzten Element der Liste. Dies geht einfach mit einer Variablen `p`, die zu Beginn auf das erste Element zeigt, dann eine Prozedur mit `p.data` (beispielsweise eben die Ausgabeprozedur) aufruft und dann mittels der Zuweisung `p := p.next` auf das nächste Element der Liste zeigt.

```delphi
procedure PrintList;
   var p: Node;
begin
   p := head;
   while p <> nil do begin
      WriteLn(p.data);
      p := p.next;
   end;
end; // PrintList
```
Delphi

```java
public void printList () {
   Node p;
   p = head;
   while (p != null) {
      System.out.println(p.data);
      p = p.next;
   }
}
```
Java

Dies sind die wesentlichsten Funktionen beim Arbeiten mit Zeigern. Wird dies verstanden, so können auch die noch folgenden tiefer gehenden Beispiele durchgearbeitet werden. Zuvor ist aber noch das Löschen von einmal angelegten dynamischen Datenstrukturen wichtig.

2.8.4   Löschen

Dynamische Datenstrukturen müssen extra erzeugt werden, das legt den Verdacht nahe, dass sie auch explizit wieder freigegeben werden müssen. Dies ist im Prinzip auch richtig, erfolgt aber je nach Sprache unterschiedlich.

Mit `New(p)` wird ein neuer Speicherblock angelegt, der so lange den Speicherplatz belegt, bis er mittels der Anweisung `Dispose(p)` wieder freigegeben wird. Wird dies vergessen, so bleibt der Speicherplatz bis zum Programmende belegt, was durchaus zu Speicherplatzproblemen führen kann. Dieses Löschen ist oft ein schwieriger Prozess, der vergessen wird und natürlich nur dann durchgeführt werden kann, wenn die Objekte noch alle erreichbar sind. Wird beispielsweise ein `Dispose(head)` durchgeführt, dann ist der Listenkopf gelöscht, aber nicht die anderen Listenelemente. Allerdings sind diese nicht mehr erreichbar, da auf `head.next` ja nicht mehr zugegriffen werden kann und es keine weiteren Zeiger auf diese Listenelemente mehr gibt. Dies würde bedeuten, dass der von der Liste benötigte Speicherplatz weiterhin belegt wird und auch nicht freigegeben werden kann. Soll die Liste

Delphi

ordnungsgemäß gelöscht werden, so könnte dies folgendermaßen aussehen:

```
procedure DeleteList;
    var p, q: Node;
begin
    p := head;
    while p <> nil do begin
       q := p.next;
       Dispose(p);
       p := q;
    end;
end;
```

Dangling Pointer Ein weiteres Problem, das dabei entstehen kann, sind so genannte »dangling pointer«. Dabei handelt es sich um Zeiger, die auf ein unbestimmtes Ziel zeigen. Falls z.B. die Variablen p und q zwei Zeiger sind, die auf das gleiche Objekt zeigen (z.B. nach einer Zuweisung p := q), und falls ein Dispose(p) durchgeführt wird, so hat p damit automatisch den Wert NIL. Da q aber auf das gleiche Objekt gezeigt hat, so wurde auch dieses gelöscht, der Wert von q ist daher danach undefiniert, ein Zugriff auf q.data würde damit zu einem Fehler führen.

Java: Garbage Collector Java verfügt über einen Garbage Collector, der dem Programmierer das Löschen von nicht mehr benötigten Speicherblöcken abnimmt. Ist ein Block nicht mehr über einen Zeiger erreichbar, so wird er automatisch freigegeben. Im Falle unserer Liste braucht der head (und der tail) eigentlich nur auf null gesetzt werden, wodurch alle Listenelemente nicht mehr erreicht werden können und somit vom Garbage Collector freigegeben werden.

2.8.5 Weitere Beispiele für dynamische Listen

Es gibt noch weitere Formen von dynamischen Listen. Je nach Anwendungsfall wird es sinnvoll sein, die eine oder andere zu verwenden. Verschiedene Formen von Listen werden hier kurz vorgestellt. Genauer wird auf sie in Kapitel 3.2 eingegangen.

Doppelt verkettete Liste

Element hat Nachfolger und Vorgänger Bei dieser Listenform zeigt das einzelne Listenelement nicht nur auf seinen Nachfolger, sondern auch auf seinen Vorgänger. Dies macht die Liste zwar etwas komplizierter, sie kann aber dafür auch problemlos absteigend sortiert durchlaufen werden (vom letzten bis zum ersten Element).

Stack

Der Stack ist ein Kellerspeicher mit den beiden Operationen Push und Pop. Push stellt das Element oben auf den Stack rauf. Pop nimmt das oberste Element vom Stack weg und liefert es zurück. Dieser Stack funktioniert nach dem LIFO- (last in – first out) -Modus, weil Pop immer das Objekt zurückliefert, das zuletzt eingefügt wurde.

Stack: Push und Pop

SortedList

Bei einer sortierten Liste werden die Elemente nicht einfach am Anfang oder am Ende eingefügt, sondern an der jeweils richtigen Position. Das heißt, dass beispielsweise der Wert fünf nach dem Wert drei, aber vor dem Wert sieben eingefügt werden würde. Somit ist ein sortierter Ausdruck der Liste sehr einfach möglich. Ist die Liste noch doppelt verkettet, so ist auch ein auf- und absteigender Ausdruck problemlos durchzuführen.

Sortierte Liste: Elemente sind in aufsteigender Reihenfolge sortiert

2.8.6 Übungen

Aufgabe 1 (170 Minuten): Priority-Queue

An einem Schalter stehen mehrere Leute an. Prinzipiell sollte jene Person an die Reihe kommen, die schon am längsten in der Schlange steht. Der Schalterbeamte behandelt aber nicht alle wartenden Personen gleich. Er unterscheidet zwischen unangenehmen, normalen und angenehmen Kunden. Normale Kunden werden den unangenehmen vorgezogen. Die angenehmen werden sowohl den normalen als auch den unangenehmen Personen vorgezogen. Gibt es mehrere Personen derselben Art, so wird aber jene an die Reihe kommen, welche schon am längsten wartet.

Priority-Queue – diesmal mit Pointern

Diese Aufgabenstellung ist analog zur letzten Übung, allerdings ist diesmal die Anzahl der Personen nicht begrenzt, weswegen Pointer verwendet werden müssen. Schreiben Sie unter Zuhilfenahme der Schnittstelle von Aufgabe 1 in Abschnitt 2.7.5 ein entsprechendes Modul.

Schreiben Sie zusätzlich ein Testprogramm, das diese Operationen aufruft. Prinzipiell kann das Testprogramm der letzten Übung problemlos wiederverwendet werden. Es sind nur minimale Änderungen notwendig, da ein anderes Modul benutzt wird.

Aufgabe 2 (10 Minuten): Fehlersuche

Worin besteht das Problem in folgendem Quellcodefragment:

```
New(p); p := nil;
```

3 Dynamische Datenstrukturen

Nachdem bereits in Kapitel 2.8 auf die dynamischen Datenstrukturen (oft auch nur als »Pointer« bezeichnet) eingegangen wurde, beschäftigt sich dieses Kapitel nun intensiver mit dieser Materie. Dynamische Datenstrukturen sind sehr wichtig, da die Objekte der objektorientierten Programmierung immer nur dynamisch angelegt werden.

Intensive Auseinandersetzung mit Pointern

Nachdem zu Beginn die Thematik Datenabstraktion, die häufig im Zusammenhang mit dynamischen Datenstrukturen steht, präsentiert wird, werden danach insbesondere Algorithmen, die dynamische Datenstrukturen verwenden, vorgestellt. Derartige Algorithmen können zwar auch in COBOL realisiert werden, die Erfahrung zeigt aber, dass sie dort nur selten eingesetzt werden. Dies um so mehr von Programmierern, die oft nur eine kurze Einführung erhalten haben und sich bislang nicht intensiv mit einer Programmiersprache auseinandersetzen mussten. Gerade diejenigen, die sich von diesen Zeilen angesprochen fühlen, sollten dieses Kapitel genau studieren.

3.1 Abstrakte Datentypen

Der Lernabschnitt zeigt noch einige vorbereitende Maßnahmen, wie ein eigener Datentyp erzeugt werden kann. Dabei wird weniger auf syntaktische Details eingegangen (siehe dazu bereits Abschnitt 2.4.1), sondern vielmehr gezeigt, wie das inhaltlich effizient vor sich gehen sollte. Der Datentyp wird ja im Regelfall verschiedenen anderen Programmen zur Verfügung gestellt, dabei ist es wichtig, dass der Klient nur die wesentlichen Dinge über den Datentyp wissen muss. Detaillierte Kenntnisse dazu werden nicht benötigt. Hinter diesem Konzept verbirgt sich der Begriff Abstraktion und darauf aufbauend die abstrakte Datenstruktur und der abstrakte Datentyp.

3.1.1   Begriff: Abstraktion

Abstraktion ist eine Verallgemeinerung, mit deren Hilfe unnötige Details vernachlässigt werden können

Unter Abstraktion wird eine Verallgemeinerung verstanden, mit deren Hilfe die Komplexität gemeistert werden kann. Dadurch können unnötige Details vernachlässigt werden und somit erfolgt eine Konzentration auf das Wesentliche. Diese Notwendigkeit sei anhand zweier Beispiele erklärt:

CD-Player: Einschalten, Wiedergeben, Vorwärtsspielen

❑ Ein einfaches Beispiel, das jeder fast täglich verwendet, ist ein CD-Player. Ein CD-Player kann durchaus auch als Datentyp gesehen werden, der Operationen, wie Einschalten, Wiedergeben, Vorwärtsspielen und so weiter anbietet. Die wesentlichen Dinge dahinter bleiben aber dem Anwender (dem Klienten) verborgen. Details wie Schaltkreise, Abtastsysteme oder Stromversorgung betreffen ihn nicht und dies macht das Verwenden des CD-Players einfach: Der Anwender kann sich auf das für ihn Wesentliche konzentrieren.

String: Zusammenfügen, Teilstring, Suchen

❑ Ein anderes Beispiel ist der Datentyp String, der von den verschiedenen Sprachen ja bereits vordefiniert ist und Operationen wie Zusammenfügen, Teilstring oder Suchen anbietet. Auch hier bleiben die Details, wie Speicherdarstellung oder Bitanzahl, dem Anwender verborgen. Dies macht es einfach, den Datentyp zu verwenden.

Das Ziel dahinter ist, dass die Implementierung der Daten vor dem Klienten verborgen wird und genau dies sollte auch bei einem eigenen Datentyp favorisiert werden. Der Zugriff auf diese Daten erfolgt dabei über eine klar definierte Schnittstelle. Wichtig ist dabei aber nicht, dass die Klienten eines Moduls diese Daten nicht sehen dürfen, sondern viel mehr, dass es nicht nötig ist, diese zu sehen. Um auf obiges Beispiel des CD-Players zurück zu kommen: Es ist dem Anwender durchaus möglich (wenn auch meist nur über Umwegen), sich Detailwissen über diesen anzueignen, aber es ist nicht notwendig!

Information Hiding

Dieses Konzept der Abstraktion wird als Information Hiding [Par72] bezeichnet. Darauf beruhen die abstrakten Datenstrukturen (ADS) und der abstrakte Datentyp (ADT), mit denen sich die beiden folgenden Abschnitte auseinander setzen.

3.1.2   Abstrakte Datenstrukturen

ADS: Abstrakte Datenstruktur, ein Exemplar

Als abstrakte Datenstruktur (ADS) wird jene Datenstruktur bezeichnet, die von jedem beliebigen Klienten durch den Zugriff auf klar definierte Prozeduren verwendet werden kann, deren Implementierung aber offen ist. Ein Beispiel dafür ist die `PriorityQueue` aus den Aufgaben der Abschnitte 2.7.5 und 2.8.6. Ein weiteres Beispiel wäre ein Telefonbuch (`PhoneBook`) mit den beiden Prozeduren `Enter` (zum Einfügen eines Datensatzes) und `Lookup` (zum Suchen eines Datensatzes), wie in den Listings 3-1 und 3-2 dargestellt. Zur besseren Lesbarkeit werden dabei die exportierten Namen im Listing – wie gewohnt – fett gedruckt.

```
unit PhoneBook;

interface
  procedure Enter (name: String; phone: Integer);
  procedure Lookup (name: String; var phone: Integer);

implementation
  type
    Person = record
      name: String;
      phone: Integer;
    end;

  var
    book: array[1..1000] of Person;
    n: Integer;

  procedure Enter (name: String; phone: Integer);
  begin
    book[n].name := name;
    book[n].phone := phone;
    Inc(n);
  end;

  procedure Lookup (name: String; var phone: Integer);
    var i: Integer;
  begin
    i := 1; phone := -1;
    while (i < n) and (phone = -1) do begin
      if book[i].name = name then begin phone := book[i].phone
      end;
      Inc(i);
    end;
  end;

initialization
  n := 1;
end.
```

Listing 3–1
Delphi-Implementierung
von PhoneBook

```
class Person {
    String name;
    int phone;
};

public class Phonebook {
    static Person [] book;
    static int n;
```

Listing 3–2
Java-Implementierung
von PhoneBook

```
public static void enter (String name, int phone) {
    book[n].name = name;
    book[n].phone = phone;
    n++;
}

public static int lookup (String name) {
    int i = 0;
    int phone = -1;
    while ((i < n) && (phone == -1)) {
        if (book[i].name.equals(name)) {phone = book[i].phone;};
        i++;
    }
    return phone;
}

static {
    book = new Person[1000];
    for (int i = 0; i < 1000; i++) {
        book[i] = new Person();
    }
    n = 0;
}
}
```

Dieses Beispiel zeigt sehr schön, dass aufgrund der Schnittstelle die Implementierung vollkommen offen ist. Es ist sowohl eine Realisierung mit Hilfe von Zeigern als auch mit Hilfe eines Arrays (wie im Beispiel erfolgt) denkbar. Das Telefonbuch kann dabei sehr einfach über die beiden Prozeduren Enter und Lookup verwendet werden. Darüber hinaus kann die Implementierung der abstrakten Datenstruktur jederzeit verändert werden, ohne dass jene Programme, die diese verwenden, geändert werden müssten.

3.1.3   Abstrakte Datentypen

ADT: abstrakter Datentyp, beliebig viele Exemplare

Obige abstrakte Datenstruktur hat einen Nachteil: Sie funktioniert nur bei einem einzigen Telefonbuch. Sind mehrere notwendig, beispielsweise eines für jedes Bundesland oder aber eines für Privat (home) und eines für das Büro (office), so kann diese Struktur nicht verwendet werden. Für den Fall, dass mehrere Strukturen derselben Art benötigt werden, leistet der abstrakte Datentyp (ADT) Abhilfe. Dabei werden nicht nur Zugriffsprozeduren für eine Struktur exportiert, sondern es wird auch ein Typ exportiert. Somit können die Klienten beliebig viele Variablen dieses Typs anlegen. Der Unterschied zwischen einer ADS und einem ADT ist ganz einfach erklärt: Bei einem abstrakten Datentyp werden die globalen Variablen, die in einer ADS verwendet werden würden, in einen Typ reingepackt und dieser Typ wird exportiert. Die

Listings 3-3 und 3-4 zeigen eine Realisierung eines derartigen abstrakten Datentyps.

```
unit PhoneBooks;

interface
   type
      Person = record
         name: String;
         phone: Integer;
      end;

      PhoneBook = record
         book: array[1..1000] of Person;
         n: Integer;
      end;

   procedure Enter (var pb: PhoneBook; name: String; phone: Integer);
   procedure Lookup (var pb: PhoneBook; n: String; var p: Integer);
   procedure Init (var pb: PhoneBook);

implementation

   procedure Enter (var pb: PhoneBook; name: String; phone: Integer);
   begin
      pb.book[pb.n].name := name;
      pb.book[pb.n].phone := phone;
      Inc(pb.n);
   end;

   procedure Lookup (var pb: PhoneBook; n: String; var p: Integer);
      var i: Integer;
   begin
      i := 1; p := -1;
      while (i < pb.n) and (p = -1) do begin
         if pb.book[i].name = n then begin p := pb.book[i].phone end;
         Inc(i);
      end;
   end;

   procedure Init (var pb: PhoneBook);
   begin
      pb.n := 1;
   end;
end.
```

Listing 3–3

Delphi-Implementierung des abstrakten Datentyps PhoneBook

Bei dieser Lösung handelt es sich eigentlich nicht wirklich um eine abstrakten Datentyp, da die einzelnen Komponenten des Records ja exportiert werden. Die Klienten benötigen diese zwar nicht, könnten aber auf sie zugreifen. Die Möglichkeit, vollständig abstrakte Datentypen mit Delphi zu implementieren, ist durch das Sprachkonstrukt Klasse (siehe dazu Kapitel 4.1) gegeben. Angemerkt sei an dieser Stelle auch noch, dass der Parameter pb in der Prozedur Lookup eigentlich nur ein Eingangsparameter ist. Aus Gründen der Speicherersparnis wird er aber trotzdem mit `var` definiert (siehe dazu Abschnitt 2.6.1), ebenso wäre aber auch eine Deklaration mit `const` möglich.

Listing 3–4

Java-Implementierung des abstrakten Datentyps PhoneBook

```java
package PhoneBooks;

class Person {
    String name;
    int phone;
};

public class PhoneBook {
    Person [] book;
    int n;

    public static void init (PhoneBook pb) {
        pb.book = new Person[1000];
        for (int i = 0; i < 1000; i++) {
            pb.book[i] = new Person();
        }
        pb.n = 0;
    }

    public static void enter (PhoneBook pb, String name, int phone) {
        pb.book[pb.n].name = name;
        pb.book[pb.n].phone = phone;
        pb.n++;
    }

    public static int lookup (PhoneBook pb, String name) {
        int i = 0;
        int phone = -1;
        while ((i < n) && (phone == -1)) {
            if (pb.book[i].name.equals(name))
                {phone = pb.book[i].phone;};
            i++;
        }
        return phone;
    }
}
```

Der Vollständigkeit halber sei erwähnt, dass die Deklaration derartiger Prozeduren mit `static` in Java eigentlich nicht üblich ist. Wesentlich verbreiteter sind die (ohne `static` deklarierten) Methoden, die in Kapitel 4.1 vorgestellt werden.

Zusätzlicher Parameter ist nötig

Wie aus den beiden obigen Listings ersichtlich, hat jede Operation einen Parameter des Typs `PhoneBook`, der dann in der Prozedur angesprochen wird. Außerdem ist eine `Init`-Prozedur vorhanden, die den Initialisierungsteil der abstrakten Datenstruktur ersetzt. Bei der Verwendung dieses ADTs muss also eine (oder mehrere) Variablen des Typs `PhoneBook` deklariert werden und diese danach mit `Init` initialisiert werden. Bei den jeweiligen Aufrufen werden dann auch diese Variablen als Parameter übergeben. Die beiden folgenden kurzen Codefragmente zeigen eine mögliche Verwendung:

```
var home: PhoneBooks.PhoneBook;                                          Delphi
…
PhoneBooks.Init(home);
PhoneBooks.Enter(home, 'Markus', 437242);

PhoneBook home = new PhoneBook();                                        Java
PhoneBook.init(home);
PhoneBook.enter(home, "Markus", 437242);
```

Der große Vorteil von abstrakten Datentypen zeigt sich anhand der *Mit abstrakten*
einfachen Feststellung, dass das schon angesprochene Y2K-Problem *Datentypen wäre Y2K kein*
(siehe Kapitel 1) sehr einfach zu lösen gewesen wäre, wenn das Datum *Problem gewesen*
immer als abstrakter Datentyp zur Verfügung gestellt worden wäre.
Da die Komponenten vom Klienten verborgen bleiben, ist es egal, ob
die Jahreszahl zwei- oder vierstellig ist. Daher kann dies umgestellt
werden, ohne dass die übrigen Programme etwas davon merken oder
geändert werden müssten.

3.1.4 Übungen

Aufgabe 1 (170 Minuten): Relations

Diese Aufgabe basiert auf einem konkreten Beispiel: Bei der Implementierung von objektorientierten Datenbanken ist es notwendig, jede
Datenstruktur (Objekt) neben dem Hauptspeicher ein zweites Mal, auf
der Platte, zu speichern. Daher hat jedes Objekt zwei Adressen. Einerseits eine OID (Object Identifier), die Adresse auf der Platte, andererseits die übliche (transiente) Speicheradresse. Ein Zeiger auf ein Objekt
kann aber immer nur eine Adresse beinhalten. Um die zweite Adresse
zu erhalten, müssen Zuordnungstabellen (die transiente Adresse adr
entspricht der Plattenadresse oid) verwaltet werden. Für die Implementierung von derartigen Listen werden üblicherweise B-Bäume oder
Hashlisten (siehe dazu Kapitel 3.3 und 3.4) herangezogen.

Implementieren Sie ein Modul PersRel, das eine Zuordnung (OID
→ transiente Adresse) realisiert; aus Gründen der Einfachheit können
Sie dabei eine sortierte lineare Liste verwenden. Als eindeutige OID,
also als Plattenadresse, benutzen Sie dabei eine Zeichenkette (max. 32
Zeichen), um einfachere Testfälle möglich zu machen. Wird versucht,
eine OID noch einmal einzufügen, so soll dies nicht durchgeführt werden und stattdessen die globale Fehlervariable err auf TRUE gesetzt
werden. Zusätzlich zur transienten Speicheradresse wird beim Einfügen noch eine Eigenschaft (quality) angegeben, die auch abgefragt
werden kann. Das Anlegen und Initialisieren einer Relation sollte
durch Aufrufen der Prozedur Init erfolgen.

Die Schnittstelle des Moduls sollte folgendes Aussehen haben:

Delphi

```
type
    Relation = ^RelationDesc;
    RelationDesc = record
        ...
    end;

function Adr (r: Relation; oid: String): Integer;
procedure Delete (r: Relation; oid: String);
function  Entries (r: Relation): Integer;
procedure Insert (r: Relation; oid: String; adr: Integer;
                                             q: Boolean);
function Quality (r: Relation; oid: String): Boolean;
procedure Init (var r: Relation);

var err: Boolean;
```

Java

```
package Relations;

public class Relation {
    ...

    public static boolean err;
    public static int adr (String oid) {...}
    public static void delete (String oid) {...}
    public static int entries () {...}
    public static void insert (String oid, int adr, boolean q) {...}
    public static boolean quality (String oid) {...}
    public static void init() {...}
}
```

Testen Sie Ihre Lösung von `PersRel` ausführlich mit einem eigenen Testprogramm.

Aufgabe 2 (10 Minuten): Abstrakter Datentyp

Umwandlung ADS auf ADT

Gegeben ist folgende abstrakte Datenstruktur `List`:

```
unit List;

interface

    type
        ListItem = record
            x: Integer;
        end;

    procedure Enter (item: ListItem);
    procedure Print;

implementation
    var
        l: array [0..30] of ListItem;
        n: Integer;
```

```
procedure Enter (item: ListItem);
begin
   l[n].x := item;
   Inc(n);
end;

procedure Print;
   var i: Integer;
begin
   for i := 0 to n - 1 do begin
      WriteLn(l[i].x);
   end;
end;

initialization
   n := 0;
end.
```

Implementieren Sie darauf aufbauend einen abstrakten Datentyp Lists.List. Diese Übung ist für Java-Benutzer auf gleiche Weise durchzuführen, da es hier nicht um sprachliche Details, sondern nur um die Grundidee des abstrakten Datentyps geht.

3.2 Dynamische Datenstrukturen im Detail

Bereits in Kapitel 2.8 wurde kurz auf dynamische Datenstrukturen eingegangen und der Datentyp Liste im Detail vorgestellt. Ebenso wurden auch der Stack und die sortierte Liste angeschnitten. Um dieses Thema zu vertiefen, werden diese Strukturen nun im Detail erläutert.

3.2.1 Lineare Listen

Die lineare Liste ist die häufigste dynamische Datenstruktur. Gegenüber einem Array hat sie den Vorteil, dass sie wachsen und schrumpfen kann und somit im Speicher immer nur die tatsächlich benötigte Größe belegt. Ein weiterer Vorteil besteht darin, dass das Einfügen und Löschen sehr einfach funktioniert.

Da die unsortierte lineare Liste bereits in Kapitel 2.8 vorgestellt wurde, wird nun detailliert auf die sortierte Liste eingegangen. Dabei wird immer an der richtigen Stelle entsprechend der Sortierungsreihenfolge eingefügt. Dies ist ähnlich zum Insert-Sort, der in Abschnitt 3.4.4 vorgestellt wird. Abbildung 3-1 zeigt ein Beispiel für eine sortierte Liste von Zeichenketten.

Sortierte Liste!

*Einfügen in sortierte Liste
ist etwas aufwendiger*

Das Einfügen in eine sortierte Liste ist etwas aufwendiger zu implementieren. Suchen und Löschen sind allerdings beinahe gleich. Nur in einem Spezialfall, nämlich dann, wenn das gesuchte (oder das zu löschende) Element nicht in der Liste vorhanden ist, hat dies den Vorteil, dass die Suche abgebrochen werden kann, wenn ein Element, größer als das zu suchende, in der Liste gefunden wird. Würde beispielsweise in der Liste von Abbildung 3-1 der Wert »Gertraud« gesucht werden, so muss nicht die ganze Liste durchlaufen werden, um festzustellen, dass das Element nicht vorhanden ist, sondern es kann bereits beim Element »Hermann« aufgehört werden.

»dummy«-Element

In den nun folgenden Quellcodebeispielen zum Thema sortierte Liste wird noch eine weitere Neuheit eingeführt, das so genannte »dummy«-Element am Beginn der Liste. Das bedeutet, dass bereits die »leere« Liste, also die Liste ohne Elemente, einen Kopfknoten besitzt (diese leere Liste ist in Abbildung 3-2 dargestellt). Der Next-Zeiger des letzten Listenelementes zeigt dabei immer auf den Knopfknoten, wodurch sich eine so genannte »Ringliste« ergibt. Der Kopfknoten zeigt im Falle der leeren Liste auf sich selbst.

*Abb. 3–2
Leere Liste mit
Dummy-Element*

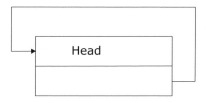

Durch diesen Trick wird zwar immer minimal mehr Speicher verbraucht, der Spezialfall des Einfügens in eine leere Liste, den wir von Abschnitt 2.8.3 bereits kennen, muss aber nun nicht mehr abgeprüft werden. Das Einfügen konzentriert sich nun nur noch darauf, die richtige Position in der Liste zu finden, also den Vorgängerknoten des neuen Elementes. Im Falle der leeren Liste ist dies das »dummy«-Element. Nach diesem wird dann das neue Element eingefügt. Dies wird in den folgenden Quellcodefragmenten dargestellt:

Delphi

```
procedure Insert (val: Integer);
    var cur, prev, x: Node;
begin
    cur := head.next; prev := head; // head ist dummy-Element
    while (cur <> head) and (cur.val < val) do begin // Elementsuche
        prev := cur; cur := cur.next;
```

```
    end;
    if (cur <> head) and (cur.val = val) then exit; // nicht neu
    New(x); x.val := val; x.next := cur; // neu anlegen
    prev.next := x;
end;
```

─────────

```
public static void insert (int val) {
    SortedList cur, prev, x;
    cur = head.next; prev = head; // head ist dummy-Element
    while ((cur != head) && (cur.val < val)) { // Elementsuche
        prev = cur; cur = cur.next;
    }
    if ((cur != head) && (cur.val == val))
        {return;} // bereits enthalten
    x = new SortedList(); x.val = val; x.next = cur; // neu anlegen
    prev.next = x;
}
```
Java

Ein weiterer Sonderfall einer Liste ist die doppelt verkettete Liste. *Sonderfall: doppelt*
Dabei zeigt jedes Listenelement nicht nur auf seinen Nachfolger, son- *verkettete Liste*
dern auch auf seinen Vorgänger. Eine doppelt verkettete Liste ist in
Abbildung 3-3 dargestellt.

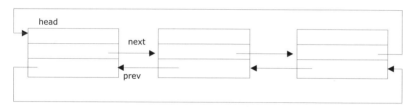

Abb. 3–3
Doppelt verkettete Liste

Diese Vorgangsweise hat den Vorteil, dass nicht immer der Vorgänger
eines Elementes festgehalten werden muss (z.B. beim Löschen), da dieser immer durch einen einzigen Zeigerzugriff bestimmt werden kann.
Ferner kann im Falle einer sortierten doppelt verketteten Liste immer
auch die umgekehrte Reihenfolge einfach durchlaufen werden.

Abschließend stellt sich noch die Frage, ob sortierte Listen effizien- *Was ist effizienter?*
ter sind als unsortierte Listen. Im ersten Moment würde man dies wohl
mit einem klaren Ja beantworten, da beim Suchen und Löschen, falls
das Element nicht vorhanden ist, nicht immer die ganze Liste durchgegangen wird. In Wahrheit rechtfertigt dies aber kaum den erhöhten
Aufwand beim Einfügen. Wesentlich besser sind hier Bäume, die in
Kapitel 3.3 vorgestellt werden.

3.2.2 Stacks

Ein Stack ist eine spezielle Datenstruktur, die Elemente in einem »Kel- *Stack: LIFO*
lerspeicher« verwaltet. Dies funktioniert nach dem »last in – first out«-
Prinzip (LIFO), das mit einem Bücherstapel verglichen werden kann:

Jenes Buch, das zuletzt auf den Stapel gelegt wird, wird auch zuerst wieder heruntergenommen. Abbildung 3-4 zeigt einen Stack mit Elementen des Typs Integer, in dem der Reihe nach folgende Aktionen durchgeführt werden: Einfügen des Wertes 1, Entnehmen eines Wertes, Einfügen des Wertes 5, Einfügen des Wertes 9, Entnehmen eines Wertes, Einfügen des Wertes 3.

Abb. 3–4
Beispiel für einen Stack

Java-Implementierung
auf der CD

Ein derartiger Stack hat zwei wesentliche Operationen: Push und Pop. Mittels Push kann ein neues Element am Stack abgelegt werden. Pop hingegen liefert das zuletzt abgelegte Element und entfernt es aus dem Stack. Listing 3-5 zeigt eine mögliche Delphi-Implementierung dieser Datenstruktur. Aus Platzmangel befindet sich die Java-Implementierung nur auf der CD.

Listing 3–5
Delphi-Implementierung
eines Stacks

```
unit Stack;

interface
    procedure Push (val: Integer);
    procedure Pop (var val: Integer);

implementation
    type
        Node = ^NodeDesc;
        NodeDesc = record
            val: Integer;
            next: Node;
        end;

    var
        top: Node;  // Zeiger auf oberstes (erstes) Element

    procedure Push (val: Integer);
        var x: Node;
    begin
        New(x);
        x.val := val;
        x.next := top; // zeigt auf ehemals erstes Element
        top := x; // neues erstes Element
    end;

    procedure Pop (var val: Integer);
        var h: Node;
    begin
        if top = nil then begin val := -1; exit; end;
        h := top; // ehemals erstes Element für Speicherfreigabe
        val := top.val;
        top := top.next; // zweites Element wird zum ersten
        Dispose(h);
    end;
```

```
initialization
    top := nil;
end.
```

3.2.3   Queues

Eine Queue funktioniert im Gegensatz zum Stack nach dem (faireren)
»first in – first out«–Prinzip (FIFO) und kann daher mit einer Warteschlange verglichen werden. Derjenige, der sich hier zuerst anstellt,
kommt auch zuerst an die Reihe (z.B. Warteschlange an einer Super-
marktkasse). Abbildung 3-5 zeigt eine Queue mit Elementen des Typs
Integer, in der in der Reihe nach folgende Aktionen durchgeführt werden:
Einfügen des Wertes 1, Entnehmen eines Wertes, Einfügen des Wertes
5, Einfügen des Wertes 9, Entnehmen eines Wertes, Einfügen des Wertes 3.

Queue: FIFO

Abb. 3–5
Beispiel für eine Queue
(vgl. auch Abbildung 3-4)

Eine derartige Datenstruktur hat zwei wesentliche Operationen:
Enqueue und Dequeue. Mittels Enqueue kann ein neues Element in der
Queue abgelegt werden. Dequeue hingegen liefert jenes Element, das
sich schon am längsten in der Queue befindet und entfernt es daraus.
Listing 3-6 zeigt eine mögliche Java-Implementierung dieser Datenstruktur. Aus Platzmangel befindet sich die Delphi-Implementierung
nur auf der CD.

Delphi-Implementierung
auf der CD

```java
public class Queue {
    Queue next;
    int val;
    static Queue top;

    public static void enqueue (int val) {
        Queue x, cur;
        x = new Queue(); x.val = val; x.next = null; // Element
                                                          anlegen
        if (top == null) {top = x;}
        else {
            cur = top;
            while (cur.next != null) {cur = cur.next;}
            cur.next = x;
        }
    }

    public static int dequeue () {
        int val;
        if (top == null) {return -1;}
        val = top.val;
```

Listing 3–6
Java-Implementierung
einer Queue

```
        top = top.next; // zweites Element wird zum ersten
        return val;
    }

    public static int elements () {
        Queue x;
        int result = 0;
        x = top;
        while (x != null) {
            result ++;
            x = x.next;
        }
        return result;
    }

    static {
        top = null;
    }
}
```

3.2.4   Übungen

Aufgabe 1 (200 Minuten): Queue

Implementieren Sie eine dynamische Datenstruktur Queue. Die dem Modul zugrunde liegende Definition sollte folgendes Aussehen haben:

Delphi
```
type
    Queue = .......; // sollte selbst gefunden werden
    Proc = procedure (x: Integer);

procedure EnQueue (var q: Queue; elem: Integer);
(* hängt das Element elem an der Queue q an *)

procedure DeQueue (var q: Queue; var elem: Integer);
(* gibt das erste Element (elem) der Queue q zurück und löscht
dieses aus der Queue. Im Falle einer leeren Queue ist der Wert von
elem undefiniert *)

procedure NewQueue (var q: Queue);
(* erzeugt eine neue (leere) Queue *)

function NrOfElems (q: Queue): Integer;
(* gibt die Anzahl der Elemente der Queue zurück *)

function Full (q: Queue): Boolean;
(* gibt bei einer vollen Queue TRUE zurück, ansonsten FALSE *)

function Empty (q: Queue): Boolean;
(* gibt bei einer leeren Queue TRUE zurück, ansonsten FALSE *)

procedure Iterate (q: Queue; p: Proc);
(* iteriert über alle Elemente von q *)
```

```java
public class Queue {                                              Java
    // …

    public static void enQueue (int elem) {
        // hängt das Element elem an der Queue an
    }

    public static void deQueue (int elem) {
        // gibt das erste Element (elem) der Queue zurück und löscht
        // dieses aus der Queue. Im Falle einer leeren Queue ist der
        // Wert von elem undefiniert
    }

    public static in nrOfElems () {
        // gibt die Anzahl der Elemente der Queue zurück
    }

    public static bool full () {
        // gibt bei einer vollen Queue TRUE zurück, ansonsten FALSE
    }

    public static bool empty () {
        // gibt bei einer leeren Queue TRUE zurück, ansonsten FALSE
    }

    public static void print () {
        // druckt alle Elemente von q
    }
}
```

Testen Sie ausführlich das Modul mittels eines eigenen Testprogramms.

Aufgabe 2 (20 Minuten): Diskussion

Vergleichen Sie dynamische und statische Datenstrukturen miteinander. Zählen Sie Vor- und Nachteile auf. Bedenken Sie dabei insbesondere, wie Sie Aufgabe 1 mit einer statischen Datenstruktur gelöst hätten.

Vergleich dynamische und statische Datenstruktur

3.3 Bäume

Wie bereits in Abschnitt 3.2.1 erwähnt, sind sortierte Listen nicht wirklich die bestmöglichen Datenstrukturen für schnelles Suchen und Einfügen. Die an dieser Stelle vorgestellten Bäume sind hier vorzuziehen. Ein Baum ist eine Datenstruktur in die, wie in eine Liste, verschiedenste Elemente eingefügt werden können, wobei der Aufbau der Struktur nicht linear (ein Element nach dem anderen), sondern baumartig (mehrere Zweige) ist. Obwohl Bäume, wie auch Listen, meist durch Klassenbibliotheken zur Verfügung gestellt werden, wird das Konzept dahinter in diesem Lernabschnitt vorgestellt. Einerseits weil

Bäume: besonders effiziente Datenstrukturen

es für die Verwendung sinnvoll ist, auch etwas von dem Konzept dahinter zu wissen, andererseits weil es sich dabei um ein sehr gutes Beispiel für die Verwendung von Zeigern handelt.

Im Folgenden wird zuerst der Begriff *Baum* erklärt, danach wird die spezielle Datenstruktur binärer Baum vorgestellt. Abschließend wird kurz auf den Spezialfall balancierter Baum eingegangen.

3.3.1   Begriff

Ein Baum ist eine endliche Menge von Knoten und Kanten

Ein Baum ist (etwas wissenschaftlich formuliert) eine endliche Menge von Knoten und Kanten, wobei jeder Knoten genau einen Vaterknoten hat. Einzige Ausnahme dabei ist die Wurzel des Baumes, d.h. jener Knoten, von dem alles ausgeht. Um dies deutlich zu machen, zeigt Abbildung 3-6 ein Beispiel eines Baumes.

Abb. 3–6
Beispiel eines Baumes

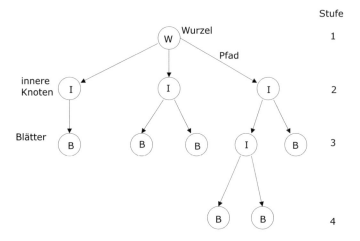

Anhand dieses Beispiels werden auch verschiedene Begriffe, die im Zusammenhang mit Bäumen vorkommen, deutlich:

❑ Wurzel: Der Kopfknoten, vergleichbar mit dem Head der Liste. Die Wurzel ist in der Abbildung mit w gekennzeichnet.

❑ Vaterknoten: Jeder Knoten, unter dem sich noch mindestens ein anderer Knoten befindet. Der Vaterknoten kann auch als Wurzel eines Teilbaumes gesehen werden. In der Abbildung sind alle Knoten, die mit ɪ oder w gekennzeichnet sind, Vaterknoten.

❑ Sohn: Knoten unterhalb des Vaterknotens.

❑ Blatt: Jeder Knoten, der kein Vaterknoten ist. Diese Knoten sind in der Abbildung mit ʙ gekennzeichnet.

❑ Innerer Knoten: Jeder Knoten, der weder Wurzel noch Blatt ist. Diese Knoten sind in der Abbildung mit I gekennzeichnet.

❑ Grad eines Knotens: Anzahl seiner Söhne.

❑ Höhe eines Baumes: Die maximale Stufe aller Knoten. Im Falle der Abbildung 3-6 kann also von einem Baum der Höhe 4 gesprochen werden.

❑ Pfad: Kantenfolge zwischen zwei Knoten.

❑ Geordneter Baum: Ein Baum, bei dem für jeden Knoten die Reihenfolge der Söhne fix ist. Ein Beispiel für so einen Baum ist der binäre Suchbaum, mit dem sich der nächste Abschnitt beschäftigt.

3.3.2 Binärbäume

Definition

Ein Binärbaum ist ein geordneter Baum, in dem jeder Knoten maximal zwei Söhne hat (= höchstens Grad zwei). Ein derartiger Baum kann durch folgenden Typ definiert werden (falls das Element vom Typ Integer ist):

Binärbaum: Jeder Knoten hat maximal zwei Söhne

```
Tree = ^TreeDesc;
TreeDesc = record
    val: Integer;
    left, right: Tree;
end;
```
Delphi

```
class Tree {
    int val;
    Tree left, right;
}
```
Java

Die Deklaration dieses Typs wird klar, wenn die Definition des Begriffes Vaterknoten noch einmal angesehen wird: jeder Knoten, unter dem sich noch mindestens ein anderer Knoten befindet. Ein Vaterknoten kann somit auch als Wurzel eines Teilbaumes gesehen werden. Sowohl der linke als auch der rechte Sohn sind dementsprechend Vaterknoten und somit wiederum Wurzeln von darunter liegenden (Teil-)Bäumen. Im Falle eines Blattes haben der left- und der right-Zeiger den Wert NIL.

Der bedeutendste Fall des Binärbaumes ist der binäre Suchbaum. Bei diesem Baum gilt immer, dass jeder rechte Sohn einen Wert beinhaltet, der größer oder gleich ist als der Wert des Vaterknotens, und jeder linke Sohn einen Wert beinhaltet, der kleiner ist als der Wert des Vaterknotens. Ein Beispiel dafür ist in Abbildung 3-7 zu sehen. Angemerkt werden sollte, dass der binäre Suchbaum so verbreitet ist,

Binärer Suchbaum

dass eigentlich fast immer, wenn vom Binärbaum gesprochen wird, dieser Spezialfall gemeint ist.

Abb. 3–7
Beispiel für einen binären Suchbaum

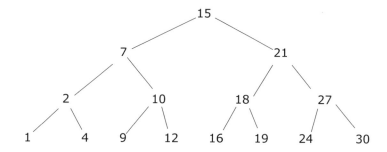

Binäres Suchen: sehr effiziente Methode

Aufbauend auf diese besondere Anordnung der Knoten ist ein sehr einfaches Suchen möglich. Dabei wird begonnen, den Suchwert mit der Wurzel zu vergleichen. Falls der Wert nicht bereits gleich ist (und somit gefunden wurde), muss entschieden werden, ob der Suchwert größer oder kleiner als der Wert der Wurzel ist. Dementsprechend muss nämlich im rechten oder im linken Teilbaum auf die gleiche Weise weitergesucht werden. Dabei wird die Suche so lange fortgesetzt, bis der Wert entweder gefunden oder aber ein Blatt erreicht wurde. Im letzteren Falle ist der Wert im Binärbaum nicht enthalten. Die folgenden Quellcodefragmente zeigen eine Möglichkeit, dieses binäre Suchen zu implementieren.

Delphi

```
function Search (val: Integer): Boolean;
    var p: Tree;
begin
    p := root;
    while (p <> nil) and (p.val <> val) do begin
        if val < p.val then p := p.left else p := p.right;
    end;
    result := p <> nil
end;
```

Java

```
public static boolean search (int val) {
    BinTree p;
    p = root;
    while ((p != null) && (p.val != val))
        if (val < p.val) p = p.left; else p = p.right;
    return (p != null);
}
```

Schreibtischtest: Am besten sofort probieren

Um diese Algorithmen besser zu verstehen, empfiehlt es sich, einen Schreibtischtest durchzuführen und beispielsweise in Abbildung 3-7 die Werte 9, 21 und 13 der Reihe nach zu suchen.

Durch diese effiziente Suchmethode zeichnet sich ein binärer Suchbaum gegenüber einer sortierten Liste aus. Während eine Liste immer der Reihe nach durchgegangen wird und somit kein Element ausgelassen werden kann, wird hier immer einer der beiden Bäume übersprungen, wodurch das Suchen (und damit auch das Einfügen usw.) wesentlich effizienter ist. Dies wird deutlich, wenn untersucht wird, wie viele Suchschritte bei welcher Knotenanzahl notwendig sind. Sind bei 63 Knoten fünf Suchschritte nötig, so sind es bei 127 sechs und bei 255 sieben. Die Suchzeit ist dabei proportional zum Logarithmus der Baumgröße.

Einfügen

Das zentrale Problem beim Einfügen besteht darin, dass jeder Wert an der richtigen Stelle eingefügt werden muss. Beim einfachen binären Suchbaum gilt, dass der neue Wert dabei immer als Blatt eingefügt wird. Daher reduziert sich das Problem darauf, den entsprechenden Vaterknoten zu finden. Dieser Knoten muss entweder selber ein Blatt sein oder er darf nur einen Sohn haben. Ist die entsprechende Stelle gefunden, muss ein neuer Knoten angelegt werden, der den einzufügenden Wert speichert, und dieser Knoten muss ein Sohn des gefundenen Vaterknotens werden. Diese Vorgehensweise wird deutlich, wenn die folgenden Quellcodebeispiele genauer angesehen werden:

Einfügen in einen Binärbaum

Delphi

```
procedure Insert (val: Integer);
    var p, f, n: Tree;
begin
    p := root;
    while p <> nil do begin
        f := p;
        if val < p.val then p := p.left else p := p.right;
    end;
    New(n); n.val := val; n.left := nil; n.right := nil;
    if root = nil then begin
        root := n
    end
    else begin
        if val < f.val then f.left := n else f.right := n;
    end;
end;
```

Java

```
public static void insert (int val) {
    BinTree p, father, n;
    p = root; father = p;
    while (p != null) {
        father = p;
        if (val < p.val) {p = p.left;} else {p = p.right;}
    }
    n = new BinTree();
    n.val = val; n.left = null; n.right = null;
    if (root == null) {root = n;}
```

```
        else {
            if (val < father.val) {father.left = n;}
            else {father.right = n;}
        }
    }
```

Einfügen kann auch
rekursiv gelöst werden

Wie bereits in Abschnitt 2.3.6 beschrieben, sind rekursive Prozeduren besonders nützlich bei rekursiven Datenstrukturen. Da jeder Baum eigentlich wiederum aus zwei (Teil-)Bäumen besteht, ist ein binärer Baum ein Musterbeispiel für eine solche rekursive Datenstruktur. Das Einfügen kann daher auch sehr einfach rekursiv gelöst werden:

Delphi

```
procedure InsertRec (var t: Tree; val: Integer);
begin
    if t = nil then begin
        New(t); t.val := val; t.left := nil; t.right := nil;
    end
    else begin
        if val < t.val then begin
            InsertRec(t.left, val);
        end
        else begin
            InsertRec(t.right, val);
        end;
    end;
end;
```

Wichtig ist dabei, der Var-Parameter: Bei einem rekursiven Aufruf `InsertRec(t.left, val)` kann beispielsweise ein neuer Knoten erzeugt und als `t.left` zurückgeliefert werden.

Java

```
public static BinTree insertRec (BinTree t, int val) {
    if (t == null) {
        t = new BinTree();
        t.val = val; t.left = null; t.right = null;
        return t;
    }
    else {
        if (val < t.val) {
            t.left = insertRec(t.left, val); return t;
        }
        else {
            t.right = insertRec(t.right, val); return t;
        }
    }
}
```

Um diese Algorithmen verständlich zu machen, zeigt Abbildung 3-8, welcher Baum entsteht, wenn nacheinander die Werte 7, 2, 10, 1, 4, 9 und 12 eingefügt werden.

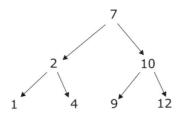

Abb. 3–8
Beispiel der Entstehung eines Baumes

Löschen

Das Löschen eines Elementes aus einem Baum ist relativ kompliziert und somit, abgesehen vom minimal größeren Speicherverbrauch, der einzige Nachteil im Vergleich zu einer verketteten Liste. Die Komplexität ist leicht ersichtlich, wenn überlegt wird, was beim Löschen eines inneren Knotens passiert. Da ein anderer Knoten nachrücken muss, kann beispielsweise ein Blatt durch einen Löschvorgang zu einem inneren Knoten werden. Dies ist in Abbildung 3-9 zu sehen. Hier wurde aus dem Baum von Abbildung 3-8 der Wert 2 gelöscht.

Das Löschen eines Knotens aus dem Baum ist relativ kompliziert

Abb. 3–9
Binärbaum der Abbildung 3-8 nach Löschen des Wertes 2

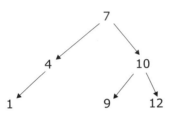

Eine Möglichkeit, das Löschen aus einem Baum einfach zu implementieren, ist das Element nur logisch zu löschen. Dabei handelt es sich um ein nicht gerade speichersparendes Verfahren, bei dem der zu löschende Knoten nur als gelöscht markiert wird, ansonsten aber im Baum verbleibt. Jeder Knoten benötigt daher ein Attribut `deleted`, das auf TRUE gesetzt wird, wenn das Element gelöscht werden soll. Sämtliche Algorithmen, wie Suchen, Einfügen usw., müssen dabei alle als gelöscht markierte Knoten ignorieren. Dies ist ähnlich zum Löschen von Datensätzen aus den indexsequenziellen Dateien von COBOL, da auch hier nur logisch gelöscht wird.

Logisches Löschen: aus COBOL bekannt

Ein Algorithmus zum Löschen eines Elementes aus einem Binärbaum ist auf der CD enthalten.

Traversieren

Eine sehr wesentliche Operation, die auf Bäumen ausgeführt werden kann, ist das so genannte Traversieren (= Durchlaufen der Elemente) eines Baumes. Dabei wird der Baum in einer bestimmten Reihenfolge

Traversieren eines Baumes: Pre-, Post- und Inorder

durchlaufen und auf jedes Element eine bestimmte Operation (z.B. Ausdrucken) ausgeführt. Beispielsweise können so alle Elemente eines Baumes ausgedruckt werden. Aufgrund der Durchlaufreihenfolge wird zwischen Pre-, Post- und Inorder unterschieden.

❏ Preorder: Zuerst wird die jeweilige Operation auf die Wurzel angewendet und danach der linke und dann der rechte Teilbaum in Preorder durchlaufen.

❏ Postorder: Zuerst wird der linke und dann der rechte Teilbaum in Postorder durchlaufen. Abschließend wird die jeweilige Operation auf die Wurzel angewendet.

❏ Inorder: Zuerst wird der linke Teilbaum in Inorder durchlaufen. Dann wird die jeweilige Operation auf die Wurzel angewendet und abschließend wird der rechte Teilbaum in Inorder durchlaufen. Mit dieser Durchlaufreihenfolge wird der Baum in aufsteigend sortierter Reihenfolge traversiert.

Abbildung 3-10 zeigt die verschiedenen Traversierungsarten.

Abb. 3–10
Preorder, Postorder und
Inorder

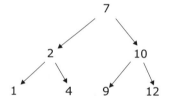

Preorder: 7, 2, 1, 4, 10, 9, 12

Postorder: 1, 4, 2, 9, 12, 10, 7

Inorder: 1, 2, 4, 7, 9, 10, 12

Mit Hilfe von rekursiven Prozeduren kann die Traversierung sehr einfach realisiert werden. In Algorithmenschreibweise kann dies wie folgt aussehen:

Preorder
```
procedure Preorder (t: Tree);
begin
    if t <> NIL then begin
        … process t.val …
        Preorder(t.left);
        Preorder(t.right);
    end;
end;
```

Postorder
```
procedure Postorder (t: Tree);
begin
    if t <> NIL then begin
        Postorder(t.left);
        Postorder(t.right);
        … process t.val …
    end;
end;
```

```
procedure Inorder (t: Tree);
begin
    if t <> NIL then begin
        Inorder(t.left);
        … process t.val …
        Inorder(t.right);
    end;
end;
```

Inorder

3.3.3 Ausgeglichene (balancierte) Bäume

Bei einem binären Suchbaum besteht die Gefahr, dass der Baum degenerieren kann, da jeder neue Wert nur als Blatt eingefügt wird. Was dies bedeutet, ist anhand eines Beispiels leicht erklärt: Werden in einen Baum der Reihe nach die Werte 3, 4, 5 und 6 eingefügt, so entsteht jener Baum, der in Abbildung 3-11 dargestellt ist.

Abb. 3–11
Beispiel eines
degenerierten Baumes

Der in dieser Abbildung dargestellte Baum unterscheidet sich nicht von einer normalen sortierten Liste und daher sind im schlechtesten Falle (und nur in diesem) auch Algorithmen wie Suchen oder Einfügen nicht effizienter als bei einer Liste. Daraus ist ersichtlich, dass ein Baum keine Vorteile bringt, wenn die Elemente in einer sortierten Reihenfolge eingefügt werden. Die einzelnen Elemente sollten daher möglichst zufällig durcheinander gemischt hinzugefügt werden, was natürlich nicht immer einfach möglich ist.

Baum kann zu einer Liste degenerieren

Um diesen Nachteil auszugleichen, gibt es spezielle Arten von Bäumen, bei denen die Knoten so umgeordnet werden, dass alle Blätter möglichst auf gleicher Stufe stehen. Beispiele für derartige balancierte oder ausgeglichene Bäume sind Rot-Schwarz- oder B-Bäume [Sed88]. Diese sind vom Prinzip her ähnlich, aber wesentlich effizienter in der Verwendung und sollten daher angewendet werden, falls sie von einer Klassenbibliothek zur Verfügung gestellt werden. Besonders von Bedeutung sind dabei die B-Bäume, die insbesondere zur sortierten Verwaltung von Dateien herangezogen werden. Damit die Anzahl der zeitintensiven Plattenzugriffe dabei reduziert wird, werden in derartigen Bäumen mehrere Schlüssel pro Knoten zugelassen. Beispielsweise

B-Baum: Grundlage für die IS-Dateien von COBOL

bauen die indexsequenziellen Dateien von COBOL auf diesem Baumtyp auf.

Aufgrund der komplizierten Implementierung wird nicht näher auf diese Arten von Bäumen eingegangen.

3.3.4   Übungen

Aufgabe 1 (180 Minuten): BinTree-Queue

Implementieren Sie folgende dynamische Datenstruktur `Queue` mit Hilfe eines binären Suchbaumes. Die dem Modul zugrunde liegende Definition sollte folgendes Aussehen haben:

Delphi
```
const
    PRE = 0; INO = 1; POST = 2;

type
    Queue = .......;
    Proc = procedure (x: Integer);

procedure EnQueue (var q: Queue; elem: Integer);
(* hängt das Element elem an der Queue q an *)

procedure NewQueue (var q: Queue);
(* erzeugt eine neue (leere) Queue *)

function NrOfElems (q: Queue): Integer;
(* gibt die Anzahl der Elemente der Queue zurück *)

function Full (q: Queue): Boolean;
(* gibt bei einer vollen Queue TRUE zurück, ansonsten FALSE *)

function Empty (q: Queue): Boolean;
(* gibt bei einer leeren Queue TRUE zurück, ansonsten FALSE *)

procedure Iterate (q: Queue; p: Proc; s: Integer);
(* iteriert über alle Elemente von q in der Reihenfolge s *)
```

Java
```
public class Queue {
    public final static int PRE = 0;
    public final static int IN = 1;
    public final static int POST = 2;

    // ...

    public static void enQueue (int elem) {
        // hängt das Element elem an der Queue an
    }

    public static int nrOfElems () {
        // gibt die Anzahl der Elemente der Queue zurück
    }

    public static bool full () {
        // gibt bei einer vollen Queue TRUE zurück, ansonsten FALSE
}
```

```
    public static bool empty () {
        // gibt bei einer leeren Queue TRUE zurück, ansonsten FALSE
    }

    public static void print (int s) {
        // druckt alle Elemente in der Reihenfolge s aus
    }
}
```

Der Einfachheit halber ist das Löschen völlig weggelassen worden. Testen Sie ausführlich das Modul mit einem eigenen Testprogramm. Natürlich kann als Testprogramm auch eine leicht adaptierte Version von jenem der Aufgabe 1 in Abschnitt 3.2.4 herangezogen werden.

Löschen wird weggelassen

3.4 Algorithmen

An dieser Stelle werden verschiedene Standardalgorithmen kurz vorgestellt. Diese werden im Regelfall von Klassenbibliotheken oder Prozedursammlungen angeboten und daher braucht nur die jeweilige Prozedur aufgerufen zu werden. Aus diesem Grund ist das Wissen von Details der Implementierung nicht unbedingt nötig, ein grober Überblick – wie er in diesem Kapitel gegeben wird – ist aber sicherlich von Vorteil. Für diejenigen, die mehr zum Thema Standardalgorithmen wissen möchten, sind folgende Bücher zu empfehlen:

❑ Sedgewick, *Algorithmen* [Sed88]: Bei diesem Werk handelt es sich um eines der besten Bücher zu diesem Thema. Das Standardwerk schlechthin, das jedem interessierten Leser nur empfohlen werden kann. Sämtliche Algorithmen werden in der Programmiersprache Pascal vorgestellt.

❑ Wirth, *Algorithmen und Datenstrukturen mit Modula-2* [Wir86]: Ein sehr kompaktes Buch, das insbesondere auf den B-Baum detailliert eingeht. Die verwendete Programmiersprache Modula-2 ist dem Delphi zugrunde liegenden Pascal sehr ähnlich.

❑ Echtle, Goedicke, *Lehrbuch der Programmierung mit Java* [EcGo00]: Dieses Buch vermittelt die Grundlagenkenntnisse im Programmieren anhand der Sprache Java. Dabei wird auch auf etliche Algorithmen, wie beispielsweise Hashtabelle oder Graph, eingegangen.

3.4.1 Heaps

Bereits in den vorhergehenden Lernabschnitten wurden verschiedene Datenstrukturen vorgestellt, in die Elemente mit einer Einfügeopera-

Heap: Datenstruktur für Sortierungen

tion eingefügt wurden und mit einer Löschoperation wieder entfernt worden sind. Häufig, z.B. beim Sortieren, tritt dabei folgender Spezialfall auf:

❏ `Insert (x)` soll x in die Datenstruktur einfügen

❏ `Remove (x)` soll das größte Element aus der Datenstruktur löschen und es in x zurückliefern

Einfügen und Entnehmen geht schnell

Diese Datenstruktur könnte beispielsweise mit einer unsortierten oder aber auch mit einer sortierten Liste gelöst werden. Beide Lösungen sind allerdings nicht recht zufriedenstellend, da im ersteren Falle zwar das Einfügen schnell geht, aber das Entnehmen sehr langsam ist und im zweiten Falle nur das Entnehmen schnell ist, das Einfügen aber langsam. Die Datenstruktur Heap kann für diesen Spezialfall wunderbar eingesetzt werden, denn hier ist sowohl das Einfügen als auch das Entnehmen schnell.

Binärbaum als Array: Heap wird als Binärbaum implementiert und als Array gespeichert

Ein Heap wird dabei als Binärbaum (Achtung! Nicht als binärer Suchbaum) implementiert, wobei dieser in einem Array gespeichert ist. In diesem Array gilt eine spezielle Heapordnung, die besagt, dass der Vater immer größer sein muss als seine beiden Söhne (gilt natürlich auch wiederum für jeden Teilbaum) und dass Vater und Sohn eines Elementes `a[i]` immer durch einen einzigen Arrayzugriff bestimmt werden können. Der Vater von `a[i]` ist dabei durch `a[i div 2]` bestimmbar, die Söhne durch `a[2 * i]` und `a[2 * i + 1]`. Abbildung 3-12 zeigt diese Datenstruktur, rechts als Heap in bekannter Binärbaumdarstellung mit Zeigern und links als Array.

Abb. 3–12 Vergleich von Heapdarstellung als Binärbaum und als Array

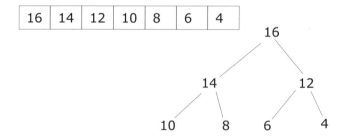

Die Einfüge- und die Löschoperation seien hier nur kurz schematisch vorgestellt. Beide Operationen beruhen darauf, dass zuerst ein Element entweder eingefügt oder gelöscht wird und danach die Heapordnung durch eine eigene Prozedur, auf die an dieser Stelle nicht näher eingegangen wird (also sozusagen eine »Blackbox«), wieder hergestellt wird:

❑ Einfügen: Das neue Element wird als Blatt hinten am Heap angefügt, danach wird die Heapordnung wieder hergestellt, wobei
  dafür immer nur wenige Vertauschungen nötig sind.

❑ Entnehmen des größten Elementes: Dabei wird das erste Element
  des Arrays entnommen, da dieses aufgrund der Heapordnung auch
  immer das größte Element ist. Danach wird das letzte Element an
  die erste Stelle verschoben und dann die Heapordnung mit Hilfe
  obiger erwähnter »Blackbox« wieder hergestellt.

3.4.2 Graphen

Graphen sind eine Verallgemeinerung von Bäumen, mit denen unterschiedliche Gegebenheiten, beispielsweise ein Straßennetz zwischen
zwei Orten oder ein Netzplan, mit Hilfe einer Datenstruktur dargestellt werden können. Durch verschiedene Standardalgorithmen der
Graphentheorie können wichtige Resultate, z.B. der kürzeste Weg zwischen zwei Punkten oder der kritische Pfad in einem Netzplan, ermittelt werden. Abbildung 3-13 zeigt ein Beispiel für einen Graphen, die
Knoten könnten dabei etwa Zugbahnhöfe darstellen.

Beispiel für Graphen: Straßennetz

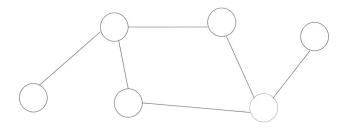

Abb. 3–13
Beispiel für einen Graphen

Ein Graph kann etwa auf folgende Art deklariert werden:

```
Node = ^NodeDesc;
NodeDesc = record
    marked: BOOLEAN; // dient als Kennzeichen für diverse
                                          Algorithmen
    data: ...; // zu speichernde Werte
    sons: array[1..MAX_SONS] of Node;
end;
```

Delphi

```
class Node {
    bool marked; // dient als Kennzeichen für diverse Algorithmen
    ... data; // zu speichernde Werte
    Node sons[];
}
```

Java

Das dabei verwendete Attribut `marked` dient als Kennzeichen dafür, ob
der Knoten bei einem Durchlauf bereits besucht wurde oder nicht, da

Standardalgorithmen für Graphen

es ja beim Graphen keine vorgegebene Reihenfolge wie bei einer Liste oder einem Baum gibt. Aufbauend auf diesen Datentyp können verschiedene Algorithmen implementiert werden, die hier nur kurz erwähnt werden, da sie im Regelfall von Prozedursammlungen angeboten werden:

DFS und BFS

❏ Durchlaufen aller Knoten: Depth-First-Search (DFS: besucht zuerst weit entfernte Knoten) und Breadt-First-Search (BFS: besucht zuerst die Nachbarschaft)

❏ Kleinster spannender Baum: Dabei wird der Graph durch Löschen einzelner Kanten in einen Baum transformiert (so dass jeder Knoten außer der Wurzel nur noch einen einzigen Vorgänger hat). Die Kanten werden dabei so gelöscht, dass die Summe der Gewichte der verbleibenden Kanten ein Minimum wird. Anwendung: Straßennetz zwischen gegebenen Orten, so dass jeder Ort erreichbar ist, die Summe der zu bauenden Straßenkilometer aber ein Minimum ist.

❏ Kürzester Pfad: Damit kann der Pfad mit dem geringsten Gewicht zwischen zwei Knoten ermittelt werden, z.B. zur Berechnung der geringsten Reisekosten zwischen zwei Orten.

❏ Ein-/Ausgabe von Graphen: Diese Algorithmen dienen zum Speichern von Graphen auf einer Datei.

3.4.3   Hashen

Hashalgorithmus hat Ordnung O(1)

Beim Hashen handelt es sich um eine sehr schnelle Suchmethode der Ordnung O(1), wodurch sie wesentlich schneller ist als das lineare Suchen (in einer Liste), da dies nur von der Ordnung O(n) ist. Ebenso ist das Hashen auch schneller als das binäre Suchen in einem binären Suchbaum (siehe Abschnitt 3.3.2) mit der Ordnung O(n log n).

Exkurs:

Den Algorithmen können aufgrund ihrer Geschwindigkeit Ordnungen zugewiesen werden. Dabei wird immer ermittelt, wie sich die Geschwindigkeit des Algorithmus im Verhältnis zur Anzahl der Elemente, die verarbeitet werden, verändert. Der einfachste Fall dabei ist die Ordnung O(n) (gesprochen »O von n«), der bedeutet, dass die Dauer linear abhängig von der Anzahl der Elemente ist. Benötigt der Algorithmus beispielsweise für drei Elemente eine Dauer von einer Sekunde, so benötigt er für dreißig Elemente zehn Sekunden (also genau das Zehnfache). Ein Beispiel dafür ist das Suchen in einer linearen Liste: Da hier die gesamte Liste durchlaufen wird, hängt die Dauer des Suchvorganges linear von der Anzahl der Elemente ab.

Exkurs:

Aber nicht immer ist die Dauer eines Algorithmus von der Anzahl der Elemente linear abhängig. Ein Extrembeispiel ist dabei der Austausch-Sort oder »Bubble-Sort-Algorithmus«, also jener Sortieralgorithmus, bei dem jedes Element mit jedem anderen verglichen wird und gegebenenfalls die beiden Elemente vertauscht werden. Da dies zwei ineinander verschachtelte Schleifen sind, bei dem immer nahezu alle Elemente durchlaufen werden, liegt hier eine Ordnung $O(n^2)$ vor. Wird beispielsweise für ein Element eine Sekunde benötigt, so werden für zehn Elemente hundert Sekunden (also 10^2) benötigt. Ein anderes Extrembeispiel ist $O(1)$, was bedeutet, dass die Dauer des Algorithmus konstant ist und nicht von der Anzahl der Elemente abhängt. Wird etwa für ein Element eine Sekunde benötigt, so wird auch für hundert Elemente nur eine Sekunde benötigt. Ein Beispiel dafür ist der hier vorgestellte Hashalgorithmus.

Die Idee hinter dem Hashalgorithmus ist einfach und eigentlich dem täglichen Leben entnommen: Es geht darum, wie beispielsweise alle Arbeitnehmer eines Landes gespeichert werden können? Eine unsortierte Liste oder aber auch ein Binärbaum (sortiert nach dem Namen) kommen hier aus wohl begreiflichen Gründen nicht in Frage. Daher wurde ein künstlicher Schlüssel, die so genannte Sozialversicherungsnummer, eingeführt. Würden beispielsweise alle Arbeitnehmer in einem Array gespeichert werden – zugegebenermaßen schwer vorstellbar –, so könnte aus der Sozialversicherungsnummer direkt der Index, unter dem ein Arbeitnehmer abgespeichert ist, bestimmt werden. Diese Aufgabe, die hier die Sozialversicherungsnummer übernimmt, leistet auch eine Hashfunktion. Das Ziel dabei ist anhand eines Schlüssels (der gar nicht eindeutig sein muss) eine Adresse, unter der das Element abgespeichert ist, zu ermitteln. Abbildung 3-14 zeigt die Funktionsweise einer Hashfunktion.

Wie können alle Arbeitnehmer eines Landes gespeichert werden?

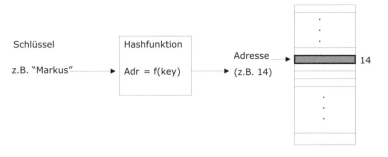

Abb. 3–14
Funktionsweise einer Hashfunktion

Eine Hashfunktion ermöglicht es dabei auch, dass große Wertebereiche (z.B. alle Arbeitnehmer eines Ortes) auf kleine abgebildet werden können. Würde hier das bereits oben angesprochene Riesenarray herangezogen werden, so würden ja viele große Löcher entstehen. Daher ist ein kleineres Array ausreichend, wobei der Index mit Hilfe einer Hashfunktion ermittelt werden kann.

Große Wertebereiche können auf kleine abgebildet werden

Die verschiedenen Hashfunktionen hier im Detail zu erklären, würde zu weit führen und dies ist auch für das Verständnis und die Anwendung nicht nötig. Wichtig ist nur zu wissen, dass diese Funktionen einfach und schnell sein sollten und darüber hinaus Kollisionen vermeiden sollten. Derartige Kollisionen, also wenn eine Hashfunktion für zwei verschiedene Werte das gleiche Ergebnis ermittelt, sind aber nicht verboten. Durch unterschiedliche Techniken (z.B. Überlauflisten) können diese aufgelöst werden.

3.4.4 Sortieralgorithmen

Sortieralgorithmen: Bubble-Sort, Insertion-Sort, Quick-Sort, Heap-Sort, Merge-Sort

In beinahe jedem Programm ist es notwendig, verschiedenste Werte zu sortieren, sei es beispielsweise, um die Kunden nach dem Umsatz zu reihen, oder aber auch nur, um eine alphabetische Liste aller Dienstnehmer auszugeben. Aus diesem Grund ist das Sortieren eine häufige Aufgabe des Programmierens. Der bekannteste und leider wohl auch meistverwendete Sortieralgorithmus (zumindest in kleinen Programmen) ist der so genannte Bubble-Sort, bei dem jedes Element mit jedem anderen verglichen wird. Dies ist natürlich eine sehr ineffiziente Methode, die daher möglichst vermieden werden sollte. Aus diesem Grund werden an dieser Stelle Alternativmethoden gezeigt, die meist in den verschiedensten Klassenbibliotheken implementiert sind:

SORT-Anweisung

❏ Insertion-Sort: Dies ist ein durchaus effizientes Verfahren, allerdings meist nur dann, wenn die Daten neu aufgebaut werden. Dabei werden die einzelnen Datensätze gleich an der richtigen Stelle eingefügt. Dies entspricht in etwa der SORT-Anweisung von COBOL, mit der bekanntlich aus einer bestehenden unsortierten Datei eine sortierte SORT-Datei erzeugt werden kann.

Quick-Sort

❏ Quick-Sort: Dieser Algorithmus beruht auf dem Prinzip »teile und herrsche«. Dabei wird die Datei in zwei Teile zerlegt und anschließend jeder Teil unabhängig voneinander sortiert. Listing 3-7 zeigt in Algorithmenschreibweise das Grundprinzip dieses Algorithmus, wobei die dabei verwendeten Parameter d und u die Teildatei innerhalb der ursprünglichen Datei festlegen, die sortiert wird. Der Aufruf Quicksort(1, n) sortiert die gesamte Datei, wenn n der Index des letzten Elementes ist. In der Prozedur Partition findet eine entsprechende Umordnung der Elemente statt.

Listing 3–7
Grundstruktur von Quick-Sort

```
procedure Quicksort (d, u: Integer);
   var i: Integer;
begin
   if u > d then begin
      i := Partition(u, d);
```

```
      Quicksort(d, i - 1);
      Quicksort(i + 1, u);
   end;
end;
```

❑ Heap-Sort: Dieser Algorithmus basiert auf den in Abschnitt 3.4.1 vorgestellten Operationen. Die Idee besteht einfach darin, einen Heap aufzubauen, der die zu sortierenden Elemente enthält. Danach werden alle diese Elemente in der richtigen Reihenfolge entfernt.

Heap-Datenstruktur

❑ Merge-Sort: Bei diesem Algorithmus handelt es sich um einen in COBOL bereits definierten Sortieralgorithmus. Mittels MERGE können hier ja bereits vorsortierte Dateien zu einer Ausgabedatei zusammengefasst werden, wobei dieses Mischen wesentlich schneller ist als ein vollständiges Sortieren. Der MergeSort geht dabei so vor, dass eine gegebene (unsortierte) Datei in zwei Hälften geteilt wird, die beiden Hälften (rekursiv) sortiert werden und danach wieder vereint (gemischt) werden. Merge-Sort ist die bevorzugte Methode für das Sortieren einer verketteten Liste.

MERGE-Anweisung

3.4.5 Übungen

Aufgabe 1 (10 Minuten): Heap

Betrachten Sie das Array von Abbildung 3-15. Entscheiden Sie, ob dieses Array einen Heap, wie in Abschnitt 3.4.1 besprochen, repräsentiert oder nicht. Wenn ja, zeichnen Sie den Heap als Graphen. Wenn nein, begründen Sie dies.

Heap: ja oder nein?

| 17 | 15 | 13 | 14 | 11 | 9 | 10 | 7 | 6 | 4 | 5 | 8 |

Abb. 3–15
Heap in Arraydarstellung

Aufgabe 2 (170 Minuten): Hashtabelle

Erstellen Sie ein Programm, das die Rechtschreibung von Wörtern überprüft, indem es jedes Wort in einem Wörterbuch sucht und einen Fehler meldet, wenn es dort nicht vorhanden ist.

Anstatt alle korrekten Wörter in einem Wörterbuch zu speichern (was sehr speicheraufwendig ist), soll folgendes, auf einer Hashtabelle basiertes Verfahren angewendet werden: Das Wörterbuch wird als Bitliste der Länge n gespeichert, wobei n hier sehr groß gewählt werden sollte (beispielsweise 100 000). Jedes korrekte Wort wird mittels einer Hashfunktion in den Bereich $0..n-1$ abgebildet und das entsprechende

Bit wird im Wörterbuch gesetzt. Um ein Wort des Textes auf seine Korrektheit zu überprüfen, wird es ebenfalls in diesen Bereich abgebildet. Ist dieses Bit im Wörterbuch gesetzt, so wird angenommen, dass das Wort korrekt geschrieben wurde, ansonsten wird ein Fehler gemeldet. Natürlich kann es aufgrund von Kollisionen zu Fehldiagnosen kommen, die aber bei genügend großem n unwahrscheinlich sind.

Aus Gründen der Einfachheit kann für die Bitliste ein Array mit booleschen Werten gewählt werden. Eine sinnvolle Hashfunktion wäre dabei etwa die folgende: die Summe der ASCII-Werte der einzelnen Buchstaben multipliziert mit ihrer Position in der Zeichenkette. Das Ergebnis muss dann noch modulo n gerechnet werden.

Delphi   Mittels der Funktion ORD(ch) kann der ASCII-Wert des Zeichens ch ermittelt werden.

Java   In Java kann anstelle des ASCII-Wertes auch die vordefinierte Methode hashCode verwendet werden. Mit den folgenden Programmzeilen kann dieser Wert vom Zeichen ch ermittelt werden:

```
Character ch1 = new Character(ch);
int h = ch1.hashCode();
```

4 Objektorientierte Programmierung im eigentlichen Sinne

Nachdem in den ersten Kapiteln wichtige Grundlagen geschaffen und grundsätzliche Unterschiede zwischen den objektorientierten Programmiersprachen und COBOL aufgezeigt wurden, beschäftigt sich dieses Kapitel eingehend mit der objektorientierten Programmierung im eigentlichen Sinne.

Anfangs werden die Begriffe Klassen und Vererbung erklärt, danach wird speziell auf mögliche Anwendungen der objektorientierten Programmierung und auf den objektorientierten Entwurf eingegangen. Der wesentlichen Grundlage der objektorientierten Programmierung, den Klassenbibliotheken, ist ein eigenes Unterkapitel gewidmet. Am Ende des Kapitels werden noch neue Themen, wie Design Patterns oder Komponenten, erörtert.

4.1 Klassen

Dieser erste Lernabschnitt präsentiert das grundsätzliche Konzept der objektorientierten Programmierung: die Klasse mit ihren Attributen und Methoden. Ferner werden an dieser Stelle die Hauptideen und Merkmale der objektorientierten Programmierung vorgestellt.

Klassen: das grundsätzliche Konzept der OOP

4.1.1 Klassendefinition

Eine Klasse ist dem bereits bekannten Record sehr ähnlich, beispielsweise wurde ja schon bei der Java-Definition erwähnt, dass es in Java keinen richtigen Record gibt, sondern dieser durch die Klasse ersetzt wird. Noch besser als der Vergleich mit dem Record ist allerdings ein Vergleich einer Klasse mit einem abstrakten Datentyp (siehe dazu Kapitel 3.1). Eine Klasse bietet wie ein abstrakter Datentyp Attribute und Operationen (Prozeduren) an. In der objektorientierten Programmierung werden diese Operationen auch als »Methoden« bezeichnet.

Klasse ist Record ähnlich

Die folgenden kurzen Quellcodefragmente zeigen, wie der bereits bekannte abstrakte Datentyp als Klasse dargestellt werden kann.

Delphi   Im Vergleich zum Record beginnt die Klassendefinition mit dem Schlüsselwort `class` (`TObject`), wobei der in Klammern stehende Begriff bei der Vererbung in Kapitel 4.2 erklärt wird. An dieser Stelle soll er als gegeben angenommen werden. Danach folgen wie bei einem Record die Attribute und dann (noch vor dem Schlüsselwort `end`, das die Klassendefinition abschließt) die Methoden. Eine Methodendefinition ist einer normalen Prozedurendefinition sehr ähnlich, nur muss der angesprochene abstrakte Datentyp, in diesem Falle also das `Phone-Book`, nicht als Parameter übergeben werden. Dieser ist bereits implizit enthalten. Ferner muss bei den Attributen und Methoden festgelegt werden, ob diese exportiert werden oder nicht, da es bei einer Klasse möglich ist, beispielsweise nur gewisse Attribute zu exportieren und andere nicht. Dies wird durch Voranstellen der Schlüsselwörter `public` bzw. `private`festgelegt. Dementsprechend kann eine Klassendefinition folgendermaßen aussehen:

```
PhoneBook = class (TObject)
    private
        book: array[1..1000] of Person;
        n: Integer;
    public
        procedure Enter (name: String; phone: Integer);
        procedure Lookup (name: String; var phone: Integer);
        procedure Init;
end;
```

Java   Da in Java der Typ Record, wie bereits in Abschnitt 2.4.3 erwähnt, durch den Typ Klasse nachgebildet wird, verändert sich dabei eigentlich nur wenig, der größte Unterschied besteht darin, dass die Methoden nicht mit `static` deklariert werden, was bereits in Abschnitt 3.1.3 angekündigt wurde:

```
public class PhoneBook {
    Person [] book;
    int n;

    public void init () {…}
    public void enter (String name, int phone) {…}
    public int lookup (String name) {…}
}
```

Methodenimplemen-
tierungen verwenden
den implizit deklarierten
Parameter
Ein wesentlicher Punkt ist nun die Methodenimplementierung, denn wie bereits erwähnt, ist ja das eigentliche Telefonbuch, also das Element der Klasse selbst, in den Prozeduren nur als implizit deklarierter Parameter vorhanden. Bevor dies genauer betrachtet wird, setzen wir uns kurz mit dem Methodenaufruf auseinander. Wie von einem

abstrakten Datentyp können auch von einer Klasse beliebig viele Variablen deklariert werden, diese werden auch als Objekte bezeichnet. Da es sich bei Klassen immer um dynamische Datenstrukturen handelt, muss aber dieses Objekt zusätzlich auch noch angelegt werden (siehe Kapitel 2.8). Beispielsweise kann eine Variable `home` vom Typ `PhoneBook` deklariert und angelegt werden. Dieses Objekt hat nun die in der Klassendeklaration angeführten Attribute und auch diese Methoden. Das heißt, dass alle Methoden auf dieses Objekt angewandt werden können. Der Aufruf erfolgt beispielsweise mit `home.Init`, also wird auch bei Methoden – wie bei Attributen – einfach der Name mit Punkt getrennt nachgestellt. Das Objekt `home` wird dabei implizit als Parameter übergeben.

```
var home: PhoneBook;                                       Delphi
…
home := PhoneBook.Create; // entspricht in etwa New (home)
home.Init;
home.Enter('Knasmueller', 664);
```
———

```
Phonebook home = new PhoneBook();                          Java
…
home.init();
home.enter("Knasmueller", 664);
```

Auf diesen implizit übergebenen Parameter kann natürlich auch bei der Implementierung der Methode zugegriffen werden. Nachdem das Objekt selbst der elementare Mittelpunkt jeder Methode ist, braucht nur auf das Attribut `n` zugegriffen zu werden und es ist immer klar, dass damit das Attribut `n` des implizit übergebenen Telefonbuches gemeint ist. Die beiden folgenden Quellcodefragmente zeigen, wie beispielsweise die Methode `Enter` implementiert sein könnte.

```
procedure PhoneBook.Enter (name: String; phone: Integer);   Delphi
begin
    Inc(n);
    book[n].name := name;
    book[n].phone := phone;
end;
```

Die Schreibweise `PhoneBook.Enter` ergibt sich aus `Klassenname.Methodenname` und ist zwecks eindeutiger Zuordnung nötig, da in Delphi innerhalb einer Unit mehrere Klassen realisiert werden können.

```
public void enter (String name, int phone) {               Java
    book[n].name = name;
    book[n].phone = phone;
    n++;
}
```

Oftmals ist aber der direkte Zugriff auf das Attribut (etwa n) nicht so einfach möglich, da es beispielsweise zu einem Namenskonflikt mit einem gleichnamigen Parameter kommen könnte. Zu diesem Zweck bieten die Programmiersprachen implizit deklarierte Variablen, eben den implizit übergebenen Empfänger-Parameter, an.

Delphi: self   In Delphi lautet diese implizit deklarierte Variable `self`. Obiges Quellcodefragment kann daher auch wie folgt aussehen:

```
procedure PhoneBook.Enter (name: String; phone: Integer);
begin
    Inc(self.n);
    self.book[self.n].name := name;
    self.book[self.n].phone := phone;
end;
```

Java: this   In Java lautet diese implizit deklarierte Variable `this`. Folglich kann obiges Quellcodefragment auch so aussehen:

```
public void enter (String name, int phone) {
    this.book[this.n].name = name;
    this.book[this.n].phone = phone;
    this.n++;
}
```

Diese Klassenschreibweise und diese Art der Implementierung von Methoden ist die Grundlage der objektorientierten Programmierung, aber natürlich gibt es noch viele Vorteile, die in den folgenden Abschnitten vorgestellt werden. Momentan ist durch die Klassenschreibweise auf jeden Fall ein Vorteil ersichtlich: Man sieht sofort, was zusammengehört.

4.1.2   Anlegen und Freigeben von Objekten

Instanz   Nachdem es sich bei den Objekten um dynamische Datentypen handelt, müssen diese vor ihrer Verwendung selbstverständlich, ebenso wie Zeigervariablen, angelegt werden. Ein derartig angelegtes Objekt wird auch als Instanz einer Klasse bezeichnet.

Delphi   Das Anlegen eines Objektes ist durch Aufruf der implizit vorhandenen Methode `Create` möglich, also z.B. `home := PhoneBook.Create`. Dies entspricht in etwa dem Anlegen mittels `New`.

Java   Das Anlegen eines Objektes ist wie bei den Zeigervariablen mit `new`, also beispielsweise `PhoneBook home = new PhoneBook()`, möglich.

Konstruktoren   Da es sich bei Objekten aber meist auch um komplexere Dinge handelt, ist es mit dem reinen Anlegen nicht getan, sondern es muss auch eine Initialisierung erfolgen. Eine derartige Init-Methode wurde ja bereits bei den abstrakten Datentypen in Abschnitt 3.1.3 vorgestellt und unmittelbar nach dem Anlegen oder Deklarieren aufgerufen. Die objektorientierte Programmierung bietet dabei eine Möglichkeit, den Vorgang des Anlegens und Initialisierens zu vereinigen, indem ein so genannter Konstruktor implementiert wird. Beim Konstruktor handelt es sich um eine speziell zu implementierende Methode, die die für die Initialisierung notwendigen Anweisungen enthält und automatisch beim Anlegen aufgerufen wird. Derjenige, der also derartige Objekte verwendet, muss sich um die Initialisierung nicht mehr kümmern. Im gegebenen Beispiel PhoneBook wird anstelle der Prozedur Init, die die Komponente n initialisiert, einfach ein Konstruktor geschrieben. Die Art der Implementierung eines Konstruktors unterscheidet sich leicht in der Syntax in den verschiedenen Programmiersprachen.

Delphi

Der Konstruktor ist eine spezielle Methode, die anstelle des Schlüsselwortes procedure mit dem Schlüsselwort constructor beginnt.

```
PhoneBook = class (TObject)
    private
        book: array[1..1000] of Person;
        n: Integer;
    public
        procedure Enter (name: String; phone: Integer);
        procedure Lookup (name: String; var phone: Integer);
        constructor Create;
end;

constructor PhoneBook.Create;
begin
    n := 0;
end;
```

Die Methode heißt üblicherweise Create, könnte aber auch anders lauten. Der gewählte Name muss aber dann beim Anlegen des Objektes berücksichtigt werden.

Java

Der Konstruktor wird wie eine normale Methode, die den Namen der Klasse besitzt, implementiert. Diese Methode darf keinen Rückgabetyp haben:

```
public Phonebook () {
    book = new Person[1000];
    n = 0;
}
```

Da Konstruktoren prinzipiell normale Methoden sind, ist es auch möglich, zusätzliche Parameter zu verwenden, die für die Initialisierung benutzt werden können. Soll beispielsweise eine Klasse Person implementiert werden, die die Attribute name und phone zur Verfügung stellt, so könnte dies folgendermaßen aussehen:

Delphi
```
Person = class (TObject)
    private
        name: String;
        phone: Integer;
    public
        constructor Create (n: String; p: Integer);
end;

constructor Person.Create (n: String; p: Integer);
begin
    name := n; phone := p;
end;
```

Das Anlegen könnte dann mittels `p := Person.Create('Knasmueller', 664)` erfolgen.

Java
```
public class Person {
    String name;
    int phone;

    public Person (String n, int p) {
        name = n;
        phone = p;
    }
}
```

Das Anlegen könnte dann mittels `Person p = new Person("Knasmueller", 664)` erfolgen.

Destruktoren Wie Zeigervariablen müssen auch Objekte, wenn sie nicht mehr benötigt werden, freigegeben werden (siehe dazu Abschnitt 2.8.4). Genauso wie das Anlegen durch einen Konstruktor unterstützt werden kann, lässt sich aber auch das Freigeben eines Objektes durch einen Destruktor vereinfachen. Wenn ein Objekt nicht mehr benötigt wird, gibt es auch häufig Situationen, bei denen noch gewisse Anweisungen durchgeführt werden sollten. Da sich die verschiedenen Sprachen bereits beim Freigeben von dynamischen Datenstrukturen stark unterscheiden, ist es nicht verwunderlich, dass es auch an dieser Stelle größere Unterschiede gibt.

Delphi: Free & Destroy Objekte werden durch Aufruf der Methode `Destroy` freigegeben. Diese Methode kann selbst implementiert werden, wobei sie anstelle des Schlüsselwortes `procedure` mit dem Schlüsselwort `destructor` eingeleitet wird. Insbesondere dann, wenn das Objekt auf andere dynamische Objekte verweist, die ebenso nicht mehr benötigt werden, müssen diese in einem eigens implementierten Destruktor freigegeben werden. Ansonsten reicht der Standarddestruktor aus.

Oft wird statt der Methode `Destroy` auch die Methode `Free` aufgerufen. Diese Methode wird implizit (durch Vererbung) zur Verfügung gestellt und ruft `Destroy` dann auf, wenn das Objekt nicht schon ohnehin freigegeben wurde. Es wird dadurch also ein Fehler vermieden.

Durch den von Java verwendeten Garbage Collector ist es nicht
nötig, Objekte durch eine bestimmte Anweisung freizugeben, da dies
automatisch erfolgt, sobald das Objekt nicht mehr erreicht werden
kann.

Java

4.1.3 Bekannte Fehler

Dadurch, dass die Objekte dynamisch sind, gilt auch bei Zeigern hier
das erlernte Wissen. Aus diesem Grund wurde bislang auch starker
Wert darauf gelegt, dass diese Thematik wirklich verstanden wird.
Dennoch treten oft Fehler auf, wobei die häufigsten hier kurz vorgestellt werden. Diese sind unbedingt zu vermeiden.

Diese Fehler werden von OOP-Anfängern gerne gemacht

❏ Um zwei Objekte auf Gleichheit zu untersuchen, kann nicht der
einfache Vergleichsoperator verwendet werden, da dabei nur festgestellt wird, ob es sich um dasselbe Objekt handelt. Der Leser soll
dabei den feinen Unterschied zwischen das gleiche und dasselbe
Objekt beachten! Um Gleichheit zu untersuchen, müssen die einzelnen Attribute verglichen werden, was meist mittels einer eigenen
Equal-Methode funktioniert: `if o1.Equal(o2) then ...`

Gleichheit von Objekten

❏ Dementsprechend kann ein Kopieren eines Objektes auch nicht mit
einer einfachen Zuweisung funktionieren. In diesem Fall wird nur
ein so genanntes »shallow copy« vorgenommen, also nur der Zeiger wird kopiert. Falls aber ein neues Objekt angelegt werden sollte
und sämtliche Attributwerte kopiert werden sollten, ist ein »deep
copy« nötig. Dazu sollten die Klassen eigene Copy-Methoden
anbieten.

Kopieren von Objekten

❏ Problematisch ist auch der Methodenaufruf eines Objektes. Bevor
eine Methode aufgerufen wird, muss das Objekt auf jeden Fall
angelegt werden, ansonsten wird das Programm aufgrund eines
illegalen Speicherzugriffes beendet.

Zuerst Objekt anlegen

❏ Absolut fatale Auswirkungen hätte es auch, wenn in der Methode
das aufrufende Objekt (also `self` oder `this` verändert oder gar
freigegeben werden würde. Dieser implizit übergebene Parameter
selbst (also der Zeiger) darf nicht verändert werden. Attribute des
Objektes hingegen natürlich schon.

Verändern des aufrufenden Objektes

4.1.4 Hauptideen der objektorientierten Programmierung

Ein System ist eine Menge unabhängiger Objekte mit privaten Daten und Operationen

Mit Hilfe der objektorientierten Programmierung kann ein System als Menge unabhängiger Objekte mit privaten Daten und Operationen dargestellt werden. Die privaten Daten dienen dazu, den Zustand des Objektes abzubilden, und die Operationen können verwendet werden, um mit den Objekten zu arbeiten. Der objektorientierte Gedanke spiegelt dabei die tatsächliche Umgebung sehr gut wider: Jedes Objekt verwaltet seinen eigenen Aufgabenbereich, wie es beispielsweise eine Abteilung in einer Firma auch macht. Die Implementierung der Daten kann dabei im Sinne der Abstraktion von Details auch versteckt werden, so wie beispielsweise die Verkaufsabteilung nicht die genauen Details der Produktion wissen muss.

Wesentliche Merkmale der objektorientierten Programmierung

Dementsprechend können auch die drei wesentlichen Merkmale der objektorientierten Programmierung festgehalten werden:

❑ Datenabstraktion

❑ Vererbung (Typerweiterung)

❑ Dynamische Bindung

Der Begriff Datenabstraktion wurde ja bereits in Kapitel 3.1 ausreichend abgehandelt, die beiden anderen werden in Kapitel 4.2 noch behandelt werden. Ein wesentlicher Vorteil der objektorientierten Programmierung ist aber auch die Wiederverwendbarkeit und auch damit werden sich die nächsten Lernabschnitte noch intensiv auseinandersetzen.

4.1.5 Terminologie

Begriffe der objektorientierten Programmierung

Abschließend zu dieser Einführung in die objektorientierte Programmierung werden noch einige wesentliche Begriffe vorgestellt:

❑ Klasse: Diese entspricht in etwa einem abstrakten Datentyp, also einem Typ, von dem Variablen, die dann über Attribute und Operationen verfügen, deklariert werden können.

❑ Objekt: Darunter wird ein Exemplar einer Klasse verstanden. Da es sich dabei immer um dynamische Datenstrukturen handelt, müssen Objekte nicht nur deklariert, sondern auch angelegt werden. Oft wird ein Objekt auch als eine Instanz bezeichnet, im Sinne einer Instanz einer Klasse.

❑ Attribut: Dieses ist eine Datenkomponente eines Objektes und wird häufig auch als Instanzvariable oder Member bezeichnet.

❑ Methode: Als solche wird eine Operation (Prozedur bezeichnet, die von einer Klasse angeboten wird.

❑ Meldung: Darunter wird ein Auftrag, ein dynamisch gebundener Prozeduraufruf, verstanden.

❑ Vererbung: Mit dieser Typerweiterung kann eine Spezialisierung einer Klasse erzielt werden, mit der sich Kapitel 4.2 auseinandersetzen wird.

4.1.6   Übungen

Aufgabe 1 (180 Minuten): Queue

Verwenden Sie die Angaben der Aufgabe 1 von Abschnitt 3.2.4. Diese Aufgabe sollte aber so abgeändert werden, dass anstelle einer einfachen dynamischen Datenstruktur `Queue` eine Klasse `Queue` definiert wird. Implementieren und testen Sie diese Klasse.

4.2   Vererbung und dynamische Bindung

Die Vererbung ist einer der großen Vorteile der objektorientierten Programmierung. Dabei wird aus der Tatsache, dass oft ähnliche, aber nicht vollkommen gleiche Klassen programmiert werden müssen, ein Gewinn gezogen. Bei einer neuen Aufgabe kommt es häufig vor, dass eine ähnliche bereits gelöst worden ist. Beispielsweise kann eine Klasse gesucht werden, die einen Mitarbeiter in einer Firma mit Name, Adresse, Mitarbeiternummer und Gehalt verarbeiten kann. Vielleicht wurde bereits einmal eine andere Klasse, die nur eine gewöhnliche Person ohne Mitarbeiternummer und Gehalt verwaltet, implementiert. In diesem Falle kann durch Vererbung aus der entstehenden Klasse die neue Klasse gewonnen werden. Mit dieser Vererbung und den damit in enger Verbindung stehenden Themen Typkompatibilität, dynamische Bindung und abstrakten Klassen beschäftigt sich dieses Unterkapitel.

4.2.1   Einführung

Obiges Beispiel kann genauer ausgeführt werden: Eine Klasse `Person` mit den Attributen `name` und `adresse` und den Methoden `Init`, zum Initialisieren, und `Print`, bei der alle Attribute ausgegeben werden, ist bereits vorhanden. Die Listings 4-1 und 4-2 zeigen eine mögliche Implementierung dieser Klasse.

Listing 4–1
Delphi-Implementierung
von Person

```
interface
  type
    Person = class (TObject)
      private
        name: String;
        adresse: String;
      public
        procedure Init (name, adresse: String); virtual;
        procedure Print; virtual;
    end;

implementation

  procedure Person.Init (name, adresse: String);
  begin
    self.name := name; self.adresse := adresse;
  end;

  procedure Person.Print;
  begin
    WriteLn(self.name);
    WriteLn(self.adresse);
  end;
```

Das in Listing 4-1 verwendete Schlüsselwort virtual wird auf der übernächsten Seite erläutert.

Listing 4–2
Java-Implementierung
von Person

```
public class Person {
    private String name;
    private String adresse;

    public void init (String name, String adresse) {
        this.name = name;
        this.adresse = adresse;
    }

    public void print () {
        System.out.println(name);
        System.out.println(adresse);
    }
}
```

Nun wird ein Baustein Angestellter benötigt, der genau diese Funktionalitäten aufweisen und zusätzlich noch neue Attribute und eine Funktion Lohn anbieten soll. Diese gibt das Gehalt des Mitarbeiters aufgrund seiner Gehaltskategorie zurück (der Einfachheit halber wird die Gehaltskategorie mit 1500 multipliziert, um den Lohn zu ermitteln). Um dies zu erreichen, könnte die Klasse Angestellter ganz neu geschrieben werden oder aber der bestehende Quellcode kopiert und anschließend modifiziert werden. Beide Lösungen sind nicht besonders vorteilhaft, hier ist die Vererbung vorzuziehen.

Bei der Vererbung erbt die Klasse Angestellter alles von Person, also die Attribute name und adresse sowie die Methoden Init und

Print. Zusätzlich können noch weitere Attribute und Methoden hinzugefügt werden, eben die Attribute nummer und gehaltskat und eine Methode Lohn. Bei der Klassendefinition muss natürlich angegeben werden, dass die Klasse Angestellter die Attribute und Methoden von Person erbt, das bedeutet, dass Angestellter von Person abgeleitet wird. Person wird dann auch als Oberklasse oder Basisklassevon Angestellter bezeichnet. Ebenso kann auch von einer Erweiterung der Klasse Person durch Angestellter gesprochen werden, da weitere Attribute und Methoden hinzukommen. Dementsprechend wird dann die Klasse Angestellter auch Unterklasse oder abgeleitete Klasse genannt.

Nach dem Schlüsselwort class steht in Klammern immer die Oberklasse, also jene Klasse, von der diese abgeleitet wird.

Delphi

```
Angestellter = class (Person)
    public
        gehaltskat: Integer;
        procedure Init (name, adresse: String); override;
        procedure Print; override;
        function Lohn: Real;
end;
```

Durch diesen Hinweis macht auch die bisher verwendete Schreibweise class (TObject) Sinn, weil dies bedeutet, dass die definierte Klasse von der Basisklasse TObject abgeleitet wird. Diese Klasse ist in Delphi die Basisklasse aller Objekte.

Hinter dem Klassennamen wird das Schlüsselwort extends und der Name der Oberklasse, also jener Klasse, die erweitert wird, angeführt.

Java

```
public class Angestellter extends Person {
    public int gehaltskat;

    …
    public float lohn () {
        return gehaltskat * 1500;
    }
}
```

Wie das Kind von seinen Eltern, so erbt hier also Angestellter von Person die Eigenschaften. Der Vergleich mit der Natur ist treffend, denn auch da treten ja bekanntlich oft Veränderungen auf. Bei genauerer Betrachtung ist es auch bei Angestellter notwendig, die Eigenschaften etwas abzuändern, da ja momentan mit den neuen Attributen noch nichts gemacht wird. Die Methode Print müsste diese Attribute aber auch ausgeben, die Methode Init sollte sie initialisieren. Dies ist möglich, indem die Methoden auch in der Klasse Angestellter entsprechend implementiert und um diese Funktionalität erweitert werden. In der Fachsprache wird in diesem Falle von Überschreiben

Wie das Kind von seinen Eltern …

gesprochen. Wichtig ist dabei, dass die Methodenschnittstelle beibehalten werden muss, es dürfen also keine weiteren Parameter hinzugefügt werden. Die Methode muss beim Überschreiben aber nicht unbedingt vollkommen neu implementiert werden, da in dieser auch die geerbte Methode aufgerufen werden kann.

Delphi Die überschriebene Methode kann durch Aufruf mit vorangestelltem Schlüsselwort `inherited` erreicht werden. Damit eine Methode überschrieben werden kann, muss sie allerdings in der Basisklasse mit dem Schlüsselwort `virtual` deklariert werden. Damit späteren Erweiterungen nichts im Wege steht, ist es daher sicher sinnvoll, alle Methoden auf diese Weise zu deklarieren. Ebenso muss die überschreibende Methode mit dem Schlüsselwort `override` deklariert werden. Listing 4-3 zeigt die vollständige Implementation der Klasse `Angestellter`.

Listing 4–3
Delphi-Implementierung
von Angestellter

```
interface
   type
      Angestellter = class (Person)
         public
            gehaltskat: Integer;
            procedure Init (name, adresse: String); override;
            procedure Print; override;
            function Lohn (): Real;
      end;

implementation

   function Angestellter.Lohn (): Real;
   begin
      result := gehaltskat * 1500;
   end;

   procedure Angestellter.Init (name, adresse: String);
   begin
      inherited Init(name, adresse);
      gehaltskat := 0;
   end;

   procedure Angestellter.Print;
   begin
      inherited Print;
      WriteLn(Lohn());
   end;
```

Java Die überschriebene Methode kann durch Aufruf der Methode mit vorangestelltem Schlüsselwort `super` erreicht werden. Listing 4-4 zeigt die vollständige Implementation der Klasse `Angestellter`.

Listing 4–4
Java-Implementierung
von Angestellter

```
public class Angestellter extends Person {
   public int gehaltskat;

   public void init (String name, String adresse) {
      super.init(name, adresse);
      gehaltskat = 0;
   }
```

```
public float lohn () {
    return gehaltskat * 1500;
}

public void print () {
    super.print();
    System.out.println(lohn());
}
}
```

Einige zusätzliche Informationen zum Thema Vererbung sollten hier nicht vorenthalten werden:

❑ Die Vererbung kann beliebig weitergeführt werden. Auch von Angestellter können noch weitere Klassen abgeleitet werden, die dann ebenso die Attribute und Methoden erben. Außerdem können von einer einzelnen Klasse verschiedene andere Klassen abgeleitet werden, beispielsweise könnte von Person noch eine Klasse Arbeiter abgeleitet werden, die vielleicht andere Methoden zur Verfügung stellt. Abbildung 4-1 zeigt eine derartige Vererbungshierarchie.

Vererbung kann beliebig weitergeführt werden

❑ Bei Vererbung wird häufig von einer so genannten Ist-Beziehung gesprochen: Jeder Angestellter ist auch eine Person.

Vererbung bedeutet Ist-Beziehung

❑ Die Vererbung wird oft auch als Spezialisierung angesehen: Ein Angestellter ist also eine spezielle Person.

Vererbung ist Spezialisierung

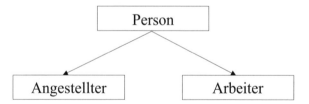

Abb. 4–1 Vererbungshierarchie

4.2.2 Typkompatibilität

Einige der Vorteile der Vererbung gegenüber dem Kopieren und Modifizieren des Quellcodes sind ja bereits offensichtlich, da bei längeren Methodenimplementierungen, die nicht oder nur geringfügig verändert werden müssen, jede Menge Implementierungsaufwand erspart werden kann. Ein weiterer Vorteil ist aber die Typkompatibilität. Jede Unterklasse ist kompatibel zu ihrer Oberklasse. Auf obiges Beispiel angewendet bedeutet das, dass jedes Programm, das mit einer Variablen des Typs Person arbeiten kann, auch eine Variable des Typs Angestellter akzeptiert. Es sei aber schon an dieser Stelle erwähnt, dass diese Kompatibilität nicht umgekehrt funktioniert.

Vererbung bedeutet auch Typkompatibilität

Aufbauend auf diesen Begriff Typkompatibilität sollte auch die Unterscheidung zwischen statischem und dynamischem Typ erklärt werden. Jede Variable hat einen statischen und dynamischen Typ, wobei diese Typen zwar gleich sein können, aber nicht müssen. Der statische Typ wird immer durch die Deklaration festgelegt, der dynamische Typ eines Objektes erst zur Laufzeit, wobei dieser immer mit dem statischen Typ typkompatibel sein muss. Folgende kurze Quellcodeausschnitte machen dies deutlich:

Delphi
```
var p: Person // statischer Typ von p ist Person
...
p := Angestellter.Create; // Fall 1: dynamischer Typ von p ist Ang.
p := Person.Create; // Fall 2: dynamischer Typ von p ist Person
```

Java
```
Person p // statischer Typ von p ist Person
...
p = new Angestellter(); // Fall 1: dyn. Typ von p ist Angestellter
p = new Person(); // Fall 2: dynamischer Typ von p ist Person
```

Dynamischer und statischer Typ einer Variablen

Der dynamische Typ einer Variablen kann aber nicht nur durch das Anlegen eines Objektes bestimmt werden. Wenn beispielsweise eine Variable p vom Typ Person und eine Variable q vom Typ Angestellter vorhanden sind, dann ist eine Zuweisung der Art p := q durchaus erlaubt, wodurch der dynamische Typ von p dann Angestellter wäre. Die umgekehrte Zuweisung q := p ist allerdings nicht erlaubt, was auch leicht verständlich ist: Im erlaubten Falle sind dann zwar einige Attribute und Methoden vorhanden, die nicht angesprochen werden können (zumindest nicht direkt, aber dazu später), im umgekehrten Falle könnten aber beispielsweise Attribute angesprochen werden, die gar nicht vorhanden sind.

Durch diese Unterscheidung zwischen statischem und dynamischem Typ kann es also durchaus vorkommen, dass diese beiden Typen verschieden sind, und es ist daher sicherlich sinnvoll, wenn zur Laufzeit der dynamische Typ ermittelt werden kann. Die Programmiersprachen bieten dazu verschiedene Möglichkeiten an:

Delphi
Mittels der Abfrage is kann ermittelt werden, ob eine Variable einen bestimmten dynamischen Typ hat. In diesem Falle kann dann ihr statischer Typ durch den Operator as auf diesen Typ umgewandelt werden:

```
if p is Angestellter then begin
    with p as Angestellter do begin l := Lohn() end;
end;
```

Java
Mittels der Abfrage instanceof kann ermittelt werden, ob eine Variable einen bestimmten dynamischen Typ hat. In diesem Falle kann

dann ihr statischer Typ durch in Klammern gesetztes Voranstellen des Typnamens auf diesen Typ umgewandelt werden:

```
if (p instanceof Angestellter)
    {
        Angestellter m;
        Float l;
        m = (Angestellter) p;
        l = m.lohn();
    }
```

In beiden Fällen ist dabei anzumerken, dass es sich bei der Abfrage um eine Kontrolle handelt, ob der dynamische Typ der Variablen gleich oder ein Subtyp des angegebenen Typs ist oder nicht. Es ist keine Abfrage, ob es genau dieser Typ ist. Daher würden beispielsweise die Abfragen p is Person bzw. p instanceof Person auf jeden Fall den Wahrheitswert TRUE ergeben.

Sollte eine Typumwandlung stattfinden, obwohl dies aufgrund des dynamischen Typs eigentlich nicht möglich wäre, so würde dies einen Laufzeitfehler erzeugen. Daher sollte vor der Umwandlung immer, so wie im Beispiel, eine Typprüfung erfolgen.

Laufzeitfehler

4.2.3   Dynamische Bindung

Im vorhergehenden Abschnitt wurde bereits erwähnt, dass eine Variable unterschiedliche dynamische Typen annehmen kann. Eine Variable p vom statischen Typ Person kann also den dynamischen Typ Person, aber auch den dynamischen Typ Angestellter haben. Wird nun aber die Methode Print aufgerufen, so ist wichtig, welche aufgerufen wird: die von Person oder die von Angestellter. Zum Glück wird diese Entscheidung vom Laufzeitsystem abgenommen, da immer die richtige Methode aufgerufen wird. Ist also p vom dynamischen Typ Angestellter, so wird auch die Methode von Angestellter aufgerufen. Die Meldung, also der Methodenaufruf, wird zur Laufzeit dynamisch an eine bestimmte Methode gebunden.

Es wird immer die »richtige« Methode aufgerufen

4.2.4   Objektorientiertes COBOL

An dieser Stelle ist es sinnvoll, einen kurzen Blick auf die Klassendefinition in objektorientiertem COBOL zu werfen. In Kapitel 1.5 wurde ja schon kurz auf diese Sprache eingegangen

Der Grundaufbau der Klassen in OO-COBOL ist sehr ähnlich den hier gezeigten Ansätzen, syntaktisch zeigen sich aber doch große Unterschiede. Das Schlüsselwort CLASS-ID wird einer Klasse vorangestellt. Sämtliche Klassen werden von der Basisklasse BASE abgeleitet

Klassendefinition in OO-COBOL

und verfügen über eine eigene Factory Data Division, die als Konstruktor dient. Auf diesen Begriff »Factory« werden wir noch in Abschnitt 4.6.1 beim gleichnamigen Design Pattern zurückkommen.

Mit diesen Erklärungen sollte die Definition der Klasse COUNTER, einer einfachen Klasse, die einen Zähler verwaltet, in Listing 4-5 für einen COBOL-Programmierer lesbar sein.

Listing 4–5
OO-COBOL-
Implementierung von
COUNTER

```
CLASS-ID. COUNTER
    DATA IS PRIVATE
    INHERITS FROM BASE.

CLASS-CONTROL.
    BASE IS CLASS "BASE"
    COUNTER IS CLASS "COUNTER".

FACTORY.
WORKING-STORAGE SECTION.

METHODE-ID. "NEW".
WORKING-STORAGE SECTION.
LINKAGE SECTION.
01 IS-COUNTERHANDLE       OBJECT REFERENCE.

PROCEDURE DIVISION RETURNING IS-COUNTERHANDLE.
    INVOKE SUPER "NEW" RETURNING IS-COUNTERHANDLE.
    INVOKE IS-COUNTERHANDLE "INITIALIZE".
END METHOD "NEW".
END FACTORY.

OBJECT.
WORKING-STORAGE SECTION.
01       COUNTER-INFORMATION.
    05 COUNTER-N          PIC 9(3).

METHOD-ID. "INITIALIZE".
PROCEDURE DIVISION.
    MOVE 0 TO COUNTER-N.
END METHOD "INITIALIZE".

METHOD-ID. "ADD".
LINKAGE SECTION.
01       X                PIC 9(3).
PROCEDURE DIVISION USING X.
    COMPUTE COUNTER-N = COUNTER-N + X.
END METHOD "ADD".

END OBJECT.

END CLASS COUNTER.
```

4.2.5   Abstrakte Klassen

In der Praxis ergibt sich häufig die Situation, dass zwei Klassen einander sehr ähnlich sind. Beispiele dafür wären etwa ein Konto aus der Buchhaltung und ein Konto der Lohnverrechnung. Beide verfügen über ein ähnliches Verhalten, beide verwalten Buchungen, beide sollten ausgedruckt und aufsummiert werden können und so weiter. Es wird daher – je nach Anwendung – durchaus Sinn machen, die Vorteile der Vererbung in diesem Beispiel anzuwenden. Ein kurzer Blick auf obige Definitionen zeigt aber, dass eigentlich keines der beiden Konten eine Oberklasse des anderen Kontos ist. In so einem Falle kann eine abstrakte Klasse Abhilfe schaffen.

Eine derartige abstrakte Klasse wird niemals in der Applikation verwendet, sondern dient nur als künstliche Oberklasse. In diesem Beispiel wird eine abstrakte Klasse Konto eingeführt, von der die beiden konkreten Klassen Lohnkonto und Finanzkonto abgeleitet werden. In der abstrakten Klasse werden jene Methoden, die in den beiden abgeleiteten Klassen unterschiedlich implementiert sind, nur abstrakt definiert, d.h., eine Implementierung fehlt. Diese ist erst in den konkreten Klassen vorhanden. Aufgrund dieser fehlenden Implementierung können auch keine Instanzen der abstrakten Klasse angelegt werden.

Abstrakte Klassen dienen nur als künstliche Oberklassen

Die Definition einer abstrakten Klasse ist syntaktisch von der gewählten Programmiersprache abhängig.

In Delphi müssen jene Methoden, die abstrakt definiert sind, mit der Direktive abstract im Interface-Teil gekennzeichnet werden. Im Implementierungsteil fehlen diese Methoden völlig:

Delphi

```
Konto = class (TObject)
   private
      saldo: Integer;
   public
      name: String;
      procedure Print; virtual; abstract;
      function GetSaldo (): Integer; virtual;
      ...
end;
```

In Java werden sowohl die Klasse als Ganzes als auch die abstrakten Methoden mit dem Schlüsselwort abstract gekennzeichnet. Die Methoden bestehen dabei nur aus dem Methodenkopf gefolgt von einem Strichpunkt:

Java

```
public abstract class Konto {
   int saldo;
   public String name;
   public abstract void print ();
   public int getSaldo () {
      return saldo;
   }
   ...
}
```

Die abstrakte Prozedur `Print` muss also in den konkreten Klassen `Lohnkonto` und `Finanzkonto` unbedingt implementiert bzw. überschrieben werden. Die Methode `GetSaldo` hingegen kann, muss aber nicht überschrieben werden.

4.2.6   Zugriffsarten für Attribute und Methoden

Bedeutendste Zugriffsarten: public, private und protected

Neben der bereits vorgestellten Zugriffsart `public`, also der Möglichkeit, ein Attribut oder eine Methode öffentlich zur Verfügung zu stellen, gibt es noch weitere Zugriffsarten. Die bekanntesten davon sind `private` und `protected`. Das Grundkonzept dahinter ist in den verschiedenen Programmiersprachen gleich, gewisse Unterschiede sind aber sehr wohl vorhanden.

Delphi

Die Zugriffsart `private` ist ziemlich genau das Gegenteil zu `public`. Alle Felder, die auf diese Weise deklariert wurden, sind nur in diesem Modul sichtbar, in allen anderen Modulen kann darauf nicht zugegriffen werden. Auf ein mit `protected` deklariertes Element können hingegen alle Methoden einer Klasse zugreifen, die von der Klasse mit der Elementdeklaration abgeleitet sind, unabhängig davon in welchem Modul diese vorhanden sind.

Java

Auch in Java ist die Zugriffsart `private` ziemlich genau das Gegenteil zu `public`. Alle Felder, die auf diese Weise deklariert wurden, sind nur in der Klasse verfügbar, in der sie definiert sind. Derartige Bestandteile werden nicht vererbt und sind daher in den Unterklassen auch nicht definiert. Wird in einer Unterklasse eine Methode definiert, die bereits in einer Oberklasse mit `private` definiert war, so gilt dies als eine Neudefinition und nicht als Überschreiben.

Auf ein mit `protected` deklariertes Element können alle Methoden einer Klasse zugreifen, die von der Klasse mit der Elementdeklaration abgeleitet sind. Zusätzlich ist auch noch ein Zugriff darauf möglich, wenn er aus dem Paket erfolgt, in dem die Klasse definiert ist. In diesem Falle ist es irrelevant, ob es sich dabei um eine Unterklasse handelt oder nicht.

4.2.7   Überladen von Methoden

Das Überladen von Methoden ist etwas anderes als das Überschreiben

Unter gewissen Umständen ist es sinnvoll, vorhandene Methoden zu überladen. Dabei ist das Überladen grundsätzlich etwas anderes als das Überschreiben. Beim Überschreiben bleiben nämlich die Parameter der Methode unverändert, beim Überladen hingegen bekommt die Methode andere Parameter, wodurch eine neue Variante erzeugt werden kann. Das Überladen von Methoden ist nicht in allen objektorientierten Programmiersprachen möglich, auch gibt es große Unterschiede zwischen Java und Delphi.

In Delphi ist es möglich, eine Methode mittels der Anweisung over- *Delphi* load neu zu deklarieren. Wenn sich die Parameterangaben von denen ihres Vorfahren unterscheiden, wird die geerbte Methode überladen, ohne dass sie dadurch verdeckt wird. Wird beispielsweise eine Write-Methode in einer Klasse MyFile2 mit anderen Parametern deklariert als in der Basisklasse MyFile, so wird diese Methode überladen. In diesem Falle muss die zweite Methode mittels reintroduce gekennzeichnet werden.

```
MyFile = class (TObject)
    ...
    procedure Write (s: String); overload; virtual;
end;
MyFile2 = class (MyFile)
    ...
    procedure Write (i: Integer); reintroduce; overload;
end;
```

Wird nun von einem Objekt o des Typs MyFile2 die Methode Write aufgerufen, so kann dies beispielsweise mittels o.Write(´zeichenkette´) oder o.Write(123) geschehen. Im ersten Falle wird MyFile.Write (s: String) im zweiten MyFile2.Write (i: Integer) aufgerufen. Wesentlich ist dabei aber, dass innerhalb einer Klasse nicht mehrere überladene Methoden mit demselben Namen deklariert werden dürfen.

In Java ist es möglich, innerhalb einer Klasse mehrere Varianten *Java* einer Methode zu haben, die sich nur durch die verschiedenen Parameter unterscheiden. Je nachdem, welche Parameter beim Methodenaufruf verwendet werden, wird dann die richtige Variante der Methode benutzt. Beispielsweise könnte es in einer Klasse MyFile zwei verschiedene Write-Operationen geben, eine für Strings und eine zweite für Integer.

```
public class MyFile {
    ...
    public void write (String s) {
        ...
    }
    public void write (int i) {
        ...
    }
}
```

Wird nun von einem Objekt o des Typs MyFile die Methode write aufgerufen, so kann dies beispielsweise mittels o.write("zeichenkette") oder o.write(123) geschehen. Im ersten Falle wird MyFile.write

(String s) im zweiten `MyFile.write (int i)` aufgerufen. Wird `write` aber mit einem Parameter eines anderen Typs aufgerufen, so meldet der Compiler einen Fehler.

4.2.8 Übungen

Aufgabe 1 (210 Minuten): Vererbung

In den letzten drei Übungen ging es immer wieder um Queues. Einmal war eine Queue als Liste zu implementieren, dann als Binärbaum und zuletzt als Klasse.

Implementieren Sie an dieser Stelle eine abstrakte Klasse *Queue*. Davon leiten Sie eine *ListQueue* ab, die als Liste implementiert ist, und eine *BinTreeQueue*, die ein Binärbaum ist. Im Prinzip sollten die Schnittstellen ähnlich derer der letzten Übungen sein. Für die Definition der abstrakten Klasse überlegen Sie sich, welche Methoden beide Queues haben.

Testen Sie die neuen Klassen ausführlich mit einem entsprechenden Testprogramm.

Aufgabe 2 (30 Minuten): Vererbung – Anwendung

Überlegen Sie sich einige beispielhafte Anwendungsfälle von Vererbung.

4.3 Objektorientierter Entwurf und UML

Methode von Abbot, UML, CRC-Karten

Dieses Unterkapitel beschäftigt sich damit, wie ein System am besten in Klassen zerlegt werden kann. Der objektorientierte Entwurf unterscheidet sich von dem prozeduorientierten Entwurf, also der schrittweisen Verfeinerung, mit der sich Kapitel 2.5 auseinandergesetzt hat. Hier werden zuerst die Besonderheiten des Entwurfs erarbeitet, um dann mit der Methode von Abbot näher darauf einzugehen. Ferner werden Hilfsmittel, wie die Unified Modeling Language (UML) oder CRC-Karten, vorgestellt. Einige Tipps und Warnungen vor üblichen Entwurfsfehlern runden das Ganze ab.

4.3.1 Vergleich mit dem prozeduorientierten Entwurf

Die Frage, womit das System etwas macht, steht im Vordergrund

Mit Hilfe der schrittweisen Verfeinerung kann eine saubere Programmlogik ausgearbeitet werden, die sich zwar durch einfache Anwendbarkeit, aber auch durch Empfindlichkeit gegenüber Änderungen und einer Vernachlässigung gegenüber Wiederverwendbarkeit auszeichnet. Beim objektorientierten Entwurf steht die Frage, womit das System etwas macht, im Mittelpunkt. Das Resultat dabei sind Klassen als Kernbausteine und mehrere Prozeduren (oder Klassen), die darauf aufgesetzt sind.

Die allgemeine Vorgangsweise besteht darin, zuerst die zentralen Dinge des Aufgabenbereiches zu erarbeiten, also beispielsweise bei einer Buchhaltungssoftware das Konto, die Buchung oder die Personen. Danach wird überlegt, welche Operationen mit diesen zentralen Dingen ausgeführt werden können. Beispiele dafür wären Konto erstellen, Konto ausdrucken oder Buchung einfügen. Ebenso muss noch überlegt werden, welche Informationen über ein Objekt gespeichert werden müssen. Dabei ist an Attribute, wie Kontenbezeichnung, Eröffnungsstand, aktueller Saldo usw. zu denken.

Zuerst werden die zentralen Dinge erarbeitet

Zusätzlich sind noch weitere Überlegungen notwendig. Beispielsweise sollte darüber nachgedacht werden, ob systemabhängige Details, wie Diskcontroller oder Ein-/Ausgabe, vorkommen, da es vorteilhaft wäre, diese zu kapseln. Außerdem sollte unbedingt geprüft werden, welche Teile Gefahr laufen, geändert zu werden. Beim Entwurf muss dann darauf geachtet werden, dass sich die Auswirkungen der Änderungen gering halten.

Ein wesentlicher Unterschied zum prozedurorientierten Entwurf ist aber auch die Wiederverwendbarkeit bestehender Klassen. Falls ein Problem auftaucht, das bereits einmal in ähnlicher Weise realisiert wurde, kann im prozedurorientierten Entwurf der vorhandene Code dupliziert und entsprechend geändert werden. Im objektorientierten Entwurf ist es aber möglich, von der vorhandenen Klasse eine neue abzuleiten und nur diejenigen Änderungen durchzuführen, die unbedingt notwendig sind. Dies erleichtert natürlich die Wartbarkeit, da beispielsweise eventuelle Fehlerkorrekturen nicht doppelt (sowohl im Original- als auch im duplizierten Codestück) durchgeführt werden müssen.

Wiederverwendbarkeit berücksichtigen!

Aufbauend auf diese Entwurfprinzipien kann die Methode von Abbot angewandt werden.

4.3.2 Methode von Abbot

Die Methode von Abbot [Abb83] dient zum Entwurf eines objektorientierten Systems. Sie ist sehr einfach anzuwenden. Als erster Schritt wird dabei eine verbale Spezifikation aufgestellt. Direkt aus dieser Spezifikation werden nun alle Substantive, Verben und Adjektive herausgeschrieben:

Die Methode von Abbot dient zum Entwurf eines objektorientierten Systems

❑ Substantive sind Kandidaten für Klassen oder Attribute

❑ Verben sind Kandidaten für Methoden

❑ Adjektive sind Kandidaten für Attribute

Selbstverständlich ist dies sehr vereinfacht gezeichnet. Denn bei den gefundenen Wörtern handelt es sich immer nur um Kandidaten und somit um einen Ausgangspunkt der Zerlegung, der nicht blind umgesetzt werden darf. Es benötigt sehr viel Erfahrung, eine wirklich gute Zerlegung durchzuführen. Ein wesentlicher Nachteil der Methode ist auch noch, dass sie immer wieder bei Null beginnt, also nicht berücksichtigt, dass vielleicht schon vorhandene Klassen da sind, auf die aufgebaut werden kann. Auch die Berücksichtigung derartiger Basisklassen ist eine Erfahrungsfrage.

Ein kurzes Beispiel zeigt die Anwendung der Methode von Abbot: Ein Konto beinhaltet mehrere Buchungen. Die Summe dieser Buchungen ergeben den Kontensaldo. Es muss eine Möglichkeit geben, eine zusätzliche Buchung zum Konto hinzuzufügen. Außerdem muss ein Konto ausgedruckt werden können. Abhängig davon, ob das Konto OP-führend ist, also ob offene Posten verwaltet werden oder nicht, können die Konten in zwei Gruppen eingeteilt werden.

Tabelle 4-1 zeigt die wesentlichen Substantive, Verben und Adjektive, die in diesem kurzen Beispiel vorkommen.

Tab. 4–1
Substantive, Verben und
Adjektive der
Kontospezifikation

Substantive	Verben	Adjektive
Konto	Hinzufügen	OP-führend
Kontensaldo (Summe)	Drucken	
Buchungen		

Diese Auflistung zeigt mögliche Kandidaten für Klassen, Methoden und Attribute. Einfach ist das Substantiv Konto. Dabei handelt es sich sicherlich um eine Klasse. Ebenso einfach sind die Verben Hinzufügen und Drucken, denn daraus lassen sich zwei sehr sinnvolle Methoden entwerfen. Etwas komplizierter sind schon die beiden Substantive Kontosaldo und Buchungen. Die Buchungen werden wahrscheinlich ein Attribut der neu konstruierten Klasse werden. Um dies genau zu entscheiden, sind aber noch mehr Informationen notwendig, etwa, wie diese Buchungen aufgebaut sein werden. Der Kontensaldo könnte sowohl ein Attribut der Klasse Konto sein als auch eine Funktionsprozedur. Aus Effizienzgründen ist wahrscheinlich ein Attribut vorzuziehen, aus Abstraktionsgründen eine Methode. Ebenso wird das Adjektiv OP-führend ein Attribut der Klasse Konto werden.

Das Wesentliche dabei ist, dass alles, was ein Softwareobjekt weiß (Zustand) oder tun kann (Verhalten), innerhalb dieses Objektes durch Attribute und Methoden ausgedrückt wird. Hingegen wird aber alles, was ein Objekt nicht wissen oder tun kann, nicht in diesem aufgenommen.

In diesem Zusammenhang ist es dann auch noch wichtig festzulegen, welche der Attribute und Methoden allgemein zugänglich sein sollten und welche nicht. Hierbei ist ein Kompromiss zu finden zwischen einer möglichst hohen Sicherheit, also so wenig als möglich zu exportieren, und der möglichst hohen Wiederverwendbarkeit, also so viel als möglich zu exportieren.

Welche Attribute und Methoden sollen allgemein zugänglich sein?

4.3.3   CRC-Karten

CRC-Karten dienen als einfache Methode, um Klassen als Entwurf darzustellen. CRC steht für Class – Responsibilities – Collaborators. Dafür werden einfach zu erstellende Kärtchen verwendet, auf denen die wichtigsten Eigenschaften der Klasse vermerkt werden. Abbildung 4-2 zeigt ein Beispiel für eine CRC-Karte.

Einfache Darstellungsmethoden für entworfene Klassen

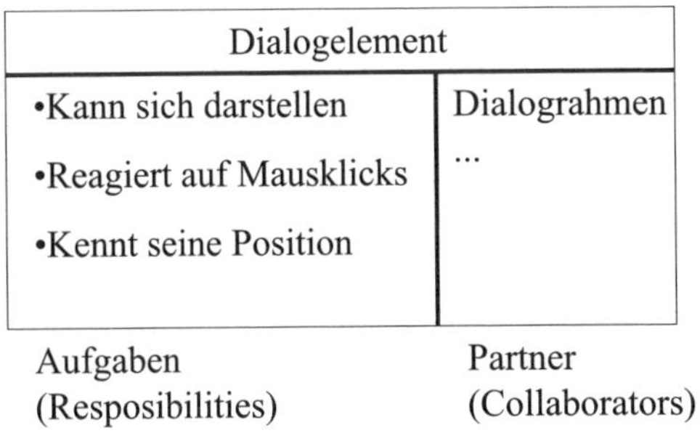

Abb. 4–2
Beispiel für eine CRC-Karte

Für jede Klasse wird eine derartige Karte angelegt, die mit dem Klassennamen beschriftet ist. Dabei werden die Responsibilities (Aufgaben) und die Collaborators (also jene Klassen, mit denen zusammengearbeitet werden muss) festgelegt. Die Aufgaben können zu Beginn in informeller Sprache beschrieben werden und erst nach und nach werden dann Methoden mit Namen entwickelt. Oftmals entstehen aus diesen Responsibilities auch nur Attribute.

Der Vorteil der CRC-Karten liegt darin, dass sie sehr einfach in verschiedensten Anordnungen aufgelegt werden können und somit viele Klassen auf einmal überblickbar sind. Daher sind sie geradezu ideal für Besprechungen geeignet. Sie unterstützen aber auch die Validierung von Objektkandidaten. Wenn in der Besprechung keine Responsibilities und auch keine Attribute gefunden werden, dann können sie in der Regel unberücksichtigt bleiben.

Ein weiterer Vorteil von CRC-Karten soll auch nicht verschwiegen werden: Durch die beschränkte Größe der Karte wird der Entwickler gezwungen, die Klasse klein zu halten.

4.3.4   Unified Modeling Language (UML)

UML ist eine Darstellungsform für Klassen und deren Beziehungen zueinander

Die Unified Modeling Language (UML) ist eine mögliche Darstellungsform für einen Entwurf von Klassen und deren Beziehungen zueinander. Diese Klassen werden samt ihrer Attribute und Methoden in einem Objektmodell abgebildet. Das Wort »Model« zeigt dabei schon, dass nicht unbedingt alle Details angeführt werden müssen, sondern die Darstellung nur so detailliert sein sollte, wie es zum Verständnis nötig ist. Beispielsweise sind Attributtypen, Methodenschnittstellen und insbesondere Methodenimplementierungen optional.

UML ist momentan der De-facto-Standard für die Darstellung von Klassenbibliotheken und Frameworks (mehr dazu in dem Kapitel 4.5). Dieser Abschnitt bringt eine erste Einführung, mehr über UML kann beispielsweise in [HiKa99] gefunden werden.

Die wesentlichsten Elemente, die durch UML dargestellt werden, sind Klassen und deren konkrete Objekte. Beide werden in Rechtecken abgebildet, wobei bei den konkreten Objekten die Ecken abgerundet sind. In der Klasse erfolgt eine Dreiteilung des Rechteckes in Namen, Attribute und Methoden, bei letzteren kann noch ein Kästchen mit der Implementierung dranhängen. Bei den Objekten werden die tatsächlichen Werte der einzelnen Attribute dargestellt. Abbildung 4-3 zeigt nebeneinander eine Klasse und ein Objekt in UML-Darstellung.

Abb. 4–3
Klasse und konkretes Objekt in UML-Darstellung

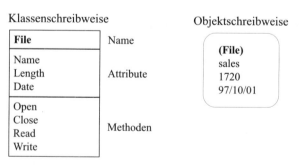

Wie aus der Abbildung zu sehen ist, wird bei einem konkreten Objekt der Klassenname in Klammern angegeben. Falls eine abstrakte Klasse in UML-Darstellung gezeigt wird, ist es der Deutlichkeit wegen sinnvoll, Klassenname und abstrakte Methoden ebenfalls in Klammer zu setzen [Mös99].

Von Bedeutung ist auch die Darstellung der Beziehungen zwischen den Objekten oder zwischen den Klassen. Drei wichtige Beziehungen sind dabei erwähnenswert:

- ❏ Assoziation: Dabei handelt es sich um eine einfache Benutzt-Beziehung, d.h. , eine Klasse wird von einer anderen in deren Implementierung benutzt. Diese Beziehung wird durch einen einfachen Verbindungsstrich gekennzeichnet.

  Benutzt-Beziehung

- ❏ Aggregation: Dabei handelt es sich um eine Hat-Beziehung, die dann auftritt, wenn eine Klasse ein Attribut vom Typ einer anderen Klasse hat. In diesem Fall wird die Beziehung durch einen Verbindungsstrich mit einem auf der Spitze stehenden Rechteck am Beginn dargestellt.

  Hat-Beziehung

- ❏ Generalisierung: Diese Ableitung einer Klasse von einer anderen stellt eine Ist-Beziehung dar. Für die grafische Darstellung werden die Klassen übereinander gezeichnet und im Verbindungsstrich ein Dreieck eingefügt.

  Ist-Beziehung

Abbildung 4-4 zeigt die drei wichtigsten Beziehungen im Vergleich. Beim Datenbankentwurf in Kapitel 5.2 werden wir wieder auf diese Begriffe zurückkommen. Zusätzlich könnten dabei auch noch die Kardinalitäten, also wie viele Objekte mit wie vielen in Verbindung stehen, angeführt werden. Ein Konto steht etwa mit beliebig vielen Buchungen in Verbindung. Dazu werden einfach Ziffern neben die Objekte gestellt, und ein Sternchen bedeutet beliebig viele.

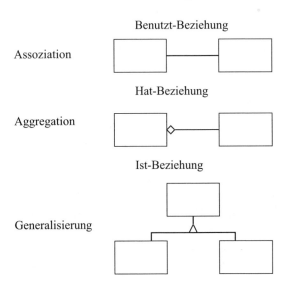

Abb. 4–4
Assoziation, Aggregation und Generalisierung in UML-Darstellung

4.3.5   Tipps

Der objektorientierte Entwurf benötigt sehr viel Erfahrung

Wie bereits erwähnt, ist der objektorientierte Entwurf keine triviale Angelegenheit und benötigt daher sehr viel Erfahrung. In diesem Abschnitt werden einige Tipps [Mös99, S. 159 ff.] dazu vorgestellt. Das Wichtigste ist dabei immer, die häufigsten Fehler zu kennen, damit diese möglichst vermieden werden.

Zu viele triviale Klassen

Ist diese Klasse wirklich nötig? Reicht vielleicht ein Standardtyp aus?

Einer der häufigsten Anfängerfehler zeigt sich darin, dass zu viele Klassen erzeugt werden. Dadurch wird ein objektorientiertes System sehr unübersichtlich. Es sollte daher bei jedem Entwurf einer Klasse überlegt werden, ob sie wirklich nötig ist oder ob es sich vielleicht nicht nur um ein Attribut einer Klasse handelt, bzw. ob nicht ein vorhandener Standardtyp (z.B. Integer) ausreichen würde. Ein einfaches Beispiel dafür ist der Kontostand, bei dem es sich wohl nur selten um eine sinnvolle Klasse handeln wird, hier reicht der Standardtyp Gleitkommazahl meist vollkommen aus.

Varianten mit gleicher Struktur und gleichem Verhalten

Eine weitere Gefahr, zu viele Klassen zu erzeugen, besteht darin, aufgrund eines unterschiedlich ausgeprägten Attributes unterschiedliche Klassen zu entwerfen, obwohl beide Varianten grundsätzlich die gleiche Struktur und das gleiche Verhalten hätten. Beispielsweise könnten von einer Basisklasse `Rectangle` die beiden Klassen `RedRectangle` und `BlueRectangle` abgeleitet werden. Wenn sich die roten und blauen Rechtecke aber nur durch ihre Farbe und nicht durch ihr Verhalten oder durch verschiedene Attribute unterscheiden, so wäre es besser, in der Basisklasse `Rectangle` ein zusätzliches Attribut `color`, das entsprechend gesetzt wird (rot oder blau), hinzuzufügen.

Verwechslung von Ist- und Hat-Beziehung

Vererbung bedeutet Ist-Beziehung

Ein wesentlicher Punkt ist auch, dass eine neue Klasse wenn möglich und sinnvoll aus einer bereits vorhandenen Basisklasse abgeleitet werden sollte. Der Leser merkt schon die Einschränkung »wenn möglich und sinnvoll«, die bedeuten soll, dass auch hier nicht um jeden Preis eine Ableitung erfolgen sollte. Meist ist diese nur sinnvoll, wenn die so genannte *Ist*-Beziehung gilt. Beispielsweise könnte man dazu neigen, eine Klasse Linie von einer Basisklasse Punkt abzuleiten. Eine derartige Ableitung macht aber keinen Sinn, da eine Linie zwar zwei Punkte *hat*, aber kein Punkt *ist*. Im Falle einer *Hat*-Beziehung ist es meist besser, eine neue Klasse zu erzeugen und die bestehende Klasse als Attribut zu verwenden.

Falsches Empfängerobjekt

Auch beim Methodenentwurf sollte aufgepasst werden, dass die Methode in der richtigen Klasse definiert wird. Ein einfaches Beispiel ist der Entwurf einer Methode zum Entfernen eines Elementes aus einer Liste. Hierbei wäre es denkbar, eine Methode `List.Remove(element)` zu implementieren, aber auch ein `Element.RemoveFrom(list)` wäre denkbar. Nun stellt sich natürlich die Frage was richtig ist. Hierbei gilt folgender Grundsatz: Empfänger soll das Objekt sein, dessen Daten verändert werden. Daher ist der Variante `List.Remove(element)` der Vorzug zu geben.

*List.Remove(element)
oder
Element.RemoveFrom(list)*

Zu tiefe oder zu flache Klassenhierarchien

Ein weiterer wichtiger Hinweis ist, dass die Klassenhierarchie ausgewogen sein sollte. Dabei kann folgender Maßstab herangezogen werden: Aus einer abstrakten Klasse können viele konkrete Klassen abgeleitet werden, aber nur wenige neue abstrakte Klassen. Aus einer konkreten Klasse sollten hingegen nur wenige weitere konkrete Klassen abgeleitet werden.

*Klassenhierarchie sollte
ausgewogen sein*

Einige weitere Tipps

❑ Super-Calls, also die Aufrufe der Methoden der Basisklasse, erhöhen oft die Komplexität, auch wenn sie natürlich Redundanzen vermeiden.

❑ Eine Hat-Beziehung, also die Verwendung einer Klasse als Attribut, ist oft flexibler als die Ist-Beziehung, also die Ableitung von dieser Klasse.

❑ Methoden mit vielen Parametern sollten in kleinere Methoden zerlegt werden.

❑ Schlussendlich sollte immer darauf geachtet werden, dass andere eventuell auf diese Klassen aufbauen könnten.

*Weitere wertvolle Tipps für
den objektorientierten
Entwurf*

4.3.6   Übungen

Aufgabe 1 (180 Minuten): Entwurf der Klasse Konto

Wenden Sie die Methode von Abbot auf folgenden Text an: Grundsätzlich werden zwei Arten von Konten unterschieden: Personen- und

Methode von Abbot

Sachkonten. Personenkonten zeichnen sich dadurch aus, dass sie über einen Umsatz verfügen und OP-führend sind.

Beiden Kontentypen ist gemeinsam, dass sie über eine eindeutige Nummer, einen Namen und mehrere Buchungen verfügen. Eine Buchung besteht dabei jeweils aus Buchungsdatum, Gegenkonto, Soll-/Haben-Kennzeichen und einem Buchungsbetrag. Die Summe dieser Buchungen ergeben den Kontensaldo. Es muss die Möglichkeiten geben, eine zusätzliche Buchung zum Konto hinzuzufügen und eine Liste aller Buchungen eines Kontos ausdrucken zu können.

Verwenden Sie die Methode von Abbot, um die notwendigen Klassen zu entwerfen. Stellen Sie diese Klassen sowohl in UML als auch in einer objektorientierten Programmiersprache (Delphi oder Java) dar.

4.4   Typische Anwendungen der objektorientierten Programmierung

Nachdem sich die vorhergehenden Unterkapitel mit den Grundlagen und Vorteilen der objektorientierten Programmierung beschäftigt haben, werden nun einige typische Anwendungen der objektorientierten Programmierung vorgestellt. Dazu gehören neben der bereits bekannten Datenabstraktion auch heterogene Datenstrukturen oder erweiterbare Bausteine [Mös99, S. 89 ff.].

4.4.1   Datenabstraktion

Abstrakte Datentypen wurden bereits ausführlich in Kapitel 3.1 behandelt

Durch die Möglichkeit, Klassen zur Strukturierung von Programmen als Abstraktionsmittel einzusetzen, sind diese auch ohne Vererbung und dynamische Bindung nützlich. Der Vorteil für denjenigen, der die Klassen verwendet – also für den Klienten –, besteht darin, dass die Klassen einfach benutzbar sind und immer wieder verwendet werden können. Aber auch für den Implementierer der Klassen ist dieses Verhalten vorteilhaft: Einerseits kann die Implementierung immer ausgewechselt werden, z.B. kann anstelle eines wenig effizienten Arrays ein binärer Suchbaum verwendet werden und sofern sich die Schnittstellen der Klasse dadurch nicht verändern, können alle Klienten wie gewohnt – nur wahrscheinlich wesentlich effizienter – weiterarbeiten. Andererseits wird durch die Datenabstraktion aber auch ein Schutz vor ungewollter Zerstörung erreicht.

Die abstrakten Datenstrukturen wurden bereits in Kapitel 3.1 ausführlich behandelt.

4.4.2   Generische Bausteine

Generische Bausteine sind eine sinnvolle Erweiterung der bereits *Liste von beliebigen*
bekannten abstrakten Datenstrukturen. In diesen Datenstrukturen *Elementen*
(Liste, Baum usw.) können Elemente eingefügt, gesucht oder gelöscht
werden, die Elemente müssen aber immer vom gleichen Typ sein. So ist
es nicht möglich, in einer einzigen Liste Zeichenketten und Zahlen
abzuspeichern. Generische Bausteine schaffen hier Abhilfe, denn diese
können beliebige Objekte aufnehmen. Dies ist möglich durch den Vorteil der Vererbung, da die generischen Bausteine so implementiert werden, dass sie Objekte einer Basisklasse aufnehmen können. Durch die
Typkompatibilität zwischen einer Basisklasse und ihren abgeleiteten
Klassen können auch abgeleitete Objekte aufgenommen werden.

Sehr schön ist dies zum Beispiel in Delphi möglich. Hier werden *Delphi*
eigentlich alle Objekte von der abstrakten Basisklasse `TObject` abgeleitet. Wird nun eine Liste implementiert, die Elemente vom Typ `TObject`
verwalten kann, so umfasst dies eigentlich sämtliche Objekte. In der
Delphi-Klassenbibliothek, auf die noch genauer in Abschnitt 4.5.2 eingegangen wird, sind einige derartige generische Bausteine enthalten.

Auch in Java sind solche generischen Bausteine vorhanden. Diese *Java*
können Elemente, die mit dem Typ `Object` kompatibel sind, aufnehmen. Da in Java diese Klasse implizit Oberklasse aller Java-Klassen ist,
können dadurch Objekte aller Klassen in diesen Bausteinen verwendet
werden. Auch Standardtypen, wie `int` oder `float` können in Objekte
des Typs `Object` umgewandelt werden.

4.4.3   Austauschbares Verhalten

Austauschbares Verhalten ist eine der häufigsten Anwendungen der
objektorientierten Programmierung. Worum es dabei geht, ist anhand
des Beispieles Lohnverrechnung einfach erklärt:

Die Lohnverrechnung basiert immer auf den gleichen Prinzipien: Es
werden Stammdaten, wie verschiedene Arbeitnehmer, Kollektivver-
träge oder Lohnarten erfasst. Aufgrund der Leistungszeiten wird dann
ein Lohn errechnet, der auch noch auf verschiedenste Arten ausgewertet werden kann (beispielsweise Kostenrechnung oder Lohnartenüber-
sicht). Zusätzlich sind noch einige weitere Informationen, wie z.B. eine
Krankenstandsliste, nötig. Für ein international tätiges Unternehmen
sind beispielsweise viele Teile in den verschiedenen Ländern gleich, die
Berechnung des Lohnes ist aber länderspezifisch. Wenn etwa eine
Lohnverrechnung, die für Deutschland geschrieben wurde, an die
österreichische Rechtssituation angepasst werden soll, so kann ein

Großteil davon verwendet werden. Das Verhalten bei der Lohnberechnung muss aber ausgetauscht werden, indem die betreffende Methode überschrieben wird. Werden dann Erweiterungen in der Originallohnverrechnung zur Verfügung gestellt, etwa eine neue Auswertung, so steht diese natürlich auch in der österreichischen Version zur Verfügung, da ja nur ein bestimmtes Verhalten ausgetauscht wurde, alle anderen Funktionen aber beiden Lohnverrechnungen zugängig sind. Dies ist natürlich sehr vereinfacht ausgedrückt, stellt die notwendige Vorgangsweise und die Vorteile daraus aber treffend dar.

Welche Methoden sollen austauschbar sein?

Allgemein kann gesagt werden, dass im Falle eines notwendigen austauschbaren Verhaltens zuerst zu untersuchen ist, welches Verhalten bzw. welche Methoden austauschbar sein sollten. Danach sollte eine abstrakte Klasse, die die betreffenden Methodenschnittstellen beinhaltet, entworfen werden. Weitere Methoden können dabei bereits konkret implementiert werden. Jene Methoden, die austauschbar sein sollten, werden jedoch erst in den abgeleiteten konkreten Klassen implementiert. Die zu entwickelnde Applikation arbeitet dann mit Variablen der abstrakten Klassen.

4.4.4   Erweiterbare Bausteine

Die objektorientierte Programmierung schafft auch die Möglichkeit, erweiterbare Bausteine zur Verfügung zu stellen. Ein Beispiel wäre etwa, dass ein einfaches Konto, das über Funktionalitäten zum Buchen und Ausgeben verfügt, implementiert und eventuellen Klienten angeboten werden würde. Sollte dieses einfache Konto für den Anwendungsfall nicht ausreichen, kann eine neue Kontenart davon abgeleitet werden, die zusätzliche Funktionen, beispielsweise eine Bonitätsanalyse, anbietet.

Bisherige Klienten der einfachen Konten können dabei ohne Neukompilation weiterverwendet werden und aufgrund der Typkompatibilität auch mit der speziellen Kontenart arbeiten. Nur um die neue Funktionalität Bonitätsanalyse nutzen zu können, muss die Anwendung entsprechend angepasst werden.

Wichtig ist, dass bereits beim Entwurf der einfachen Klassen Rücksicht auf eine eventuelle spätere Erweiterung genommen werden sollte.

4.4.5   Heterogene Datenstrukturen

Die OLE-Elemente von Windows sind ein gutes Beispiel für heterogene Datenstrukturen

Heterogene Datenstrukturen zeichnen sich dadurch aus, dass von einem Objekt verschiedene Varianten möglich sind, wobei auf alle Varianten die gleichen Operationen ausgeführt werden können. Neue Varianten können jederzeit noch hinzukommen. Ein typisches Beispiel für solche heterogene Datenstrukturen sind die OLE-Elemente von Windows. Dadurch können Texte mit integrierten Objekten realisiert werden, wie es ja beispielsweise von Microsoft Word bekannt ist. In dieses Textverarbeitungssystem können verschiedene Varianten von Objekten, beispielsweise Formeln, Bilder oder sogar Musikstücke, integriert werden. Sämtliche Objekte unterstützen dabei gewisse Operationen, wie Einlesen und Abspeichern, Zeichnen oder die Reaktion auf den Mausklick. Dies ist in der objektorientierten Programmierung möglich, indem die einzelnen Elemente von einer abstrakten Klasse abgeleitet werden und deren Methoden erben. Teilweise müssen diese Methoden dann überschrieben werden, oder aber es müssen neue hinzugefügt werden. Abbildung 4-5 zeigt die objektorientierte Implementierung von heterogenen Datenstrukturen (auf die in dieser Abbildung verwendete UML-Darstellung wurde in Abschnitt 4.3.4 eingegangen).

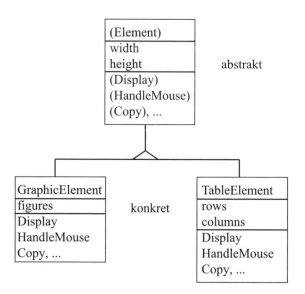

Abb. 4–5
UML-Darstellung von heterogenen Datenstrukturen

Jederzeit können dann noch weitere Elemente hinzugefügt werden. Sogar andere Programmierer können neue Varianten programmieren, indem sie diese von der abstrakten Basisklasse ableiten. Somit können neue Elemente beispielsweise in Microsoft Word integriert und dadurch auch angezeigt, geladen oder gespeichert werden, ohne dass Microsoft Word diese Elemente kennt.

Um heterogene Datenstrukturen entwerfen zu können, ist eine gezielte Vorgangsweise nötig: Zuerst sollte überlegt werden, welche Daten und welche Operationen allen Varianten gemeinsam sind. Anhand dieser Gemeinsamkeiten kann eine abstrakte Klasse entworfen werden. Die Anwendung (z.B. Microsoft Word) wird dann mit Hilfe der Schnittstelle der abstrakten Klasse implementiert. Jedes einzelne Element (z.B. Bilder- oder Formelelemente) kann dann von der abstrakten Klasse abgeleitet und in einer eigenen Klasse implementiert werden.

4.4.6   Beispiel

Objektorientiertes Programmieren ist komplex!

An dieser Stelle macht es Sinn, ein größeres Beispiel für die objektorientierte Programmierung anzubringen. Einerseits um die Kenntnisse zu vertiefen, andererseits weil nur durch ein größeres, komplexes Beispiel die objektorientierte Programmierung erlernt werden kann. Objektorientiertes Programmieren *ist* eben komplex!

In diesem Beispiel geht es darum, eine sehr einfache Lohnverrechnung zu programmieren. Mit dieser Lohnverrechnung sollen maximal 100 Mitarbeiter abgerechnet werden können. Dabei werden Arbeiter und Angestellte unterschieden, wobei der Lohn für jede Gruppe unterschiedlich zu berechnen ist. Für Arbeiter wird ein Stundenlohn bezahlt, das heißt also, es wird einfach die Anzahl der Stunden mit einem Stundensatz multipliziert, um den Lohn zu erhalten. Bei den Angestellten wird von einem Fixum ausgegangen und zusätzliche Überstundenaufschläge, falls mehr als 160 Stunden gearbeitet wird, bezahlt. Für jede Überstunde wird ein 160tel des Gehalts + 50 Prozent Aufschlag zum Fixum addiert.

Im Folgenden sind Lösungen sowohl für Delphi als auch für Java angegeben. Dabei wird eine Klasse `MitarbeiterListe` implementiert, die über ein Array von Mitarbeitern verfügt. Von der abstrakten Klasse `Mitarbeiter` werden die konkreten Klassen `Arbeiter` und `Angestellter` abgeleitet, die jeweils die Funktion `Lohn` implementieren. In der Klasse `MitarbeiterListe` gibt es neben Methoden zum Einfügen von Arbeitern und Angestellten noch eine Methode `PrintLohn`, die von jedem gespeicherten Mitarbeiter den Namen und den `Lohn` ausgibt.

Delphi

Wichtig in Delphi ist, dass noch zusätzlich ein Destruktor für die `MitarbeiterListe` implementiert werden muss, um alle Mitarbeiter wieder freigeben zu können. Listing 4-6 zeigt das aufrufende Programm, Listing 4-7 die Klassen `MitarbeiterListe`, `Arbeiter` und `Angestellte`.

```
program BspLohn;

uses
    Lohnverrechnung in 'Lohnverrechnung.pas';

var
    x: Integer;
    lv: MitarbeiterListe;
    ch: Char;

begin
    lv := MitarbeiterListe.Create;
    ReadLn(x); // 1: Arbeiter, 2: Angestellter, 3: Ende
    while x <> 3 do begin
        if x = 1 then lv.InsertArbeiter
        else lv.InsertAngestellter;
        ReadLn(x);
    end;
    lv.PrintLohn;
    lv.Free; // Freigabe, nötig in Delphi
    ReadLn(ch); // um Bildschirm nicht zu löschen
end.
```

Listing 4–6
Aufrufendes Programm der Lohnverrechnung in Delphi

```
unit Lohnverrechnung;

interface
    type
        Mitarbeiter = class (TObject)
            public
                name: String;
                stunden: Integer;
                satz: Integer;
                procedure Read; virtual;
                function Lohn (): Real; virtual; abstract;
            end;

        Angestellter = class (Mitarbeiter)
            public
                function Lohn (): Real; override;
            end;

        Arbeiter = class (Mitarbeiter)
            public
                function Lohn (): Real; override;
            end;

        MitarbeiterListe = class (TObject)
            public
                procedure PrintLohn; virtual;
                procedure InsertArbeiter; virtual;
                procedure InsertAngestellter; virtual;
                constructor Create; virtual;
                destructor Destroy; override;
            private
                liste: array[1..100] of Mitarbeiter;
                n: Integer;
            end;
```

Listing 4–7
Klassen MitarbeiterListe, Arbeiter und Angestellte in Delphi

```
implementation
    procedure Mitarbeiter.Read;
    // liest den Mitarbeiter ein, unabhängig ob Arbeiter
    // oder Angestellter
    // Arbeiter: Stundenanzahl + Stundensatz ist einzugeben
    // Angestellter: Stundenanzahl + Fixum
    begin
        ReadLn(name);
        ReadLn(stunden);
        ReadLn(satz);
    end;

    function Angestellter.Lohn (): Real;
    begin
        result := satz + (satz/160)* 1.5 * (stunden - 160);
    end;

    function Arbeiter.Lohn (): Real;
    begin
        result := satz * stunden;
    end;

    constructor MitarbeiterListe.Create;
    begin
        n := 1;
    end;

    destructor MitarbeiterListe.Destroy;
    // Freigabe aller Mitarbeiter
        var i: Integer;
    begin
        for i := 1 to n - 1 do begin
            liste[i].Free;
        end;
    end;

    procedure MitarbeiterListe.InsertAngestellter;
        var ang: Angestellter;
    begin
        ang := Angestellter.Create;
        ang.Read;
        liste[n] := ang;
        Inc(n);
    end;

    procedure MitarbeiterListe.InsertArbeiter;
        var arb: Arbeiter;
    begin
        arb := Arbeiter.Create;
        arb.Read;
        liste[n] := arb;
        Inc(n);
    end;

    procedure MitarbeiterListe.PrintLohn;
    // Iteration über alle Mitarbeiter
    // Ausgabe von Name und Lohn
```

```
      var i: Integer;
   begin
      for i := 1 to n - 1 do begin
         Write(liste[i].name);
         WriteLn(liste[i].Lohn());
      end;
   end;

end.
```

In Java wird eine eigene Klasse IO implementiert, die Methoden zum *Java* Einlesen einer Zeichenkette und einer Zahl zur Verfügung stellt. Auf diese wird hier nicht näher eingegangen, da sie in Anhang A behandelt wird. Ansonsten werden die benötigten Klassen in das Package Lohn-verrechnung eingebettet, wobei auf die Freigabe nicht mehr benötigter Objekte wegen dem Garbage Collector nicht geachtet werden muss. Listing 4-8 zeigt das Hauptprogramm, die Listings 4-9 bis 4-12 das Package.

```
import Lohnverrechnung.*;

class BspLohn {

   public static void main (String args[]) {
      int x;
      MitarbeiterListe lv = new MitarbeiterListe ();
      x = IO.readInt(); // 1: Arbeiter, 2: Angestellter, 3: ende
      while (x != 3) {
         if (x == 1) {lv.insertArbeiter();}
         else {lv.insertAngestellter();}
         x = IO.readInt();
      }
      lv.printLohn();
   }
}
```

Listing 4–8
Aufrufendes Programm der Lohnverrechnung in Java

```
package Lohnverrechnung;

public abstract class Mitarbeiter {
   public String name;
   public int stunden;
   public int satz;

   public abstract float lohn ();

   public void read () {
   // liest den Mitarbeiter ein, unabhängig ob Arbeiter
   // oder Angestellter
   // Arbeiter: Stundenanzahl + Stundensatz ist einzugeben
   // Angestellter: Stundenanzahl + Fixum
      name = IO.readName();
      stunden = IO.readInt();
      satz = IO.readInt();
   }
}
```

Listing 4–9
Klasse Mitarbeiter in Java

Listing 4–10
Klasse Arbeiter in Java

```
package Lohnverrechnung;

public class Arbeiter extends Mitarbeiter {

    public float lohn () {
        return satz * stunden;
    }
}
```

Listing 4–11
Klasse Angestellter in Java

```
package Lohnverrechnung;

public class Angestellter extends Mitarbeiter {

    public float lohn () {
        float x, x1, dif;
        x = (float) satz; // Achtung: Typ von Zwischenergebnissen!
        dif = stunden - 160;
        x1 = (float) x/160;
        x1 = x1 * (float) 1.5;
        return (x + x1 * dif);
    }
}
```

Listing 4–12
Klasse MitarbeiterListe in Java

```
package Lohnverrechnung;

public class MitarbeiterListe {
    Mitarbeiter liste[];
    int n;

    public MitarbeiterListe () {
        liste = new Mitarbeiter[100];
        n = 0;
    }

    public void insertAngestellter () {
        Angestellter ang = new Angestellter ();
        ang.read();
        liste[n] = ang;
        n ++;
    }

    public void insertArbeiter () {
        Arbeiter arb = new Arbeiter ();
        arb.read();
        liste[n] = arb;
        n ++;
    }

    public void printLohn () {
    // Iteration über alle Mitarbeiter
    // Ausgabe von Name und Lohn
        int i;
        for (i = 0; i < n; i ++) {
            System.out.print(liste[i].name);
            System.out.println(liste[i].lohn());
        }
    }
}
```

Beim Array `liste` ist darauf zu achten, dass in Java das Array bekanntlich mit Index 0 beginnt.

4.4.7 Nachteile der objektorientierten Programmierung

Nachdem bisher in diesem Kapitel auf die Anwendungen und damit in gewisser Weise auch auf die Vorteile der objektorientierten Programmierung eingegangen wurde (siehe dazu auch Kapitel 1.2) seien an dieser Stelle auch noch kurz die Nachteile erwähnt.

Nichts hat nur Vorteile

❑ Das Einarbeiten in die objektorientierte Programmierung und in eine objektorientierte Programmiersprache ist aufwendig, und zwar besonders für jene Programmierer, die schon große Erfahrung in der prozedurorientierten Programmierung haben, womit natürlich genau der Leserkreis betroffen ist.

❑ Obwohl dieses Einarbeiten in die Programmiersprache ohnehin schon aufwendig ist, ist es damit nicht getan. Es ist ebenfalls wichtig, sich in die bereits vorhandenen Klassen, also in die Klassenbibliothek, einzulesen. Nur wer weiß, dass es eine bestimmte Klasse gibt und welche Schnittstelle diese Klasse hat, kann diese auch verwenden.

❑ Bei einer Veränderung der Klassen muss sehr sorgsam vorgegangen werden, da durch die Wiederverwendung etliche Programme davon betroffen sein könnten. Oftmals sind das sogar Programme, von denen der Entwickler der Klasse keine Kenntnis hat.

❑ Unter gewissen Umständen ist auch nicht ganz zu vernachlässigen, dass die Nachteile der dynamischen Datenstrukturen natürlich genauso gelten. Das heißt, dass eventuell etwas mehr Speicherplatz verbraucht wird (für den Zeiger), und durch die dynamische Bindung kann die Programmlaufzeit (wenn auch minimal) verlängert werden. Zusätzlich sind Objekte freizugeben, wenn sie nicht mehr länger benötigt werden.

4.4.8 Übungen

Aufgabe 1 (180 Minuten): Implementierung der Klasse Konto

Nehmen Sie die vorangegangene Übung aus Abschnitt 4.3.6 als Ausgangsbasis und implementieren Sie diese. Sie können dabei davon ausgehen, dass kein Konto mehr als 100 Buchungen verwalten muss.

4.5   Klassenbibliotheken

Eine Klassenbibliothek ist eine Sammlung von Klassen zum Zwecke der Wiederverwendung

Klassenbibliotheken sind typisch für die objektorientierte Programmierung. Nachdem hierbei immer wieder auf bereits vorhandene Basisklassen zurückgegriffen wird, liegt es nur auf der Hand, möglichst viele Klassen zu sammeln und diese in einer Art Bibliothek anzubieten. Viele Programmiersprachen oder Entwicklungsumgebungen stellen eine derartige Klassenbibliothek zur Verfügung, oft wird auch bei größeren Programmierprojekten damit begonnen, eine eigene Bibliothek zu entwickeln. Dieses Unterkapitel stellt zuerst eine Klassenbibliothek allgemein vor, um dann anhand der Klassenbibliotheken, die von Delphi und Java bereitgestellt werden, auf konkrete Beispiele einzugehen.

4.5.1   Einführung

Klassenbibliotheken erhöhen die Produktivität und fördern ein einheitliches Aussehen

Eine Klassenbibliothek ermöglicht die Benutzung vorgefertigter Bausteine und erhöht somit die Produktivität. So ist es bei vielen Klassenbibliotheken durchaus möglich, einige kleinere Programme zu schreiben, nur indem einzelne Objekte angelegt und einige Methoden aufgerufen werden. Ein anderer Vorteil ist aber auch die erhöhte Einheitlichkeit: Wird beispielsweise ein Dateisuchdialog von einer Klassenbibliothek angeboten, so ist es nicht nur effizient, wenn dieser nicht bei jedem Programm neu programmiert werden muss, es führt auch dazu, dass die Programme einheitlich aussehen. Gerade bei großen Projekten ist dies ein ebenso nützlicher Effekt wie die erhöhte Produktivität. Auch bei den vielen Windows-Programmen ist die hohe Einheitlichkeit erkennbar. Dies liegt an der Ähnlichkeit aller Klassenbibliotheken, was User-Interface-Klassen betrifft.

Nicht verschwiegen werden sollte aber auch, dass Klassenbibliotheken durchaus Probleme mit sich bringen, beispielsweise durch den hohen Lernaufwand, weil im Prinzip ja eine »virtuelle« Sprache gelernt werden muss. Diese Sprache besteht zwar nicht aus Schlüsselwörtern und syntaktischen Regeln, aber aus Klassen-, Methoden- und Parameternamen. Dabei kann es sich oft um hunderte Klassen mit tausenden Methodenaufrufen handeln. Verschärft wird diese Situation meist dadurch, dass nur eine schlechte Dokumentation vorhanden ist und daher oft ein Blick auf den Quellcode notwendig ist, um zu entscheiden, was eine Methode wirklich genau macht.

Eine Klassenbibliothek besteht aus vielen verschiedenen Kategorien von Klassen, wobei manche Klassen durchaus in mehrere Kategorien fallen. Tabelle 4-2 zeigt einige Kategorien von Klassen mit Beispielen.

Kategorie	Beispiele
Datenstrukturen	List, Array, Stack, Queue, ...
Grafische Klassen	Point, Rectangle, Circle, ...
Benutzerschnittstellenklassen	Dialog, RadioButton, CheckBox, ...
Anwendungsspezifische Klassen	Buchung, Konto, …
Betriebssystemklassen	Process, Stream, File, Server, ...
Frameworks	Siehe unten

Tab. 4–2
Kategorien von Klassen

An dieser Stelle sollen kurz die Unterschiede zwischen Bausteinklassen und Frameworksvorgestellt werden:

Bausteinklassen und Frameworks

❑ Bausteinklassen können isoliert verwendet werden, beispielsweise eine Liste oder eine Hashtabelle. Derartige Klassen ermöglichen die Wiederverwendung im Kleinen.

❑ Bei Frameworks hingegen handelt es sich um echte Gerüste für ein Programm. Ein Framework besteht aus einer Menge von Klassen, die gemeinsam verwendet werden können, beispielsweise eine Dialogmaskenverwaltung oder Filesystemklassen. Durch Frameworks ist eine Wiederverwendung im Großen möglich.

Grundsätzlich kann dabei festgestellt werden, dass die einzelnen Klassen stark voneinander abhängen, was aus Abbildung 4-6 (nach [PoBl96, S. 260]) gut ersichtlich ist. Meist ist es daher nicht möglich, nur einen einzelnen Teil zu verwenden. Deshalb ist auch eine kombinierte Anwendung verschiedener Klassenbibliotheken eher schwierig. Oft geht dies nur, wenn es sich um Erweiterungen einer bestehenden, bereits verwendeten Bibliothek handelt.

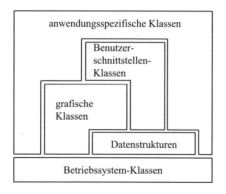

Abb. 4–6
Gliederung einer Klassenbibliothek

Klassenbibliotheken sind ein sehr wesentliches Entscheidungskriterium für die Wahl einer Entwicklungsumgebung. Es ist fast wichtiger zu fragen, was die Klassenbibliothek kann, als welche Programmiersprache verwendet werden könnte. Tatsächlich sind in der objektorientierten Programmierung die Stärken nicht in der Sprache, so wie in COBOL (600 Schlüsselwörter), sondern vielmehr in der Klassenbibliothek zu finden.

Aus diesem Grund werden im Folgenden die Klassenbibliotheken von Delphi und Java vorgestellt. Ferner wird darauf eingegangen, wie eine eigene Klassenbibliothek (beispielsweise für ein größeres Projekt) gestaltet werden könnte.

4.5.2 Delphi

Delphi bietet eine sehr umfassende Klassenbibliothek mit mehreren hundert Klassen an. Aus diesem Grund gibt dieser Abschnitt nur einen groben Überblick (siehe Abbildung 4-7) über die mächtigen Möglichkeiten dieser Bibliothek. Details können der Anleitung zu Delphi entnommen werden.

Abb. 4–7
Struktur der Delphi-Klassenbibliothek

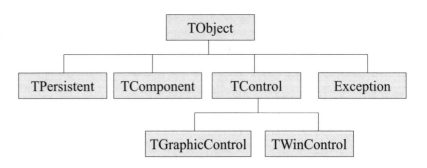

TObject

Ausgangspunkt der Delphi-Klassenhierarchie: TObject

TObject ist der Ausgangspunkt der Delphi-Klassenhierarchie. Sämtliche Klassen haben diese abstrakte Klasse als Oberklasse. Sie kapselt das grundlegende Verhalten, das allen Delphi-Objekten gemeinsam ist. Mit den von TObject eingeführten Methoden können Objektinstanzen erzeugt, verwaltet und aufgelöst werden. Ebenso kann aber auch auf objektspezifische Informationen, wie den Klassentyp, zur Laufzeit zugegriffen werden. Eine Reihe von Methoden, wie beispielsweise ClassName, DefaultHandler, Free oder InheritsFrom, werden von TObject angeboten und können so von sämtlichen Objekten genutzt werden. Direkt von TObject werden eine Reihe von Klassen, wie Exceptions (siehe dazu auch Abschnitt 4.7.1), Internetobjekte, Tabellenobjekte, Listen oder aber auch XML-Objekte abgeleitet.

TPersistent

`TPersistent` bildet die Oberklasse aller persistenten Klassen. Also jener Klassen, deren Objekte nicht nur während der Laufzeit zur Verfügung stehen, sondern gespeichert werden sollen. Wesentlich ist dabei die Methode `DefineProperties`, die festlegt, welche Attribute der Klasse auf das Speichermedium (z.B. eine Datei). Falls eine von `TPersistent` abgeleitete Klasse zusätzliche Attribute einführt, die auch gespeichert werden sollen, so muss diese Methode entsprechend überschrieben werden. Wichtige davon abgeleitete Klassen sind beispielsweise Stringobjekte (Stringlisten), Collections (also generische Bausteine), Grafikobjekte oder HTML-Objekte.

Persistente Klassen können gespeichert werden

TComponent

Diese Klasse ist der gemeinsame Vorfahr aller Komponentenobjekte in Delphi. Dabei handelt es sich um jene Objekte, die Bestandteile der Oberfläche einer Windows-Applikation sind. Etwa das Menü, Datenbankkomponenten, Web-Komponenten oder die Applikation selbst. Kapitel 6 wird sich noch näher mit diesen Komponenten auseinander setzen.

TControl

`TControl` wird als abstrakte Basisklasse für alle visuellen Komponenten verwendet. Dazu gehört etwa die Position des Steuerelements, der mit diesem verbundene Cursor oder aber Methoden zum Zeichnen oder Verschieben des Steuerelementes sowie Ereignisse, die auf Mausaktionen reagieren können. Grundsätzlich können dabei zwei verschiedene Arten von Controls unterschieden werden:

Abstrakte Basisklasse für visuelle Komponenten

❏ `TGraphicControl`: Dazu gehören alle benutzdefinierten, nicht fensterorientierten Steuerelemente. Der wesentliche Punkt dabei ist, dass von `TGraphicControl` abgeleitete Steuerelemente weder fokussiert werden können noch können sie andere Steuerelemente enthalten. Dadurch benötigen sie nur sehr wenige Systemressourcen. Beispiele dafür sind etwa Labels oder der Speedbutton.

❏ `TWinControl`: Dabei handelt es sich um fensterorientierte Steuerklassen, die fokussiert werden können. Beispiele dafür sind etwa Buttons, Checkboxen, Groupboxen oder Editoren, die alle aus den verschiedenen Windows-Programmen hinlänglich bekannt sind.

Mit diesen Controls wird sich Kapitel 6 noch intensiver auseinander setzen.

Exceptions

Exceptions sind ein besonderes Konstrukt der objektorientierten Programmierung zur Behandlung von Ausnahmen, etwa einer Division durch Null. Sie werden ausführlich in Abschnitt 4.7.1 behandelt.

4.5.3 Java

Auch Java bietet eine sehr umfassende Klassenbibliothek an. Daher kann auch in diesem Abschnitt nur eine Kurzvorstellung der wichtigsten Klassen gegeben werden. Details können dem JDK 1.2, der die Java-Klassenbibliothek definiert, entnommen werden. Dieser ist im Internet unter http://java.sun.com/products/jdk zu finden.

Wie in Java üblich, werden diese Klassen in Paketen zusammengefasst. Tabelle 4-3 stellt dabei die wichtigsten Pakete vor.

Tab. 4–3
Vorstellung der
wesentlichen Java-Pakete

Package	Beschreibung
Sprachpaket	Hauptbestandteil der Java-Sprache
Dienstprogramme	Diverse nützliche Datenstrukturen
IO	Unterstützung bei Ein-/Ausgabe
Netzwerkunterstützung	TCP/IP-Unterstützung
AWT	Benutzeroberflächenprogrammierung
Text	Unterstützung für Internationalisierung
Sicherheit	Unterstützung für Sicherheit (Verschlüsselung)
RMI	Unterstützung für verteilte Programmierung
Reflexion	Laufzeit-Klasseninformation
SQL	Unterstützung für Datenbankabfragesprache

Im Folgenden werden unter anderem noch das Sprachpaket, die Dienstprogramme und das AWT-Paket genauer erklärt. Im Laufe des nächsten Kapitels wird auch das SQL-Paket näher vorgestellt.

Sprachpaket

java.lang   Das Sprachpaket (`java.lang`) enthält die wichtigsten Unterstützungsklassen und wird de facto in jedem Java-Programm benötigt. Es enthält unter anderem die Klasse `Object`, die in Java als Basisklasse aller Klassen dient, auch wenn diese in der Klassendefinition nicht angeführt wird. In dieser Klasse werden verschiedene Methoden, beispielsweise zum Kopieren oder Konvertieren angeboten. Wesentlich dabei ist die Methode `equals`, mit der zwei Objekte auf Gleichheit überprüft werden können. Falls die Werte aller Attribute zweier Objekte gleich sind, wird der Wert `TRUE` zurückgegeben. Ebenfalls zu den wesentlichen Klassen gehören `Math` (bietet diverse mathematische Funktionen, wie `sin`, `cos` oder `random` und somit Gegenstücke zu den Intrinsic Functions von COBOL an), die bereits oftmals angesprochene Klasse `String` (siehe Abschnitt 2.4.2) oder die Klasse `System`, mit der auf plattformunabhängige Ressourcen zugegriffen werden kann. Auch die meisten Exceptions (siehe Abschnitt 4.6.1) und Errors sind hier definiert.

Dienstprogramme

Dieses Paket (`java.util`) stellt verschiedene Datenstrukturen zur Verfügung. Dazu gehören etwa der `Stack` (siehe Abschnitt 3.2.2), die `Hashtabelle` (siehe Abschnitt 3.4.3) oder die Klasse `Vector` (dynamisches Objekt-Array). Ferner bietet dieses Paket Klassen für Kalenderfunktionen (`Calendar` und `Datum`), sowie zur Zeitenverwaltung (`SimpleTimeZone`) an.

java.util

AWT

Das `java.awt`-Paket (Abstract Windows Toolkit) stellt plattformunabhängige Komponenten für grafische Oberflächen zur Verfügung. Beispiele dafür sind etwa die Klassen `Button`, `Checkbox`, `Scrollbar` oder `TextField`. Neben Konstruktoren und der Möglichkeit, Events, also Ereignisse, zu verarbeiten (Methode `processEvent`), werden noch viele weitere Methoden (z.B. `setLabel` oder `setActionCommand`) von diesen Klassen angeboten. Aber auch die Ereignisse selbst (Klasse `Event`), der `Cursor` und bereits vorgefertigte Dialoge, wie `FileDialog` (zur Auswahl einer Datei), werden von diesem Paket zur Verfügung gestellt. Kapitel 6 wird noch näher auf grafische Oberflächen eingehen.

java.awt

Ein spezielles Unterpaket zu `java.awt` ist das Paket `java.awt.datatransfer`, das das `Clipboard` implementiert, also die Zwischenablage, über die Daten ausgetauscht werden können.

IO-Paket

Dieses Paket (`java.io`) definiert Ein- und Ausgabestreams für verschiedene Zwecke. Damit können beispielsweise die von COBOL her bekannten sequenziellen Dateien implementiert werden.

java.io

Wrapper-Klassen

Interessant sind in diesem Zusammenhang auch noch die so genannten Wrapper-Klassen, die von der Klassenbibliothek zur Verfügung gestellt werden. Diese Klassen, die es für jeden einfachen Datentyp gibt, heißen ähnlich wie die dazugehörigen Typen, beginnen aber mit einem Großbuchstaben, etwa `Integer` für den Typ `int`, `Character` für `char` oder `Float` für `float`. Mit Hilfe dieser Klassen können Variablen eines einfachen Datentyps in Objekte umgewandelt werden, was wichtig ist, weil zum Beispiel in den generischen Datenstrukturen beliebige Objekte (aber eben nur Objekte) aufgenommen werden können. Ein Beispiel dafür ist die Klasse `java.util.Vector`, die eine Liste von Objekten speichern kann. Das folgende Quellcodefragment zeigt, wie ein Integerwert in diese Liste eingefügt werden kann:

```
int i = 4711;
Integer j = new Integer(i);
myVector.addElement(j);
```

Diese Wrapper-Klassen bieten aber auch noch einige wesentliche Methoden an, darunter etwa `toString()` zur Umwandlung in eine Zeichenkette oder `valueOf()` zur Umwandlung in eine Gleitkommazahl.

4.5.4   Eigene Klassenbibliothek

Die Entwicklung einer eigenen Klassenbibliothek ist eine höchst komplexe Angelegenheit. Es ist dabei meist nicht damit getan, irgendwelche Klassen im Laufe der Zeit anzusammeln und anderen zur Verfügung zu stellen, auch wenn dies sicherlich ein erster Schritt in die richtige Richtung ist. Vielmehr wird es Sinn machen, eine für die konkreten Bedürfnisse abgestimmte Klassenbibliothek zu planen, zu entwickeln und – nicht zu vergessen – diese auch anzuwenden. In größeren Firmen ist es durchaus üblich, dass mehrere Programmierer nur an der Klassenbibliothek arbeiten und auch überprüfen, ob diese tatsächlich verwendet wird. Diese Gruppe dient als zentrale Schaltstelle, die dafür sorgt, dass alle anderen Programmierer auf dem letzten Stand sind, was die Klassenbibliothek betrifft. Wie ja schon eingangs erwähnt, ist es auch nötig, diese zu erlernen, um sie anwenden zu können.

Zusätzlich muss natürlich auch vom psychologischen Standpunkt her einiges unternommen werden, damit die angebotenen Klassen tatsächlich genutzt werden. Denn dadurch steigt ja auch die Abhängigkeit eines einzelnen Programmierers von anderen, bzw. die Arbeit des Programmierers kann leichter eingesehen werden. Wichtig sind hier vielleicht organisatorische Maßnahmen, wie Prämien für das Schreiben von wiederverwendbaren Klassen oder aber auch für deren Benutzung.

Vom Aufbau der Klassenbibliothek her ist zu sagen, dass die eigenen Klassen extra gekennzeichnet werden sollten, wobei dies bereits bei der Namensgebung beginnt. Klassennamen wie TBMDObject oder TBMDButton sind durchaus zweckmäßig. Auch macht es wahrscheinlich Sinn, sämtliche Klassen in der eigenen Klassenbibliothek anzubieten. Also, obwohl Delphi einen TButton bereitstellt, macht ein TBMDButton durchaus Sinn, da vielleicht dieser Button später (oder auch sofort) einmal mehr können sollte oder aber eine eventuelle Veränderung der Delphi-Klassenbibliothek keine direkte Auswirkung auf das gesamte Programmpaket hat. Der Delphi-Typ TButton wird dann in den TBMDButton eingebettet. Falls eine Veränderung stattfindet, muss diese nur im TBMDButton nachgezogen werden.

4.5.5   Übungen

Augabe 1 (30 Minuten): Online-Hilfe

Werfen Sie einen Blick auf die Online-Hilfe Ihrer Entwicklungsumgebung und versuchen Sie damit einen Überblick über die zur Verfügung gestellte Klassenbibliothek zu bekommen.

Wer suchet, der findet

Aufgabe 2 (100 Minuten): Ausnutzung von Klassenbibliotheken

Ändern Sie die Aufgabe 1 aus Abschnitt 4.1.6 so ab, dass sie auf vorhandene Klassen der jeweiligen Klassenbibliothek aufbaut. Auf diese Weise sollte die Lösung deutlich kürzer und einfacher werden. Das Testprogramm sollte nicht verändert werden, worauf bei der Definition der Schnittstelle Rücksicht genommen werden muss.

4.6   Design Patterns und Komponenten

Bei Design Patterns und Komponenten handelt es sich um die neuesten Ansätze der Softwareentwicklung. Im Folgenden werden beide Ansätze kurz vorgestellt. Zuerst wird auf Design Patterns (Muster) eingegangen. Darunter versteht man die Beschreibung erprobter Lösungen für viele häufig wiederkehrende Probleme. Danach werden Komponenten (engl. components) vorgestellt. Dabei geht es um kleine, überschaubare und weitgehend voneinander unabhängige Softwarebausteine, die schnell entwickelt und zu einer großen Anwendung zusammengesetzt werden können.

4.6.1   Design Patterns

Design Patterns sind de facto eine Fortsetzung des Gedankens von Klassenbibliotheken. Während es sich bei den Klassen und Methoden um die konkrete Lösung für ein Problem handelt, die eigentlich nur erweitert, aber nicht verändert werden kann, sind Muster Lösungsansätze für häufig auftretende Probleme. Diese können der konkreten Problemstellung entsprechend angepasst werden. Derartige Muster identifizieren und spezifizieren dabei Abstraktionen auf einer Ebene oberhalb der von einzelnen Klassen und Objekten und oberhalb der von ganzen Komponenten [GHJV96]. Ein Muster beschreibt dementsprechend nicht nur eine einzelne Klasse oder eine Methode, sondern vielmehr mehrere Komponenten, Klassen oder Objekte.

Dieser Abschnitt gibt einen ersten groben Überblick darüber, wie derartige Design Patterns aussehen, und stellt einige wesentliche Beispiele dazu vor. Für diejenigen, die ihr Wissen dazu vertiefen möchten, sind folgende Bücher zu empfehlen:

❑ Gamma, Helm, u.a., *Entwurfsmuster* [GHJV96]: Bei diesem Buch handelt es sich um einen Klassiker für Entwurfsmuster und objektorientierte Softwareentwicklung. Es präsentiert einen Katalog einfacher und präziser Lösungen für wiederkehrende Entwurfsprobleme der objektorientierten Softwareentwicklung. Häufig werden die vier Autoren dieses Werkes auch als »gang of four« bezeichnet, sie gelten als weltweit anerkannte Experten auf dem Gebiet der objektorientierten Softwareentwicklung.

❑ Pree, *Design Patterns for Object-Oriented Software Development* [Pre95]: Dieses Werk ist neben dem Klassiker der »gang of four« das wohl meistzitierte zum Thema Design Pattern. Es enthält zahlreiche Beispiele und reale Fallstudien, die zeigen, wie das Ziel mit Hilfe von Entwurfsmustern erreicht werden kann.

❑ Buschmann, Meunier, u.a., *Pattern-orientierte Software-Architektur* [BMRS98]: Dieses Buch enthält eine Sammlung von Mustern, die sich über mehrere Abstraktionsstufen im Softwareentwurf erstrecken, von grundlegenden Architekturmustern über Muster für den detaillierten Systementwurf bis hin zu programmiersprachen-spezifischen Idiomen. Darüber hinaus wird gezeigt, wie sich die einzelnen Muster miteinander kombinieren lassen.

❑ Mössenböck, *Objektorientierte Programmierung in Oberon-2* [Mös99]: Dieses Buch dient als ausgezeichnete Einführung in die Thematik der objektorientierten Programmierung anhand der Sprache Oberon-2, die Pascal sehr ähnlich ist. Dabei ist den Patterns ein eigenes Kapitel gewidmet, wobei auch viele Muster vorgestellt werden, die in [GHJV96] fehlen.

Ein Design Pattern unterliegt immer einem dreiteiligen Schema [BMRS 98, S. 8 ff.]: Kontext, Problem und Lösung. Der Zusammenhang kann dabei wie folgt dargestellt werden: Bei dem Kontext handelt es sich um die Situation, in der das Problem auftritt, für das die Lösung gefunden werden sollte. Wichtig ist dabei also immer, dass im Rahmen des Design Patterns auch das Problem exakt beschrieben wird. Beispielsweise sollte dabei auf Anforderungen, Randbedingungen und auch auf wünschenswerte Eigenschaften eingegangen werden. Die dazugehörige Lösung wird oft bewusst abstrakt beschrieben, ohne dass detailliert auf die Implementierung eingegangen wird. Dadurch kann das Muster unabhängig von beispielsweise einer Programmiersprache eingesetzt werden.

Design Pattern: Kontext, Problem und Lösung

Aufgrund ihrer Verwendung können drei Kategorien von Design Patterns unterschieden werden [BMRS 98, S. 11 ff.]:

❏ Architekturmuster: Diese spiegeln ein grundsätzliches Strukturierungsprinzip von Softwaresystemen wider. Ein derartiges Muster beschreibt eine Menge vordefinierter Subsysteme und spezifiziert deren jeweiligen Zuständigkeitsbereich. Ebenso enthält es Regeln zur Organisation der Beziehungen zwischen den Subsystemen.

❏ Entwurfsmuster: Damit können Strukturen von miteinander kommunizierenden Komponenten beschrieben werden, die ein allgemeines Entwurfsproblem in einem speziellen Kontext lösen.

❏ Idiome: Idiome sind im Vergleich zu den beiden anderen Musterarten spezifischer auf eine Programmiersprache abgestellt. Damit kann gezeigt werden, wie in einer konkreten Programmiersprache, spezielle Aspekte von Komponenten oder den Beziehungen zwischen ihnen implementiert werden können.

Unabhängig davon zu welcher Kategorie ein derartiges Design Pattern gehört, ist es wesentlich, dass es in einer angemessenen Form dargestellt wird. Dementsprechend sollte ein Muster einen möglichst sprechenden Namen haben. Ferner sollte der Problembeschreibung ein signifikantes Beispiel hinzugefügt werden. Die Lösung sollte durch Diagramme (beispielsweise UML) und Szenarien veranschaulicht werden.

Abschließend werden einige Design Patterns vorgestellt:

Konstruktor

Bei diesem Muster [Mös99, S. 111] handelt es sich um ein objektbasiertes Erzeugungsmuster. Dadurch ist es einfach möglich, die Initialisierung eines Objektes vorzunehmen. Dies ist besonders in jenen Sprachen von Vorteil, bei denen Konstruktoren fehlen, also nicht so wie in Delphi oder Java, wo sie bereits Teil der Sprache sind.

Das Muster wird anhand eines einfachen Beispiels, einer Klasse T mit einem Attribut a und einer Methode InitT, die den Wert von a initialisiert, erklärt. Diese Struktur ist in Abbildung 4-8 dargestellt.

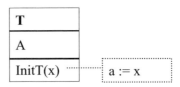

Darauf aufbauend kann sehr einfach eine Prozedur NewT implementiert werden, die ein Objekt der Klasse T erzeugt und es auch gleich initialisiert. Wann immer nun ein derartiges T-Objekt benötigt wird, kann es durch Aufruf des Konstruktors NewT erzeugt und initialisiert werden. Dieses Muster ist leicht auf beliebige Klassen übertragbar, indem man für T den jeweiligen Klassennamen einsetzt (z.B. NewAccount, NewBill).

Factory

Durch eine Factory [GHJV96, S. 107] wird eine Schnittstelle zum Erzeugen von Familien von verwandten oder voneinander abhängigen Objekten angeboten.

Dieses Muster wird anhand eines einfachen Beispiels erklärt: Von einer abstrakten Klasse Konto werden verschiedene Arten von Konten abgeleitet. Einerseits gibt es ein einfaches Konto BasisKonto, das über Funktionalitäten zum Buchen und Ausgeben verfügt. Andererseits gibt es eine Klasse MaechtigesKonto, die zusätzliche Funktionen, beispielsweise eine Bonitätsanalyse, anbietet. Ein Buchhaltungsprogramm kann nun wahlweise mit diesen Konten arbeiten, indem es ein Attribut k der abstrakten Klasse Konto bereitstellt. Jedes Mal, wenn aber nun eine derartige Buchhaltung angelegt wird, muss entschieden werden, ob im Attribut k ein BasisKonto oder aber ein MaechtigesKonto gespeichert werden soll. Genau dieses Problem kann durch ein Factory-Muster gelöst werden.

Dabei wird die Erzeugung des Kontos von einem Factory-Objekt durchgeführt. Für jede Kontoart gibt es dabei eine eigene Factory-Klasse, also `BasisKontoFactory`, `MaechtigesKontoFactory` und so weiter. Alle diese Klassen sind von einer abstrakten Klasse abgeleitet, so dass sich das in Abbildung 4-9 gezeigte Muster ergibt.

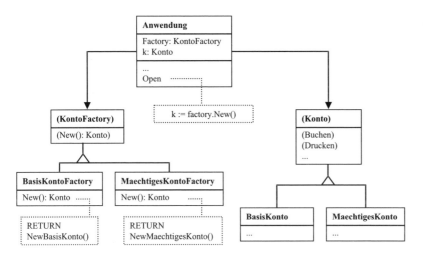

Abb. 4–9
Factory-Muster

Bei der Initialisierung der Buchhaltung wird dem Attribut `factory` die gewünschte Factory-Klasse zugewiesen, je nachdem ob die Buchhaltung mit einem Objekt `BasisKonto` oder aber einem Objekt `MaechtigesKonto` arbeiten soll. Der Aufruf `k := factory.New()` liefert dann den gewünschten Kontotyp.

Zusammenfassend kann festgestellt werden, dass mit Hilfe von Factory-Klassen dynamisch zur Laufzeit bestimmt werden kann, welcher Baustein verwendet wird.

Iterator

Ein Iterator [GHJV96, S. 335] dient dazu, den sequenziellen Zugriff auf die Elemente einer dynamischen Datenstruktur, etwa einer Liste oder einem Stack (siehe Abschnitt 3.2.2), zu ermöglichen, ohne dass dabei die zugrunde liegende Repräsentation offengelegt werden muss. Bereits bei der Einführung dieser Datentypen wurden ja Methoden wie `PrintAll` vorgestellt. Aber häufig kommt es vor, dass Klienten dieser Datenstrukturen die einzelnen Elemente nicht nur ausdrucken, sondern vielleicht auch vollkommen andere Operationen auf diese anwenden möchten. Operationen, die zum Zeitpunkt der Implementation der Datenstruktur oft auch noch gar nicht bekannt sind. Daher ist eine Lösung der Art `PrintAll` nicht wirklich zufrieden stellend. Sinnvoller sind hier Iteratoren-Klassen, deren Muster in Abbildung 4-10 vorgestellt wird.

Abb. 4–10
Iterator-Muster

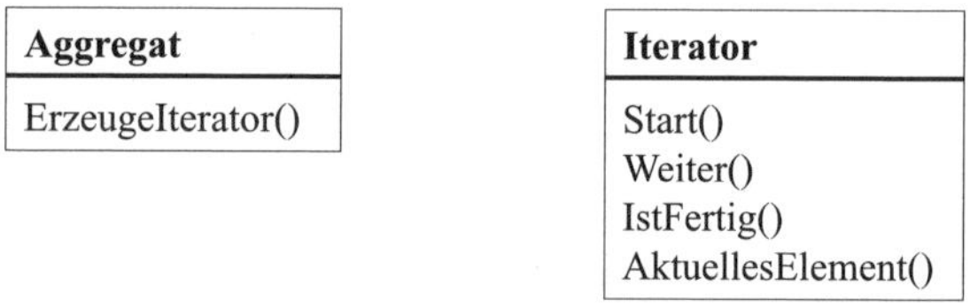

Aggregat
ErzeugeIterator()

Iterator
Start() Weiter() IstFertig() AktuellesElement()

Derartige Iterator-Klassen werden im selben Modul wie die Datenstruktur implementiert. Dabei handelt es sich um Objekte, die über die Datenstruktur hinweg bewegt werden können. Dies kann etwa so funktionieren:

```
iterator := liste.ErzeugeIterator();
iterator.Start;
while not iterator.IstFertig() do begin
    elem := iterator.AktuellesElement();
    // mit elem arbeiten
    iterator.Weiter;
end;
```

Delphi-Besonderheit

In Delphi können anstelle des Iterator-Musters auch Prozedurvariablen verwendet werden, wie sie in den Beispielen des Kapitels 3 oft vorkommen.

4.6.2 Komponenten

Komponenten sind kleine, überschaubare Softwarebausteine, die weitgehend voneinander unabhängig sind

Bei Komponenten ist das Prinzip ähnlich dem einer Klassenbibliothek. Es wird von einer bestehenden Lösung ausgegangen und diese in eine neue Applikation eingebunden. Allerdings handelt es sich bei den Komponenten immer nur um kleine, überschaubare Softwarebausteine, die weitgehend voneinander unabhängig sind. Trotz dieser geringen Größe können sie aber zu umfangreicheren Anwendungen zusammengesetzt werden, in gewisser Weise dienen sie somit als eine Art Lego für Softwaretechniker.

Dieser Abschnitt gibt einen ersten groben Überblick darüber, wie derartige Komponenten aussehen. Für diejenigen, die ihr Wissen dazu vertiefen möchten, sind folgende Bücher zu empfehlen:

❑ Szyperski: *Component Software: Beyond Object-Oriented Programming* [Szy99]: Ein Standardwerk zum Thema Komponenten. Es zeigt sehr schön den Weg von der objektorientierten Programmierung zur komponentenorientierten. Außerdem geht es sowohl auf Java-Beans als auch auf das Microsoft-Komponentenmodell

Active-X ein. Das Buch ist zurzeit leider nur in englischer Originalsprache erhältlich.

❑ Piemont: *Komponenten in Java* [Pie99]: Dieses Buch behandelt vor allem Java-Beans, das Komponentenmodell in Java. Daneben werden aber auch viele weiterführende Themen vorgestellt, z.B. Customizing, Design Pattern für Beans, Serialization und das Zusammenspiel von Java und Active-X. Außerdem bietet das Buch einen Überblick über Entwicklungswerkzeuge und Beans-Bibliotheken sowie eine Einführung in die komponentenorientierte Softwareentwicklung.

Java-Beans

Was ist eine Komponente

Zuerst sollte einmal geklärt werden, was unter einer Component, zu deutsch Komponente, eigentlich verstanden wird: Grundsätzlich gibt es in der Softwaretechnik noch keine eindeutige Definition, es herrscht aber Übereinstimmung, dass es sich dabei um ein ablauffähiges Stück Software handelt, das ein abgeschlossenes Gebilde mit eigenständig beschreibbarer Funktionalität und einer Semantik auf Anwendungsebene darstellt. Die Komponenten haben dabei einen Zustand, der sich in deren Eigenschaftswerten widerspiegelt, oftmals wird dieser auch über Anwendungsgrenzen hinweg gespeichert (persistent components). Der Zugriff darauf ist immer mittels einer definierten Schnittstelle möglich. Im Regelfall kann dieser durch Ereignisse oder aber direkt durch Methodenaufrufe beeinflusst werden.

Eine wesentliche Forderung an Komponenten ist auch, dass sie unabhängig sein sollten von einer gewissen Programmiersprache oder aber von einem bestimmten Betriebssystem. Typische Beispiele für Komponenten sind Benutzeroberflächenelemente und hier vor allem Webbrowser-Bausteine oder aber Modellbildungen von Sachverhalten aus Geschäftprozessen eines Unternehmens. Wie immer bei der objektorientierten Programmierung steht auch hier die Wiederverwendbarkeit im Mittelpunkt. Ist diese nicht gegeben, so ist das Erzeugen von Komponenten eher ein zu hoher Aufwand.

Komponenten sind unabhängig von Programmiersprache und Betriebssystem

Nach dieser ersten Einführung stellt sich natürlich die Frage, was nun der grundsätzliche Unterschied zu einer Klasse ist, denn auch diese erfüllt viele der oben genannten Kriterien. Tatsächlich verfolgen beide ähnliche Ziele und werden auch in Zukunft weiter nebeneinander existieren. Aber eine Komponente besitzt im Regelfall einen größeren Funktionsumfang als ein Objekt, ja sie kann sogar als eigenständiger Baustein angesehen werden. Von Bedeutung ist aber auch noch, dass das Information-Hiding-Konzept bei den Komponenten noch viel ausgeprägter ist als bei den Klassen. Hier ist es wirklich ganz streng und geht sogar so weit, dass der Quellcode im Regelfall nicht bekannt gegeben wird, was bei Klassen sehr wohl üblich ist. Stattdessen wird nur ein binäres Format ausgeliefert.

Im Folgenden wird auf die komponentenbasierte Softwareentwicklung eingegangen, wobei grundsätzlich unterschieden werden muss zwischen der Entwicklung einer einzelnen Komponente und der Komposition einer komponentenbasierten Anwendung.

Entwicklung einer einzelnen Komponente

Das Entwickeln einer einzelnen Komponente ist dem objektorientierten Entwurf sehr ähnlich. Der wichtigste Punkt ist hierbei eine klar identifizierbare und sauber spezifizierte Schnittstelle (für Eigenschaften, Methoden und Ereignisse) zu definieren. Diese dient dann später sozusagen als Vertrag, den andere Objekte mit dieser Komponente eingehen, wenn sie diese benutzen. Wesentlich ist dabei auch, dass die Komponente so flexibel wie möglich gestaltet ist. Dies bedeutet, dass sie sich möglichst erst zur Laufzeit auf die Umgebungssituation einstellt und nicht bereits vorher starke Abhängigkeiten entstehen.

Generell lässt sich noch sagen, dass eine Komponente eine Lösung für allgemeine Probleme anbieten sollte und nicht für ein spezielles. Darauf muss in der Entwicklung immer Rücksicht genommen werden.

Komposition einer komponentenbasierten Anwendung

Komponenten werden »komponiert«

Das Formen einer Anwendung aus vielen verschiedenen Komponenten ist keine einfache Tätigkeit, sondern kann durchaus auch als Kunststück gesehen werden, weswegen dafür auch gerne der Ausdruck »Komposition« verwendet wird. Im Wesentlichen sind dabei mehrere Schritte durchzuführen, die sich immer wiederholen.

Diese Schritte sind:

❑ Festlegung der Anforderungen an die Applikation

❑ Auswahl der geeigneten Komponenten

❑ Anpassung und Konfiguration der ausgewählten Komponenten

❑ Eventuell Entwicklung weiterer Komponenten

❑ Erstellung der Rahmenhandlung und Integration der Komponenten zu einem fertigen Softwaresystem

❑ Test der komponentenbasierten Anwendung

4.6.3   Übungen

Dieser Lernabschnitt war sicherlich nicht einfach. Für diejenigen, die an dieser Stelle noch Probleme mit den beiden neuen Begriffen Design Patterns und Komponenten haben, dient diese Übung als weiteres Studium. Als Motivation sei an dieser Stelle aber auch erwähnt, dass nur wenige Programmierer diese Thematiken wirklich beherrschen. Diejenigen Programmierer, die sich aber darauf spezialisiert haben, gehören sicherlich auch zu den besten und ausgewähltesten der objektorientierten Programmierung.

Aufgabe 1 (180 Minuten): Literaturstudie

Studieren Sie die Online-Hilfe und suchen Sie nach Begriffen wie Active-X (Delphi) oder Beans (Java). Versuchen Sie sich einen Überblick über die dahinter stehenden Möglichkeiten zu verschaffen.

4.7   Besonderheiten der ausgewählten Programmiersprachen

Abschließend zum Thema objektorientierte Programmierung werden noch einige sprachliche Besonderheiten, wie Exceptions und Schnittstellen, behandelt. Diese sind zwar sowohl in Delphi als auch in Java vorhanden, fehlen aber in vielen anderen objektorientierten Programmiersprachen. Danach werden dann noch sowohl Delphi-spezifische Sprachkonstrukte, etwa Properties oder Compiler-Direktiven, als auch Java-spezifische, wie die finalen Klassen oder Methoden, behandelt.

Dieses Unterkapitel behandelt sprachliche Besonderheiten

4.7.1   Exceptions

Bei Exceptions handelt es sich um eine Möglichkeit der Fehlerbehandlung. Bislang führte ein Fehler, etwa eine Division durch Null, in der objektorientierten Programmierung zum Programmabbruch. Dies ist natürlich nicht gewünscht. Abhilfe dabei können Exceptions schaffen, indem bei Auftreten eines Fehlers das Programm nicht wie üblich beendet wird, sondern das aktuelle Codestück verlassen und in eine Exception-Behandlungsroutine gesprungen wird. Danach wird das Programm ganz normal fortgesetzt. Bei derartigen Exceptions handelt es sich um Objekte, die von der Basisklasse `Exception` der Klassenbibliothek abgeleitet werden.

Exceptions ermöglichen die Fehlerbehandlung

Grundsätzlich funktioniert dies so, dass derjenige Programmcode, der eine Exception auslösen könnte, in einen so genannten try-Block, eingeleitet mit dem Schlüsselwort `try`, gestellt wird. Danach folgt ein eigener Block, der alle möglichen Exceptions angibt und dementsprechend Anweisungen anbietet, die im jeweiligen Falle durchlaufen werden müssen. Die wichtigsten, größtenteils selbsterklärenden Exceptions sind folgende:

Delphi
- ❏ EAbstractError
- ❏ EDatabaseError
- ❏ EHeapException
- ❏ EInOutError
- ❏ EOutOfMemory

Java
- ❏ java.lang.ClassNotFoundException
- ❏ java.lang.CloneNotSupportedException
- ❏ java.lang.IllegalAccessException
- ❏ java.lang.InstantiationException
- ❏ java.lang.InterruptedException
- ❏ java.lang.NoSuchMethodException
- ❏ java.sql.SQLException

Eine Vielzahl weiterer Exceptions sind in den jeweiligen Klassenbibliotheken vorhanden. Eigene können davon abgeleitet werden. Auch wenn sie wesentlich mächtiger sind, können die Exceptions in gewissem Sinne mit dem COMPUTE-Zusatz ON SIZE ERROR Anweisung verglichen werden.

Ein einfaches Beispiel soll die Verwendung von Exceptions deutlich machen: Eine Funktionsprozedur zum Berechnen eines Mittelwertes muss immer den Spezialfall der Division durch Null abprüfen. Dies kann auch dadurch geschehen, dass der dabei auftretende Fehler durch eine Exception abgefangen wird und das Ergebnis entsprechend gesetzt wird.

Delphi
```
try
    ergebnis := summe div anzahl;
except
    on EDivByZero do ergebnis := 0;
end;
```

Java
```
try {
    ergebnis = summe / anzahl;
}
catch (ArithmeticException e) {
    ergebnis = 0;
}
```

Eine weitere Möglichkeit besteht darin, den Exception-Block mit dem Schlüsselwort `finally` einzuleiten. Dies hat, sowohl in Delphi als auch in Java, den Vorteil, dass der finally-Teil auf jeden Fall ausgeführt wird. Der finally-Block kann etwa zum Freigeben von Objekten verwendet werden und wird dabei immer durchlaufen, auch wenn keine Exception ausgelöst wurde und sogar dann, wenn der Block durch `exit`, `break`, `continue`oder auf ähnliche Art und Weise verlassen wurde.

Finally-Teil wird auf jeden Fall ausgeführt

Eine Exception kann aber auch vom Programm selbst ausgelöst werden, um beispielsweise selbst definierte Exceptions verwenden zu können. Die Exceptions werden dabei vom Basistyp `Exception` abgeleitet.

In Delphi kann eine Exception mit Hilfe des Schlüsselwortes `raise`, beispielsweise mit `raise EInvalidOp.Create(s)`, ausgelöst werden. Als Parameter `s` kann dabei eine beliebige Zeichenkette übergeben werden.

Delphi

In Java kann eine Exception mit Hilfe des Schlüsselwortes `throw`, beispielsweise mit `throw new MyException()`, ausgelöst werden. Zu diesem Zweck muss allerdings die Methode, die diese Exception auslöst, extra gekennzeichnet werden, indem nach der Parameterliste die Anmerkung `throws MyException` angeführt wird.

Java

Wichtig ist dabei, dass eine derartig gekennzeichnete Methode nur mehr in einem try-Block aufgerufen werden darf, die Exception also unbedingt abgefangen werden muss.

Um die Thematik verständlicher zu machen, wurde im Beispiel von Abschnitt 4.4.6 eine eigene Exception `EZuvieleEintraege` eingebaut, falls versucht werden würde, in ein bereits volles Array einen weiteren Mitarbeiter einzufügen. Dazu muss diese eigene Exception definiert (Listings 4-13 und 4-15), entsprechend ausgelöst (Listings 4-13 und 4-16) und im aufrufenden Programm (Listings 4-14 und 4-17) abgefangen werden.

```
unit Lohnverrechnung;

interface
    uses SysUtils;

    const MAANZ = 100;

    type
        EZuvieleEintraege = class (Exception)
        end;

        …
```

Listing 4–13
EZuvieleEintraege in Delphi: Definition und Auslösung

```
      MitarbeiterListe = class (TObject)
         public
            procedure InsertArbeiter; virtual;
            procedure InsertAngestellter; virtual;
            ...
         private
            liste: array[1..MAANZ] of Mitarbeiter;
            n: Integer;
      end;

implementation

   procedure MitarbeiterListe.InsertAngestellter;
      var ang: Angestellter;
   begin
      if n > MAANZ then begin
         raise EZuvieleEintraege.Create('zu viele Eintraege');
         exit;
      end;
      ang := Angestellter.Create;
      ang.Read;
      liste[n] := ang;
      Inc(n);
   end;

   procedure MitarbeiterListe.InsertArbeiter;
      var arb: Arbeiter;
   begin
      if n > MAANZ then begin
         raise EZuvieleEintraege.Create('zu viele Eintraege');
         exit;
      end;
      arb := Arbeiter.Create;
      arb.Read;
      liste[n] := arb;
      Inc(n);
   end;
   ...
end.
```

Listing 4–14
EZuvieleEintraege in
Delphi: try-Block

```
program BspLohn;
uses
   Lohnverrechnung in 'Lohnverrechnung.pas';
var
   x: Integer;
   lv: MitarbeiterListe;
   ch: Char;
begin
   lv := MitarbeiterListe.Create;
   ReadLn(x); // 1: Arbeiter, 2: Angestellter, 3: ende
   while x <> 3 do begin
      try
         if x = 1 then lv.InsertArbeiter
         else lv.InsertAngestellter;
      except
```

```pascal
        on EZuvieleEintraege do WriteLn('Fehler aufgetreten!');
      end;
      ReadLn(x);
  end;
  lv.PrintLohn;
  lv.Free;
  ReadLn(ch); // um Bildschirm nicht zu löschen
end.
```

```java
package Lohnverrechnung;

public class EZuvieleEintraege extends Exception {
}
```

Listing 4–15
EZuvieleEintraege in Java:
Definition

```java
package Lohnverrechnung;

public class MitarbeiterListe {
    Mitarbeiter liste[];
    int n;
    final static  int MA_ANZ = 100;

    public MitarbeiterListe () {
        liste = new Mitarbeiter[MA_ANZ];
        n = 0;
    }

    public void insertAngestellter () throws EZuvieleEintraege {
        if (n >= MA_ANZ) {
            throw new EZuvieleEintraege();
        }
        else {
            Angestellter ang = new Angestellter();
            ang.read();
            liste[n] = ang;
            n ++;
        }
    }

    public void insertArbeiter () throws EZuvieleEintraege {
        if (n >= MA_ANZ) {
            throw new EZuvieleEintraege();
        }
        else {
            Arbeiter arb = new Arbeiter();
            arb.read();
            liste[n] = arb;
            n ++;
        }
    }
    ...
}
```

Listing 4–16
EZuvieleEintraege in Java:
Auslösung

Listing 4–17
EZuvieleEintraege in Java:
try-Block

```
import Lohnverrechnung.*;
import java.io.*;

class BspLohn {

    public static void main (String args[]) {
        int x;
        MitarbeiterListe lv = new MitarbeiterListe();
        x = IO.readInt(); // 1: Arbeiter, 2: Angestellter, 3: ende
        while (x != 3) {
            try {
                if (x == 1) {lv.insertArbeiter();}
                else {lv.insertAngestellter();}
            }
            catch (EZuvieleEintraege e) {
                System.out.println("Fehler aufgetreten!");
            }
            x = IO.readInt();
        }
        lv.printLohn();
    }
}
```

4.7.2   Schnittstellen

Mehrfachvererbung

Schnittstellen sind eine Möglichkeit, Mehrfachvererbung nachzu-
bauen. Bei dieser Art der Vererbung kann eine Klasse nicht nur eine
einzige Oberklasse (wie in Delphi oder Java), sondern mehrere Oberklassen haben. Ein einfaches Beispiel dafür kann aus der normalen
Umwelt herangezogen werden: Ein Hausboot könnte Eigenschaften
einer Oberklasse Haus (beispielsweise Wände und Fenster) und Eigenschaften einer zweiten Oberklasse Boot (beispielsweise Anker und Lie-
geplatz) erben. In einigen Programmiersprachen, etwa in C++, wäre
dies möglich, nicht aber in allen. Dieses Nichtzulassen von Mehrfachvererbung ist durchaus sinnvoll, da diese meistens ineffizient ist und
sich auch nur wenige gute Anwendungsbeispiele finden lassen. Delphi
und Java bieten über Schnittstellen die Möglichkeit der Mehrfachvererbung.

Schnittstellen unterscheiden sich von Klassen dadurch, dass sie kei-
nerlei Implementierungen enthalten, dass heißt, sie können ausschließ-
lich abstrakte Methoden und konstante Datenelemente beinhalten.
Diese Methoden selbst müssen dann in einer Klasse konkretisiert bzw.
implementiert werden. Eine einzige Klasse kann dabei aber mehrere
Schnittstellen implementieren, wodurch eine Mehrfachvererbung
nachgebildet werden kann.

Ebenso können verschiedene Klassen dieselbe Schnittstelle implementieren, wodurch sie auf dieselben Methodenaufrufe reagieren, aber
das, was sie dabei jeweils ausführen, kann sehr unterschiedlich sein.

Schnittstellendefinition

Wie Klassen müssen auch Schnittstellen vor ihrer Verwendung defi-   *interface*
niert werden, diese Schnittstellendefinition ist der Klassendefinition
sehr ähnlich, beginnt aber nicht mit dem Schlüsselwort `class`, sondern
mit `interface`. Wie Klassen können auch Schnittstellen (in diesem
Falle von Basisschnittstellen) abgeleitet werden.

In Delphi werden alle Schnittstellen von der Basisschnittstelle   *Delphi*
`IUnknown` abgeleitet. Eine Schnittstellendefinition kann daher folgendermaßen aussehen:

```
type
    MyInterface = interface (IUnknown)
        public
            procedure P1;
            procedure P2;
    end;
```

Interfaces können als `public` definiert werden, wodurch die Schnitt-   *Java*
stelle auch außerhalb des Paketes, in dem es definiert ist, verfügbar
wird. Im Gegensatz zur Klassendefinition gilt das `public` dann auch
automatisch für alle Methoden.

```
public interface MyInterface {
    void p1 ();
    void p2 ();
}
```

Schnittstellen-Implementierung

Schnittstellen selbst enthalten wie bereits erwähnt nur die Methoden-
definitionen. Die Implementierung erfolgt dann direkt in Klassen.

Bei der Implementierung einer Schnittstelle muss der Schnittstellen-   *Delphi*
name neben dem Namen der Basisklasse angegeben werden (durch
Komma getrennt).

```
type
    MyClass = class (TObject, MyInterface)
        public
            procedure P1;
            procedure P2;
    end;

procedure MyClass.P1;
begin
    WriteLn('Methode P1');
end;

procedure MyClass.P2;
begin
    WriteLn('Methode P2');
end;
```

Implementiert eine Klasse mehrere Schnittstellen, so werden diese durch Komma getrennt angegeben, also beispielsweise `MyClass = class (TObject, MyInterface, MyInterface2)`.

Java   Für die Implementierung einer Schnittstelle wird das Schlüsselwort `implements` verwendet.

```java
public class MyClass implements MyInterface {

    public void p1 () {
        System.out.println("Methode P1");
    }

    public void p2 () {
        System.out.println("Methode P2");
    }
}
```

Eine Klasse kann dabei auch mehrere Schnittstellen implementieren. In diesem Falle müssen die Schnittstellen durch Komma getrennt nach dem Schlüsselwort `implements` angeführt werden, also beispielsweise `public class MyClass implements MyInterface, MyInterface2 {...}`.

Werden von der Klasse `MyClass` weitere Klassen abgeleitet, so implementieren diese auch die Schnittstelle `MyInterface`, unabhängig davon ob eine implements-Klausel vorhanden ist oder nicht.

Verwendung von Schnittstellen

Grundsätzlich kann gesagt werden, dass die Klassen, die Schnittstellen definieren, ganz normal eingesetzt werden können. Also können auch Objekte dieses Typs angelegt werden. Komplizierter wird es, wenn Objekte des Typs der Schnittstelle angelegt werden sollen. Dies ist nämlich nicht direkt möglich, sondern in diesem Falle muss der Variablen ein Verweis eines Objektes einer Klasse zugewiesen werden, die die Schnittstelle definiert. Falls eine Klasse mehrere Schnittstellen definiert, so kann ein Objekt dieser Klasse an Verweise auf alle Schnittstellen, die diese Klasse implementiert, zugewiesen werden.

Delphi
```delphi
var
    c1: MyClass;
    i1: MyInterface;
begin
    c1 := MyClass.Create;
    i1 := c2;
    i1.P;
end;
```

Java
```java
MyInterface i1 = new MyClass();
i1.P;
```

Vererbung bei Schnittstellen

Genauso wie Klassen können auch Schnittstellen vererbt und erweitert werden. Diese Vererbung erfolgt syntaktisch so wie bei Klassen, der wesentliche Unterschied ist aber, dass Schnittstellen mehrere Oberschnittstellen haben dürfen, also nicht nur von einer einzigen Klasse abgeleitet werden.

4.7.3   Delphi-Besonderheiten

Properties

Bei den Properties, also den Eigenschaften, handelt es sich um eine spezielle Art von Attributen. Dabei kann neben dem Wert des Attributes auch festgelegt werden, wie dieses gelesen oder geschrieben werden soll. Folgendes Quellcodefragment zeigt dabei eine Property `name` einer Klasse `Person`.

Properties sind eine spezielle Art von Attributen

```
Person = class (TObject)
    public
        property name: String read GetName write SetName;
        procedure GetName (): String;
        procedure SetName (s: String);
    ...
end;
```

Durch diese Eigenschaften, die mit dem Schlüsselwort `property` eingeleitet werden, kann die Lesbarkeit eines Programms verbessert werden. Ausgehend von obigem Beispiel würde nämlich das Setzen und Auslesen des Attributes `name` durch die Methoden `GetName` und `SetName` vorgenommen werden. Folgendes Quellcodestück

property

```
var p: Person; s: String;
...
p := Person.Create();
p.name := s;
WriteLn(p.name);
```

wird nämlich aufgrund der Property-Eigenschaften unter Zuhilfenahme der für Lesen und Schreiben vorgesehenen Methoden `GetName` und `SetName` wie folgt umgewandelt:

```
var p: Person; s: String;
...
p := Person.Create();
p.SetName(s);
WriteLn(p.GetName());
```

Aber nicht nur die verbesserte Lesbarkeit (eine Zuweisung ist eben besser lesbar als ein Methodenaufruf) ist ein Vorteil von Properties. Oftmals ist es mit einer einfachen Zuweisung nicht getan, sondern es müssen dabei Kontrollen und Ähnliches durchgeführt werden. Das heißt, es müsste auf jeden Fall eine entsprechende Methode aufgerufen werden. Der Anwender müsste dies aber wissen, es wäre also notwendig, die Klassenbibliothek zu studieren. Durch die Verwendung der Property ist dies überflüssig, die Zuweisung kann vom Anwender ganz normal durchgeführt werden.

Properties können aber auch noch so verwendet werden, dass bei `read` nicht eine Methode, sondern ein anderes Attribut der Klasse steht, auf das dann zugegriffen werden kann.

Compiler-Direktiven

Wie in COBOL, so hat auch der Delphi-Compiler jede Menge Optionen, mit denen das Verhalten des Compilers beeinflusst werden kann. Beispielsweise kann die Überprüfung der Arraygrenzen ein- und ausgeschaltet werden. In Delphi werden diese Optionen grundsätzlich im Projekt eingestellt. Es ist aber auch möglich, diese im Quellcode zu steuern und beispielsweise nur für die Übersetzung einiger Zeilen andere Compiler-Optionen einzustellen. Diese Compiler-Direktiven stehen in geschwungenen Klammern und fangen immer mit einem Dollarzeichen an, z.B. kann durch {$B-} die Kurzschlussauswertung (siehe Abschnitt 2.4.1) ausgeschaltet werden.

Operator @

Umwandlung in eine Zeigervariable

Mit dem speziellen Operator @ kann in Delphi eine normale Variable in eine Zeigervariable umgewandelt werden. Folgendes kurzes Quellcodestück erklärt dies:

```
var i: Integer; p: pointer to Integer;
…
p := @i;
```

Vorausdeklaration

Vorausdeklaration ist für voneinander abhängige Klassen nötig

Diese Thematik wurde bereits in Abschnitt 2.6.1 erklärt. Wie bei Prozeduren ist es auch bei voneinander abhängigen Klassen notwendig, diese voraus zu deklarieren. Eine derartige Deklaration erfolgt ganz einfach durch die Typdefinition `Klassenname = class;`. Ein Beispiel zeigt folgendes Quellcodefragment:

```
type
    Buchung = class; // Vorwärtsdeklaration
    Konto = class
        first: Buchung;
```

```
   ...
end;

Buchung = class // Definierende Deklaration
   k: Konto;
   ...
end;
```

4.7.4 Java-Besonderheiten

Finale Klassen und Methoden

In Java gibt es auch die Möglichkeit, Klassen und Methoden als `final`, also als endgültig, zu kennzeichnen. Von derartigen Klassen können keine weiteren abgeleitet werden. Ebenso können finale Methoden nicht überschrieben werden. Prinzipiell widerspricht dies eigentlich den Grundregeln der objektorientierten Programmierung, weil dadurch natürlich auch die Wiederverwendbarkeit eingeschränkt wird. Allerdings ist es aus Sicherheitsgründen manchmal überlegenswert. Eine »finale« Klasse `Class1` könnte etwa so deklariert werden:

Finale Klassen und Methoden können nicht überschrieben werden

```
final public class Class1 {
    int field1;
    public void show () {
       ...
    }
}
```

Geschachtelte Klassen

Durch geschachtelte Klassen ist es möglich, eine verbesserte Unterstützung des Information-Hiding-Prinzips (siehe Kapitel 3.1) zu erreichen. Dadurch ist es denkbar innerhalb der Implementierung einer Klasse weitere (sozusagen innere) Klassen zu definieren. Je nachdem, ob diese als `public` definiert wurden oder nicht, sind diese Klassen allgemein oder aber auch nur lokal verwendbar. Folgendes kurzes Quellcodefragment zeigt eine lokale Klasse, die nur innerhalb der Methode `proc` verwendet werden kann.

```
public void proc () {
    class Local {
       int sum
       ...
    }
    ...
}
```

Eine Sonderform von geschachtelten Klassen sind die so genannten »anonymen« Klassen, die keinen Namen haben und direkt in der `new`-

Anweisung definiert werden. Diese kann dabei so erweitert werden, dass hinter dem Klassenbezeichner und der Argumentenliste noch ein Klassenrumpf angegeben werden kann. Anonyme Klassen sind dort sinnvoll, wo es sich um kleine, einmalige Objekte mit einfachen Aufgaben handelt.

Static-Datenelemente und Static-Methoden

Static-Elemente werden nicht einem einzelnen Objekt, sondern der gesamten Klasse zugeordnet

Wie bereits in Kapitel 2 verwendet, können nicht nur Datenelemente, sondern auch Methoden mit dem Schlüsselwort static deklariert werden. Diese werden dann nicht einem einzelnen Objekt, sondern der gesamten Klasse zugeordnet.

```
public class StaticDemo {
    public static int x;
    public static void p () {
        ...
    }
}
```

Werden nun verschiedene Objekte dieser Klasse angelegt, beispielsweise o1 und o2, so handelt es sich bei den Feldern o1.x und o2.x immer um dasselbe Feld, weil es ja der Klasse und nicht dem einzelnen Objekt zugeordnet wurde. Eine Änderung von o1.x führt daher automatisch auch zu einer Veränderung von o2.x. Daher können globale Modulvariablen, wie sie in Kapitel 2.7 vorgestellt wurden, auch durch derartige static-Datenelemente nachgebildet werden.

Ähnlich verhält es sich bei den static-Methoden. Diese werden immer der gesamten Klasse zugeordnet und heißen daher auch Klassenmethoden. Interessant ist, dass auch eine solche Methode aufgerufen werden kann, ohne dass je zuvor ein Objekt angelegt wurde. Mit den Klassenmethoden können daher auch normale Prozeduren, wie in Kapitel 2.3 vorgestellt, in Java nachgebildet werden, wobei der Aufruf allerdings in Methodenschreibweise erfolgt.

Referenzklassen

Weak references werden vom Garbage Collector ignoriert

Durch Referenzklassen können in Java so genannte »schwache« Referenzen (oder englisch »weak« references) nachgebildet werden. Um dies zu erklären, sei zuerst an den in Abschnitt 2.8.4 vorgestellten Garbage Collector erinnert. Dieser entfernt alle Objekte, auf die es keine Referenzen mehr gibt, aus dem Speicher. Nachdem hier zwischen »starken« und »schwachen« Referenzen unterschieden wird, müsste die Definition aber folgendermaßen lauten: Alle Objekte, auf die es keine »starken« Referenzen mehr gibt, werden aus dem Speicher entfernt. Die hier vorgestellten »schwachen« Referenzen werden vom Garbage Collector also ignoriert.

Derartige Referenzklassen werden dabei von der Basisklasse `java.lang.ref.Reference` abgeleitet. Um eine schwache Referenz auf ein Objekt zu erzeugen, muss das Objekt dem Konstruktor der Referenzklasse übergeben werden:

```
Object o1 = new Object();
WeakReference ref = new WeakReference(o1);
```

4.7.5 Übungen

Aufgabe 1 (90 Minuten): Exceptions

Passen Sie die Übung aus Abschnitt 4.5.5 so an, dass sinnvolle Exceptions verwendet werden. Die Exceptions sollten als Typ im Modul definiert sein und im aufrufenden Testprogramm dann abgefangen werden.

Aufgabe 2 (90 Minuten): Schnittstellen

Überlegen Sie sich, wie eine Klasse `Hausboot`, abgeleitet von `Haus` und `Boot` am besten dargestellt werden kann. Es sollten jeweils drei sinnvolle Methoden von Haus und Boot geerbt werden, wobei hier die Definition ausreicht und die Implementierung nicht nötig ist.

5 Datenbanken

Nachdem in den bisherigen Teilen des OOP-Kurses vermehrt Augenmerk auf Algorithmen, Methoden und Tätigkeiten gelegt wurde, geht es nun um Datenbanken. In den meisten Anwendungen, wie beispielsweise bei einer Rechnungswesensoftware, steht die Arbeit mit Daten im Mittelpunkt. Diese Daten werden dabei aber nicht nur eingegeben, sondern es ist auch nötig, sie zu speichern und immer wieder (also oft auch Monate später) darauf zuzugreifen – denken Sie nur an die Buchungen in einem Buchhaltungsprogramm. Auch in nahezu jedem COBOL-Programm ist es notwendig, die Daten in Dateien zu speichern. Da dieses Speichern in Dateien einige Nachteile hat, auf die noch eingegangen wird, ist es in der objektorientierten Programmierung üblich, Datenbanken zu verwenden. Dieses Kapitel beschäftigt sich mit Datenbanken und geht auch auf SQL, die wichtigste Abfragesprache für Datenbanken, ein.

Daten müssen auch gespeichert werden

5.1 Einführung und Unterschiede zu COBOLs IS-Dateien

COBOL verwendet zur Speicherung von Daten einzelne Dateien. Dadurch arbeitet ein Programm meist mit mehreren Dateien, die gleichzeitig geöffnet sind. Eine Datenbank hingegen kann als ein großer Datenpool angesehen werden, der alle Daten speichert. Dieses Unterkapitel stellt zuerst die Grundidee einer Datenbank vor, um dann näher auf die Unterschiede zu COBOL einzugehen. Ferner werden spezielle Datenbankfunktionalitäten, wie Recovery oder Concurrency, erläutert. Auch wird kurz auf eine neue Generation von Datenbanken, den objektorientierten Datenbanken, eingegangen.

Datenbank ist ein großer Datenpool

5.1.1   Grundideen einer Datenbank

Die Grundidee einer relationalen Datenbank, die zurzeit häufigste Form einer Datenbank, auf die wir hier näher eingehen wollen, besteht darin, dass die Daten in einfachen Tabellen abgespeichert werden. Ein Beispiel dafür ist in Tabelle 5-1 dargestellt.

Tab. 5–1
Beispiel für eine Tabelle einer Datenbank

Kontonummer	Kontoname	Saldo
2700	Kasse	12.000,-
2800	Bank	40.000,-
4000	Erlöse	12.999,-
...		

Derartige Tabellen haben immer einen fest strukturierten Aufbau aus Zeilen und Spalten, die einmalig definiert werden. Diese Definition wird auf der Basis einer so genannten Normalisierung erarbeitet (siehe dazu Abschnitt 5.2.2). In den Zeilen stehen die Datensätze, die Spalten legen verschiedene Attribute fest. Eigentlich kann ein derartiger Datensatz sehr gut mit einem Record oder auch mit einem Objekt verglichen werden.

Tabellenzeilen sind durch einen Schlüssel definiert

Im Regelfall wird jede Zeile durch einen Schlüssel, beispielsweise eine eindeutige Nummer, wie die Kontonummer, identifiziert. Über diesen Schlüssel kann wie in einer indexsequenziellen Datei direkt auf einen Datensatz zugegriffen werden, ohne dass die gesamte Tabelle durchlaufen werden muss. Wie in COBOL können aber auch hier noch zusätzliche Indizes generiert werden, um die Zugriffsgeschwindigkeit zu optimieren (siehe dazu Abschnitt 5.2.5).

Obwohl durchaus ähnlich zeigt sich im Vergleich zu den aus COBOL bekannten dateibasierten Systemen schon ein erster grundlegender Unterschied. Die Definition der Tabellen wird einmal zentral festgelegt und nicht wie der Satzaufbau der Dateien in den einzelnen Programmen vorgenommen. Datenbanken übernehmen aber auch noch verschiedene andere Tätigkeiten, die Vorteile gegenüber den dateibasierten Systemen bieten.

Ein Datenbanksystem stellt nämlich nicht nur grundlegende Werkzeuge für folgende Aufgaben zur Verfügung:

❏ Neue Tabellen definieren

❏ Datensätze in diese Tabellen einfügen und entfernen

❏ Daten in diesen Tabellen suchen

❏ Einzelne Datenfelder in diesen Tabellen ändern

Sondern es werden darüber hinaus auch Tätigkeiten, wie Überwachung vor unberechtigtem Zugriff, Datensicherung oder die Kontrolle des gleichzeitigen Zugriffs mehrerer Programme, unterstützt. Außerdem bieten Datenbankfunktionalitäten, wie Recovery oder Concurrency,entscheidende Vorteile gegenüber den dateibasierten Systemen.

Im Normalfall kommuniziert dabei der Benutzer nicht direkt mit der Datenbank, sondern es wird ein Programm geschrieben, das sozusagen als Schnittstelle zwischen dem Benutzer und der Datenbank dient. Diese Programme können durch die oben angeführten Tätigkeiten, die von der Datenbank übernommen werden, wesentlich kürzer gehalten werden als vergleichbare Programme, die mit dateibasierten Systemen arbeiten. Wie diese Programme aussehen können, wird in Kapitel 5.4 erklärt.

Programm dient als Schnittstelle zwischen dem Benutzer und der Datenbank

5.1.2 SELECT: ein Wort – zwei Bedeutungen

Schon aus der ersten Kurzvorstellung sollten grundsätzliche Unterschiede zu COBOL aufgefallen sein. Ein weiterer wesentlicher Unterschied besteht aber beim Schlüsselwort SELECT. Während damit in COBOL bekanntlich jede im Programm verarbeitete Datei beschrieben wird, können in Datenbanken bestimmte Datensätze aus dem gesamten Datenpool ausgewählt werden.

Datenbank-SELECT hat andere Bedeutung als das COBOL-SELECT

Während also in COBOL ein SELECT etwa folgendermaßen aussehen könnte:

```
SELECT BUCHUNGEN-DATEI
    ASSIGN TO "D:BUCH.DAT"
    LOOK MODE EXCLUSIVE
    FILE STATUS IS BUCH-STAT
    ACCESS SEQUENTIAL
    ORGANIZATIONAL SEQUENTIAL.
```

würde ein SELECT auf eine Datenbank beispielsweise folgende Form haben:

```
SELECT *
    FROM BUCHUNGEN
    WHERE KONTO = 4400
```

Mit diesem Datenbank-SELECT würden alle Buchungen des Kontos 4400 aus dem Datenpool ausgewählt werden. Die Anweisung SELECT ist dabei der wichtigste Befehl von SQL, der Structured Query Language (siehe dazu Kapitel 5.3). Mit dieser Datenbankabfragesprache können

❑ Daten in den Datenpool eingetragen und aus diesem gelöscht werden,

❑ der Aufbau einer Datenbank festgelegt werden, sowie

❑ Abfragen, die Daten aus dem Datenpool auswählen, definiert werden.

SQL ist eng an das Englische angelehnt und sehr einheitlich. Während es also unzählige verschiedene Programmiersprachen gibt, ist bei den Datenbanken ein gewisser Standardisierungsprozess gelungen [DaDa 98]. Es sei aber nicht verschwiegen, dass die verschiedenen Datenbanken sehr wohl leicht unterschiedliche Dialekte von SQL eingeführt haben. Ein besonderer Dialekt, nämlich OQL (Object Query Language), ist dabei für die objektorientierte Datenbanken vorgesehen. Diese haben sich allerdings noch nicht wirklich durchgesetzt, werden aber kurz in Abschnitt 5.1.8 vorgestellt.

SQL ist eine stark mengenorientierte Sprache

Obwohl sich die Kapitel 5.3 und 5.4 noch näher mit SQL beschäftigen werden, sei hier bereits angemerkt, dass es sich bei SQL um eine stark mengenorientierte Sprache handelt. Damit ist gemeint, dass sich die einzelnen Operationen meist auf Datenmengen beziehen und nicht wie in COBOL auf einzelne Datensätze. Dies führt allerdings auch dazu, dass das aus COBOL gewohnte Scrollen in Datensätzen (insbesondere das Zurückblättern von einem beliebigen bis zum ersten Datensatz) nicht mehr so einfach möglich ist.

5.1.3　Datensicherheit, Datenschutz und Recovery

Ein wesentlicher Vorteil der Datenbanken gegenüber einzelnen Dateien ist die Datensicherheit. Dies äußert sich gleich nach zwei Seiten hin: Einerseits kann eine Datenbank sehr einfach gesichert werden, weil sozusagen alles zentral angelegt ist und nur ein einzelner Befehl für das Sichern aufgerufen werden muss. Auf der anderen Seite bietet eine Datenbank aber auch große Möglichkeiten, die Daten gegenüber einem unerlaubten Zugriff zu schützen. Somit kann genau festgelegt werden, welcher Datenbankbenutzer auf welche Datensätze zugreifen kann. Außerdem ist diese Funktionalität fest in die Datenbank integriert und muss nicht extra ausprogrammiert werden. Hierbei wird eine Benutzerverwaltung mit Passwort zur Verfügung gestellt. Jeder Benutzer muss sich also an der Datenbank, wie bei einem Betriebssystem, anmelden und bekommt damit das Zugriffsrecht auf gewisse Datensätze. Alle anderen sind für ihn nicht sichtbar. Während bei dateibasierten Systemen Derartiges nur sehr aufwendig mit einem hohen

Programmieraufwand zu lösen ist, gehört dies bei einem Datenbanksystem sozusagen automatisch dazu.

Ein einfaches und typisches Anwendungsbeispiel dafür ist etwa eine Lohnverrechnung. Hier ist es sehr wichtig, dass nicht jeder Anwender die Lohndaten aller Mitarbeiter sehen darf. Beispielsweise darf ein Abteilungsleiter nur die Lohndaten seiner Mitarbeiter sehen, nicht die der anderen Abteilungen. Lösungsmöglichkeiten für solche Berechtigungsfragen sind oft ein wesentliches Kriterium bei der Softwareauswahl.

Ein weiterer Vorteil von Datenbanken stellt aber auch noch der Recovery-Mechanismus dar. Bei einem Fehler, z.B. einem Programmabsturz, sorgt dieser Mechanismus dafür, dass sich die Datenbank in einem konsistenten Status befindet. Dies sei an einem einfachen Beispiel erklärt: Denken wir an ein einfaches Konto, in das Buchungen eingefügt werden und jedes Mal automatisch der neue Kontensaldo berechnet wird. Sollte nun etwa eine Buchung eingefügt werden und in der Zeitspanne bis zur Neuberechnung des Kontensaldos das Programm abgebrochen werden, so hätte dies einen inkonsistenten Datenstand zur Folge, da der gespeicherte Kontensaldo nicht mit dem tatsächlichen übereinstimmt. Jedem COBOL-Programmierer sind derartige Situationen sicherlich bekannt, da zu diesem Zweck häufig Korrektur- oder Reorganisationsprogramme erstellt werden müssen.

Recovery: Korrektur- oder Reorganisations- programme werden nicht benötigt

Bei einer Datenbank wird dies durch den oben angesprochenen Recovery-Mechanismus gelöst. Dabei werden notwendige Datenbankänderungen eines Programms als eine Einheit zu einer Transaktion zusammengefasst. In unserem Beispiel wären dies etwa das Einfügen der Buchung, Berechnen des Kontensaldos und das Zurückschreiben dieses Betrags. Eine derartige Transaktion wird als »atomar« oder auch »unteilbar« bezeichnet, was bedeutet, dass diese Transaktion entweder vollständig oder gar nicht ausgeführt wird. Würde also ein Programm während einer Transaktion abgebrochen werden, so würde die Datenbank den Zustand, der vor Start der Transaktion gegolten hat, wieder herstellen. In unserem Fall würde dann also das Einfügen der Buchung wieder rückgängig gemacht werden. Der Programmierer kann durch so genannte Commit-Anweisungen festlegen, welche Anweisungen zu einer Transaktion gehören.

5.1.4 Parallelverarbeitung

Transaktionen können nicht nur nacheinander, sondern auch gleichzeitig durchgeführt werden

Bei den soeben angesprochenen Transaktionen ist es auch wichtig zu beachten, dass diese nicht nur nacheinander, sondern auch durchaus gleichzeitig ausgeführt werden können. Dabei ist aber auch die Reihenfolge zu berücksichtigen. Greifen etwa zwei Transaktionen auf das gleiche Feld zu, eine um es zu verdoppeln, eine zweite, um den Wert drei dazuzuzählen, so spielt die Durchführungsreihenfolge eine wesentliche Rolle. Außerdem gibt es Situationen, in denen Felder gesperrt werden müssen. Wird etwa im obigen Beispiel der Kontensaldo gelesen, die Buchung eingegeben und dann der Buchungswert zum Kontensaldo gezählt, so darf in dieser Zeit der Kontensaldo nicht verändert werden. Dies ist bereits von den dateibasierten Systemen bekannt, da auch dort üblicherweise mit Sperrmechanismen gearbeitet wird, die es in verbesserter Form auch bei den Datenbanken gibt.

Tab. 5–2
Beispiel für Transaktionen – parallele Ausführung

Anhand eines einfachen Beispieles sei diese Problematik erklärt. Tabelle 5-2 zeigt zwei Transaktionen T1 und T2, die jeweils auf die Objekte A, B und C zugreifen. Der Anfangswert dieser Objekte ist 60.

Transaktion T1	A_{T1}	B_{T1}	C_{T1}	Transaktion T2	A_{T2}	B_{T2}	C_{T2}	A_{Datei}	B_{Datei}	C_{Datei}
Read A	60							60	60	60
A := A – 5	55									
				Read B		60				
Write A	55							55		
				B := B – 20		40				
Read B		60								
				Write B		40			40	
B := B + 10		70								
				Read C			60			
Write B		70							70	
				C := C + 20			80			
				Write C			80			80

Wie in der Tabelle ersichtlich, kommt als Ergebnis bei quasi gleichzeitiger, also paralleler Durchführung, Folgendes heraus: A = 55, B = 70, C = 80. Würden die beiden Transaktionen aber hintereinander ausgeführt werden, wäre das Ergebnis ganz anders. Dies ist in Tabelle 5-3 dargestellt.

Transaktion T1	A_{T1}	B_{T1}	C_{T1}
Read A	60		
A := A − 5	55		
Write A	55		
Read B		60	
B := B + 10		70	
Write B		70	
Transaktion T2	A_{T2}	B_{T2}	C_{T2}
Read B		70	
B := B − 20		50	
Write B		50	
Read C			60
C := C + 20			80
Write C			80

Tab. 5–3
Beispiel für Transaktionen – serielle Ausführung

Das Ergebnis der seriellen Ausführung wäre also A = 55, B = 50, C = 80. Da sich diese Ergebnisse unterscheiden, ist klar, dass diese Abläufe nicht serialisiert werden können. Aus diesem Grund müssen an geeigneter Stelle LOCK- und UNLOCK-Operationen eingefügt werden. Tabelle 5-4 zeigt diese anhand unseres Beispiels.

Transaktion T1	Transaktion T2
LOCK A	
Read A	
A := A − 5	
	LOCK B
	Read B
Write A	
UNLOCK A	
	B := B − 20
	Write B
	UNLOCK B
LOCK B	
Read B	
B := B + 10	
	LOCK C
	Read C

Tab. 5–4
Beispiel für Transaktionen – Einbau von LOCK- und UNLOCK-Operationen

Transaktion T1	Transaktion T2
Write B	
UNLOCK B	
	C := C + 20
	Write C
	UNLOCK C

Deadlock muss vermieden werden! Bei der Verwendung derartiger LOCK- und UNLOCK-Operationen ist es wichtig, dass keine Deadlock-Situation entstehen darf. Diese auch von COBOL bekannte Situation wäre ein Programmierfehler, der dadurch auftritt, dass sich zwei Transaktionen gegenseitig sperren. Etwa wenn Transaktion T1 das Objekt A sperren würde und auf Objekt B zugreifen möchte, während T2 das Objekt B sperren würde und auf A zugreifen möchte. Dann würde T1 darauf warten, dass T2 das Objekt B freigibt, was aber nicht passieren kann, da diese Transaktion umgekehrt darauf wartet, dass T1 das Objekt A freigibt.

5.1.5 Möglichkeit für Endbenutzer

Durch Datenbanken kann der Endbenutzer selbst die Daten auswerten Ein weiterer Vorteil von Datenbanken liegt darin, dass nicht nur über das Programm selbst, sondern auch über die Datenbankabfragesprache auf den Datenbestand zugegriffen werden kann. Aufgrund der Tatsache, dass auch die Datendefinition in der Datenbank zentral und nicht verteilt auf einzelne Programme oder Copies vorhanden ist, kann daher auch von jemand anderem als dem Programmierer auf die Datenbank zugegriffen werden. Insbesondere durch die Einfachheit mancher Datenbanken, etwa Microsoft Access, ist es daher auch einem Endbenutzer möglich, die Daten auszuwerten. Somit können spezielle Auswertungen, die der Kunde wünscht, auch von diesem selbst entwickelt werden, wodurch ein Programmpaket wesentlich attraktiver wird. Gerade dieser Faktor ist mittlerweile häufig eine Kaufentscheidung, weswegen eine Verwendung von Datenbanken auch ein wichtiger Wettbewerbsvorteil ist.

Angemerkt sei aber auch, dass so vorteilhaft es für den Kunden ist, eine Auswertung selbst machen zu können, so problematisch ist es aber auch, wenn eine Änderung der Datensätze auf diese Weise durchgeführt wird. Hier sollten vielleicht entsprechende Sicherheitsmechanismen, beispielsweise nur lesender Zugriff, eingesetzt werden.

5.1.6   Anforderungen an eine relationale Datenbank

Zusammenfassend lassen sich nach [Dat90] folgende Anforderungen beziehungsweise Eigenschaften einer relationalen Datenbank festhalten:

❏ Daten müssen manipulierbar sein.

❏ Redundanzfreiheit, d.h., dass jede Information nur einmal gespeichert wird. Wir werden allerdings noch feststellen, dass kontrollierbare Redundanzen durchaus manchmal aus Effizienzgründen notwendig sind. Gemeint ist also hier vor allem die Freiheit von unkontrollierten und unnötigen Redundanzen.

❏ Universelle Verwendbarkeit, d.h., die Datenbank sollte für verschiedene Anwendungsbereiche eingesetzt werden können.

❏ Unabhängigkeit vom zugreifenden Programm, wodurch eine Information, die von einem Programm erzeugt wurde, auch von anderen Programmen gelesen und verändert werden kann. Dies gilt sogar für Programme, die dem erzeugenden nicht bekannt sind.

❏ Konfigurationsunabhängigkeit von Hard- und Softwareumgebung.

❏ Funktionale Integration: Semantische Datenzusammenhänge sollen so dargestellt werden, dass sie transparent und nutzbar sind.

❏ Strukturflexibilität, d.h., die Struktur der Daten ist änderbar, so kann beispielsweise eine sechsstellige Kontonummer auf eine neunstellige umgestellt werden.

❏ Mehrbenutzerbetrieb: Gleichzeitiger Zugriff mehrerer Benutzer auf die Datenbank muss möglich sein.

❏ Zugangssicherungs- und Datenschutzaufgaben sollen von der Datenbank unterstützt werden.

❏ Gewährleistung von Datenintegrität: Die Daten sollen vollständig und semantisch korrekt sein.

❏ Datensicherheit: Backups und Rekonstruktionsverfahren sollen unterstützt werden.

Eigenschaften einer relationalen Datenbank

5.1.7   Client/Server-Lösung

In engem Zusammenhang mit einer Datenbank steht der Begriff Client/Server. Dabei läuft die Anwendung nicht mehr nur auf einem Rechner, wie in der traditionellen Programmierung üblich, sondern es findet eine Aufgabenteilung zwischen Frontend und Backend statt. Unter Frontend wird das Anwendungsprogramm, das auf dem PC des

Clients läuft, verstanden, unter Backend das Datenbankmanagementsystem auf der Server-Seite. Der Client übergibt dabei Aufgaben und Anfragen in Form von SQL-Anweisungen an den Server, der für die Erledigung zuständig ist. Im Gegensatz zur traditionellen Programmierung hat der Client keinen direkten Zugriff auf die Daten. Dies hat im Wesentlichen zwei Vorteile:

❑ Da der Client weniger Aufgaben hat als der Server, ist vor allem wichtig, dass der Server leistungsfähig ist. Für den Client genügt auch ein schwächerer Rechner. Die Gesamtanschaffungskosten der Hardware sind dadurch geringer.

❑ Im Gegensatz zu traditionellen Dateisystemen werden zwischen Client und Server nur die Anfragen und Ergebnismengen, nicht aber alle Daten übertragen. Dadurch wird das Netzwerk nicht so stark belastet.

Zwei-Tier- und Drei-Tier-Modell

Abbildung 5-1 zeigt ein derartiges Client/Server-System, das oft auch als Zwei-Tier-Modell bezeichnet wird. In besonders großen Anwendungen kann es auch sinnvoll sein, ein Drei-Tier-Modell zu verwenden, wobei sich hier folgende Aufteilung ergibt:

❑ Tier 1 bildet die grafische Oberfläche, also das Anwendungsprogramm.

❑ Tier 2 implementiert die Programmlogik.

❑ Tier 3 besteht aus dem Datenbanksystem.

Abb. 5–1
Prinzipieller Aufbau einer Client/Server-Lösung

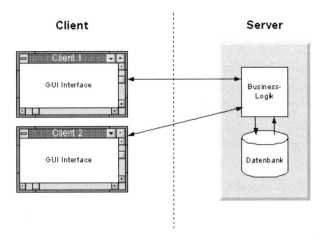

5.1.8   Objektorientierte Datenbanken

Bei dieser neuen Form der Datenbanken handelt es sich momentan eher um Forschungsarbeiten (etwa [Kna97]) als um konkrete Projekte, die in der Wirtschaft eingesetzt werden. Dies ist durchaus interessant, da ja die Vorteile der objektorientierten Programmierung sehr wohl in der Softwaretechnik dazu geführt haben, dass die traditionellen Sprachen nach und nach abgelöst werden. In der Datenbankwelt ist dies also noch nicht gelungen, was verschiedenste teilweise durchaus auch psychologische Gründe hat. Nichtsdestotrotz ist es sinnvoll, kurz auf objektorientierten Datenbanken einzugehen.

Objektorientierte Datenbanken haben sich noch nicht wirklich durchgesetzt

In der objektorientierten Datenbank werden die Objekte persistent, also dauerhaft, in einem so genannten persistenten Heap abgelegt. Persistente Objekte befinden sich auf diesem Heap, während sich transiente Objekte im transienten Speicher befinden. Transiente und persistente Objekte können gegenseitig aufeinander zugreifen. Der Zugriff auf ein persistentes Objekt führt dazu, dass dieses Objekt in den transienten Speicher geladen wird. Sobald es nicht mehr von transienten Objekten referenziert wird, wird es auf den persistenten Heap zurückgeschrieben. Ein transientes Objekt wird persistent, sobald es von einem persistenten Wurzelobjekt erreicht werden kann, wobei jedes beliebige Objekt zu einem derartigen Wurzelobjekt werden kann, indem es mit einer speziellen Operation, wie z.B. `Persistent.SetRoot(obj, key)`, registriert wird.

Von der Object Database Management Group, einer der OMG untergeordneten Organisation, wurde ein objektorientierter Standard zum Zugriff auf Datenbanksysteme definiert. Dieser Standard beinhaltet folgende Teile:

OMG

❑ Das Objektmodell

❑ Die Objektdefinitionssprache ODL

❑ Die Abfragesprache OQL, die der in Kapitel 5.3 vorgestellten Abfragesprache SQL sehr ähnlich ist

❑ Sprachanbindungen für C++, Smalltalk und Java

Weitere Informationen zum Thema objektorientierte Datenbanken können [MeWü00] entnommen werden.

5.1.9   Übungen

Aufgabe 1 (30 Minuten): Einfache Relation

Erstellen Sie von einem Teilbereich Ihrer Umwelt (eventuell vielleicht Ihrer eigenen Videothek) ein einfaches Relationenmodell mit mindestens fünf Tabellen.

Aufgabe 2 (10 Minuten): Relationen – Verständnisfrage

Nach welchen Gesichtspunkten werden die einzelnen Zeilen in einer Relation geordnet?

Aufgabe 3 (40 Minuten): Transaktionen

Um das Problem von paralleler Ausführung von Transaktionen zu verstehen, ermitteln Sie das Ergebnis der in Tabelle 5-5 dargestellten Transaktionen bei paralleler und bei serieller Ausführung. Der Startwert von A und B ist jeweils 40.

Tab. 5–5
Beispiele für
Transaktionen

Transaktion T1	Transaktion T2
Read A	
	Read A
	A := 10
	Write A
A := A + 10	
Read B	
B := A * 2	
	Read B
	B := 10
	Write B
Write A	
Write B	

5.2   Datenmodellierung

Design einer Datenbank

Die Datenmodellierung ist der Entwurf des Designs einer Datenbank. Es wird dabei festgelegt, welche Tabellen es in der Datenbank geben soll und welche Felder in diesen Tabellen vorhanden sein sollen. Zusätzlich sollte auch noch ein Schlüssel je Tabelle bestimmt werden. Nachdem eine Tabelle einer Datenbank durchaus mit einer einzelnen Datei in COBOL vergleichbar ist, wäre Datenmodellierung also auch dort ein wichtiges Thema. Dennoch ist bei relationalen Datenbanken die Datenmodellierung noch eine Kategorie wichtiger, da diese etliche Funktionen anbieten, die im Falle der Verwendung von einzelnen Dateien individuell erstellt werden müssen. Diese Funktionen sind aber oft nur nutzbar, wenn die Relationalität eingehalten wird.

Im Folgenden wird zuerst ein Beispiel für Datenmodellierung vorgestellt. Danach wird anhand dieses Beispiels auf mögliche Fehler und auf eine Methode zu deren Vermeidung eingegangen. Schlussendlich wird mit dem ER-Modell eine Darstellungsform des Datenmodells präsentiert.

5.2.1 Einführung

Um eine Datenbank zu modellieren, müssen immer die tatsächlichen Objekte angesehen werden. Schon das Wort »Modell« zeigt ja an, dass es darum geht, diese Objekte nachzubilden. Bei einfachen Beispielen wird es leicht möglich sein, diese darzustellen und danach die entsprechenden Tabellen daraus abzuleiten. Meist trifft man aber auf kompliziertere Fälle, und in diesen ist ein genaues, diszipliniertes Vorgehen nötig, um Fehler zu vermeiden.

Es ist sinnvoll mit einem einfachen Beispiel zu beginnen und daraus ein Modell abzuleiten: Im Rechnungswesen ist es wichtig, ein Konto mit seinen Buchungen abzuspeichern. Das Konto hat dabei eine eindeutige Nummer und eine Bezeichnung. Auf dem Konto befindet sich eine Menge von Buchungen, die durch eine eindeutige Journalnummer identifiziert werden. Bei einem Journal handelt es sich um die Menge aller Buchungen, wobei das Prinzip der doppelten Buchhaltung es mit sich bringt, dass ein einzelner Vorgang immer aus zwei Buchungen (eine der Art Konto – Gegenkonto und die Spiegelumkehr Gegenkonto – Konto) besteht. Eine Buchung hat demnach neben einem Betrag und einem kurzen Buchungstext auch noch die Eigenschaften Konto und Gegenkonto. Außerdem gibt es noch eine weitere Beziehung zwischen den einzelnen Buchungen: Diese enthalten unter anderem auch Rechnungen und Zahlungen, wobei zu einer Zahlung immer auch zumindest eine Rechnung gehört. Umgekehrt gilt dies natürlich genauso. Abbildung 5-2 zeigt Tabellen, die diese Gegebenheiten modellieren.

Abb. 5–2
Modell von Konten

Auf den ersten Blick scheint dieses Modell sehr gut aufgebaut. Genauere Untersuchungen werden aber nötig sein um festzustellen, ob in diesem Modell Fehler enthalten sind. Dabei werden grundsätzlich drei Arten von Fehlern (Anomalien) unterschieden:

❑ Insert-Anomalie: Darunter wird verstanden, dass ein Datensatz mehrfach in die Tabelle eingefügt wird. Beispielsweise, wenn – wie in Tabelle 5-6 – das Konto 4711 mehrfach in der Tabelle vorhanden wäre.

Tab. 5–6
Beispiel für Insert-
Anomalie

Konto	Bezeichnung
4000	Erlöse
4711	Erstes Vorkommen
4711	Zweites Vorkommen
...	...

❑ Delete-Anomalie: Diese Art der Anomalie tritt auf, wenn Daten nicht in richtig aufgeteilten Tabellen verwaltet werden. In unserem Beispiel würde eine Delete-Anomalie auftreten, wenn ein Konto gelöscht werden würde, nicht aber alle Buchungen, die auf diesem Konto vorhanden sind.

Redundanz ❑ Update-Anomalie: Hier muss zuerst ein weiteres Problem einer schlechter Datenbankmodellierung erklärt werden, nämlich Redundanz. Darunter wird das mehrfache Vorkommen von gleicher Information verstanden, z.B. wenn der Kontoname nicht nur in der Kontentabelle, sondern auch in der Tabelle der Buchungen vorkommen würde. Dies ist schon aus Speicherplatzgründen nicht gerade vorteilhaft, kann aber zusätzlich noch Update-Anomalien nach sich ziehen. Nämlich dann, wenn bei einer Änderung des Datensatzes dieser nicht an allen Stellen geändert wird. Der Name wird etwa in der Kontentabelle geändert, nicht aber in der Buchungstabelle.

Zusammenfassend kann dabei gesagt werden, dass beim Einfügen, Ändern und Löschen von Datensätzen keine dieser Anomalien auftreten darf. Um dies sicherzustellen, ist eine besondere Vorgangsweise beim Entwurf des Datenmodells, die sogenannte Normalisierung, nötig.

5.2.2 Normalisierung

Ein Datenmodell durchläuft im Laufe seiner Entwicklung mehrere Schritte. Diese werden als Normalisierungsschritte bezeichnet. Obwohl es in der Literatur dabei verschiedenste Ansätze gibt, haben sich doch im Wesentlichen drei derartige Schritte, so genannte Normalformen, durchgesetzt. Wichtig ist dabei, dass die einzelnen Normalformen einander voraussetzen.

Ein Datenmodell durchläuft im Laufe seiner Entwicklung mehrere Schritte

Die erste Normalform

In diesem ersten Schritt werden ganz einfach die Datenelemente, die in dem Modell vorkommen sollten, aufgelistet. Wesentlich ist dabei, dass beim Erreichen der ersten Normalform sämtliche offensichtliche Redundanzen entfernt werden müssen. Das bedeutet, dass jedes Datenelement also nur einmal vorkommen darf. Ferner werden in diesem ersten Schritt die Schlüssel für die jeweiligen Datenfelder ermittelt. Als solche gelten dabei jene Datenelemente, die ein Objekt eindeutig identifizieren, also beispielsweise eine Kontonummer. Jede Tabelle hat einen eindeutigen Schlüssel, wobei es durchaus nicht unüblich ist, diesen aus mehreren Feldern zusammenzusetzen. Dieser eindeutige Schlüssel wird auch als Primärschlüssel bezeichnet.

Um diesen Zustand zu erreichen, kann eine einfache Tabelle als Hilfsmittel herangezogen werden. In diese werden alle Datenelemente aufgezählt und auch die Abhängigkeiten zwischen diesen herausgearbeitet. Aus diesen können dann sehr einfach die Schlüssel ermittelt werden.

Tabelle 5-7 zeigt, wie dieses Hilfsmittel für unser Beispiel aussehen könnte. Sowohl senkrecht als auch waagrecht sind dabei die Datenelemente aufgelistet.

	1	2	3	4	5	6	7	8	9
1 Kontonummer		X							
2 Kontenbezeichnung									
3 Journalnummer				X	X	X	X		
4 Buchungstext									
5 Buchungsbetrag									
6 Buchungskonto									
7 Gegenkonto									
8 Rechnungsnummer								X	X
9 Zahlungsnummer								X	X

*Tab. 5–7
Beispiel für erste Normalisierung*

Die Kreuze geben an, dass zwischen den Datenelementen eine Abhängigkeit besteht. Das Kreuz in der Spalte 2 der Zeile Kontonummer bedeutet etwa, dass die Kontenbezeichnung (2) von der Kontonummer (1) abhängig ist.

Gegenseitige Abhängigkeit

Bei der Zuordnung von Rechnung und Zahlung ist das Bestimmen der Abhängigkeit etwas komplizierter als bei den Feldern eines Kontos oder denen einer Buchung. Hier liegt keine direkte Abhängigkeit vor, denn aus der Zahlungsnummer kann nicht eindeutig die Rechnungsnummer herausgefunden werden, da mit einer Zahlung mehrere Rechnungen beglichen werden könnten. Umgekehrt kann aber auch aus einer Rechnungsnummer nicht eindeutig die Zahlungsnummer ermittelt werden, da eine einzelne Rechnung durch mehrere Zahlungen beglichen werden könnte. Somit sind beide Felder in gewisser Weise gegenseitig voneinander abhängig.

Mit dieser Tabelle sind die Ziele der ersten Normalform erfüllt: Die Datenelemente wurden gefunden, wobei jedes Datenelement nur einmal vorkommt und einen Schlüssel hat.

Die zweite Normalform

Abhängigkeiten innerhalb einer Tabelle sind gesucht

In diesem Arbeitsschritt geht es darum, eindeutige Abhängigkeiten innerhalb einer Tabelle zu erzeugen. Im Regelfall werden dabei die Datenelemente in einzelne Tabellen eingeteilt, die sich aufgrund der Abhängigkeiten wunderbar erkennen lassen. Die Grundregel lautet, dass alle Datenelemente, die keine Schlüssel sind, von einem Schlüssel voll abhängig sein müssen, wobei die Betonung hier auf »voll« liegt. Es darf also kein Attribut geben, das schon von einem Teil des Schlüssels funktional abhängt.

Somit ergeben sich folgende Tabellen:

❑ Die Tabelle `Konto` mit dem Schlüsselfeld `Kontonummer` und dem Datenfeld `Kontenbezeichnung`.

❑ Die Tabelle `Buchung` mit dem Schlüsselfeld `Journalnummer` und den Datenfeldern `Buchungstext`, `Buchungsbetrag`, `Buchungskonto` und `Gegenkonto`.

❑ Die Tabelle `Rechnung/Zahlung` mit den beiden Schlüsselfeldern `Rechnungsnummer` und `Zahlungsnummer`.

Primärschlüssel und Fremdschlüssel

Treten Datenfelder hier mehr als einmal auf, so muss dies keine Redundanz bedeuten. Es kann sich nämlich um Fremdschlüssel zu gleichnamigen Feldern in anderen Tabellen handeln. Mit dem Begriff Fremdschlüssel werden Attribute einer Tabelle bezeichnet, die in einer anderen Tabelle als Primärschlüssel definiert sind.

Die dritte Normalform

Die dritte Normalform hat zum Ziel, etwaig verbliebene (versteckte) Redundanzen aufzulösen. Dabei wird geprüft, ob ein Feld zu mehr als einem Schlüssel in einer Tabelle abhängig ist. Wäre dies der Fall, so würde der Schlüssel und das dazugehörige Feld in eine eigene Tabelle gesetzt.

Werden beispielsweise die Personen, die in einer Firma arbeiten, in einer Tabelle mit dem Aufbau `Personennummer`, `Name`, `Abteilungsnummer` und `Abteilungsname` gespeichert, so wäre dies nicht in der dritten Normalform, da der `Abteilungsname` nicht nur vom Schlüssel `Personennummer`, sondern auch von der `Abteilungsnummer` abhängt. Aus diesem Grund wäre es nötig, dieses Feld aus der Tabelle zu entfernen und eine eigene Tabelle mit dem Schlüssel `Abteilungsnummer` und dem Feld `Abteilungsname` anzulegen.

Bei unserem Beispiel mit den Konten bestehen keine derartigen Abhängigkeiten, weswegen die Kriterien der dritten Normalform erfüllt sind.

Prinzipiell gibt es noch weitere Normalformen, allerdings ist die dritte meistens schon ausreichend, die anderen kommen eher nur in der Theorie vor. An dieser Stelle sei noch angemerkt, dass es auch notwendig sein kann, die Normalisierung nicht zu weit zu treiben. Manchmal kann es nämlich durchaus sinnvoll sein, Daten redundant zu halten, um die Verarbeitungsgeschwindigkeit durch zusätzliche Tabellenzugriffe nicht unnötig zu reduzieren. Ein einfaches Beispiel dafür wäre etwa der `Saldo` eines Kontos. Würde ein derartiges Datenfeld eingefügt werden, so widerspricht dies der ersten Normalform, da dies prinzipiell redundant wäre, da der Saldo ja aus der Summe aller Buchungsbeträge jederzeit problemlos ermittelt werden kann. Selbstverständlich wäre dies aber sehr ineffizient, müssten doch bei dieser häufig vorkommenden Berechnung jedes Mal sämtliche Buchungen durchlaufen werden.

Aus Effizienzgründen wird Redundanz oft akzeptiert

Vorteile der Normalisierung

Abschließend seien nochmals die Vorteile der Normalisierung genannt:

❑ Verminderung von Redundanz durch Auslagerung von redundanter Information in separate Tabellen

❑ Verringerung von Anomalien

❑ Erhöhung der Konsistenz

❑ Speicherplatzersparnis

5.2.3   Entity-Relationship-Modell

ER-Modell dient zum Darstellen des entstandenen Modells

Das Entity-Relationship-Modell, kurz ER-Modell, dient zum Darstellen des entstandenen Modells. Grundsätzlich werden damit die Objekte (Entitäten) und die Beziehungen (Relationen) zwischen diesen abgebildet.

Objekte und Beziehungen

Der wesentliche Ausgangspunkt ist dabei das Objekt, in unserem Fall etwa das `Konto` oder die `Buchung`. Diese können durch Rechtecke dargestellt werden (siehe Abbildung 5-3).

Abb. 5–3
Die Objekte Konto und Buchung

Im Regelfall bestehen zwischen diesen Objekten auch Beziehungen, z.B. gehören Buchungen zu einem Konto, was in Abbildung 5-4 dargestellt wird.

Abb. 5–4
Beziehung zwischen Konto und Buchung

Hier muss angemerkt werden, dass diese Beziehung auch umgekehrt gesehen werden könnte, etwa ein Konto besitzt Buchungen. Beide Lösungen wären möglich, es ist dabei im Einzelfall zu entscheiden, welche die bessere wäre, wobei dies eher eine Geschmackssache ist als eine Frage der Korrektheit.

1:1, 1:N, N:M

Bei den Beziehungen ist dabei noch festzulegen, in welchem Grad diese zueinander stehen. Drei Grade von Entity-Beziehungen werden unterschieden:

❑ 1:1 (Eins-zu-eins-Beziehung): Diese Beziehung gibt eine eindeutige Zuordnung an. In unserem Falle würde dies bedeuten, dass zu einem Konto genau eine Buchung und eine Buchung zu genau einem Konto gehören würde, was natürlich nicht zutrifft. Ein einfaches Beispiel wäre dabei hingegen die Relation »leitet« zwischen zwei Objekten Angestellter und Projekt: Genau ein Angestellter leitet genau ein Projekt. Wichtig ist, dass so genannte »Nullbeziehungen«, wie etwa Angestellte, die kein Projekt leiten, dieser Regelung nicht widersprechen.

❏ 1:N (Eins-zu-viele-Beziehung): Diese Zuordnung besteht in unserem konkreten Falle, da eine Buchung immer genau zu einem Konto (als Buchungskonto) gehört, umgekehrt aber immer mehrere Buchungen zu einem Konto gehören.

❏ N:M (Viele-zu-viele-Beziehung): Auch dies lässt sich am einfachsten durch ein Beispiel erklären, etwa anhand der Relation »arbeitet« zwischen den Objekten Angestellter und Projekt. Ein Angestellter kann bei mehreren Projekten arbeiten und an einem Projekt arbeiten mehrere Angestellte.

Der Grad der Beziehung wird im ER-Modell eingetragen. Die Beziehung, dass ein Konto aus N Buchungen bestehen kann und eine Buchung wiederum genau einem Konto (aufgrund des Buchungskontos) zugeordnet wird, kann wie in Abbildung 5-5 dargestellt werden.

Abb. 5–5
*Darstellung von
1:N-Beziehung*

Neben diesen grundsätzlichen Beziehungen lassen sich noch zwei weitere spezielle unterscheiden: die Ist-Beziehung und die Hat-Beziehung. Diese beiden, auch als Generalisierung und Aggregation bezeichnet, sind bereits in Abschnitt 4.3 beim objektorientierten Entwurf vorgestellt worden und spielen natürlich auch beim Datenbankentwurf eine wichtige Rolle.

Generalisierung

Bei der Generalisierung handelt es sich um eine Ist-Beziehung. Dies bedeutet also, dass das eine Objekt sozusagen eine Spezialisierung eines anderen ist. Beim objektorientierten Entwurf wird dabei eine Klasse von einer anderen abgeleitet. Abbildung 5-6 zeigt, wie die Generalisierung im ER-Modell dargestellt werden kann.

*Generalisierung und
Aggregation wurden
bereits beim objekt-
orientierten Entwurf
vorgestellt*

Abb. 5–6
*Darstellung der
Generalisierung im ER-
Modell*

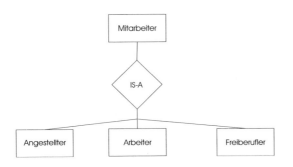

Aggregation

Die Aggregation, also die Hat-Beziehung, tritt dann auf wenn ein Objekt sozusagen eine Eigenschaft eines anderen ist. Beim objektorientierten Entwurf handelt es sich dabei um ein Attribut. Abbildung 5-7 zeigt, wie die Aggregation im ER-Modell dargestellt werden kann.

Abb. 5–7
Darstellung der
Aggregation im ER-Modell

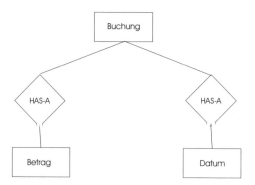

Abschließend sei noch erwähnt, dass natürlich anstelle des ER-Modells mittlerweile auch häufig die UML (siehe dazu Abschnitt 4.3.4) verwendet wird, um ein Datenbankmodell darzustellen.

5.2.4   Sichten (Views)

Durch Views ist es möglich, nur Teile einer Relation zu betrachten

Sichten (Views) sind ein Konzept, um nur Teile einer Relation zu betrachten. Somit handelt es sich sozusagen um eine virtuelle, dynamische Tabelle, die eine Auswahl von Datensätzen anderer Tabellen enthält. Dieser Auswahlprozess erfolgt dann, wenn auf die entsprechende Sicht zugegriffen wird, so dass immer die aktuellen Werte der gespeicherten Relationen verwendet werden.

Die Vorteile von Views sind:

❏ Vereinfachung von komplexen Datenstrukturen und der Datenbankprogrammierung, da eine Gliederung in einfache Teile ermöglicht wird.

❏ Darstellung von Daten unter anderen Gesichtspunkten, etwa können Spalten von Basistabellen auf diese Art umbenannt werden, ohne die Definition der Basistabelle zu ändern.

❏ Datenschutz innerhalb von Tabellen, da durch die Verwendung einer View der Zugriff auf bestimmte Zeilen und Spalten beschränkt wird. Dies kann dann so eingestellt werden, dass der Anwender nur die Berechtigung hat, auf die View zuzugreifen, nicht aber auf die Basistabelle.

5.2.5 Weitere Besonderheiten

NULL-Werte

Ein NULL-Wert ist ein spezieller Wert, eine Art fehlendes Attribut, das für eine Spalte zugelassen werden kann. Dies ist dann sinnvoll, wenn bei einem bestimmten Datensatz die Information zu einem Attribut fehlt, beispielsweise, wenn in einer Personentabelle eine Person eingetragen wird, deren Telefonnummer nicht bekannt ist. In diesem Fall kann die Spalte mit dem Wert NULL besetzt werden. Dies ist allerdings nur dann möglich, wenn beim Datenbankentwurf diese Spalte entsprechend gekennzeichnet wird, also NULL-Werte erlaubt werden (siehe dazu auch Abschnitt 5.3.1).

NULL steht für einen undefinierten Wert

In der Datenbankabfragesprache, die in Kapitel 5.3 vorgestellt wird, kann auch das Schlüsselwort NULL verwendet werden, etwa um einen Wert damit zu vergleichen.

Index

Die Geschwindigkeit des Zugriffs auf einen Datenwert, also auf eine einzelne Zeile einer Tabelle, ist stark davon abhängig, ob über einen Schlüssel darauf zugegriffen wird oder nicht. Der Zugriff über einen Schlüssel, beispielsweise eine Kontonummer, ist immer sehr schnell möglich. Der Zugriff über ein Nichtschlüsselattribut, etwa dem Kontonamen, kann dagegen sehr lange dauern, da ja prinzipiell, wie bei einer unsortierten Liste, alle Datensätze durchgelesen werden müssen. Dies kann aber durch Anlegen eines Index für dieses Attribut (bzw. für diese Attributkombination) vermieden werden. Dieses Anlegen von Indizes ist bereits von COBOLs indexsequenziellen Dateien (*.idx) bekannt und hat dabei nur Auswirkungen auf die Effizienz, nicht aber auf den Abfrageaufbau.

Die Verwendung eines Index steigert die Ausführungsgeschwindigkeit

Im Gegensatz zu COBOL können jederzeit, also auch im Nachhinein, weitere Indizes angelegt werden.

Surrogat

Ein Surrogat ist die Lösung für das Suchen nach einem sprechenden Schlüssel. Jede Tabelle sollte ja bekanntlich einen Schlüssel haben, der auch noch möglichst kurz und verständlich ist. Dies ist nicht immer gegeben, oftmals muss eine Kombination mehrerer Attribute als Schlüssel verwendet werden, um einen eindeutigen Zugriff zu gewährleisten. In diesem Falle ist es sinnvoll, eine Art künstlichen Schlüssel, ein so genanntes Surrogat, zu verwenden. Dies kann etwa ein einfaches Durchnummerieren der Objekte sein. Die EAN (europäische Artikel-

Beispiele für Surrogate: EAN, ISBN

nummer) oder die ISBN (internationale Standardbuchnummer) sind beispielsweise derartige Surrogate.

5.2.6   Übungen

Aufgabe 1 (100 Minuten): Normalisierung

Erstellen Sie ein ER-Modell für folgende Aufgabe: In einer Gehaltsverrechnung soll für die Mitarbeiter eines Betriebes ein Gehalt ermittelt werden. Jeder Mitarbeiter hat dabei eine eindeutige Nummer, einen Namen und verschiedene andere allgemeine Daten, wie Geburtsdatum, Religion usw. Die Mitarbeiter werden außerdem in fünf Kategorien eingeteilt, nach denen die Höhe des Gehalts bestimmt werden kann. Beispielsweise bekommen die Mitarbeiter der Kategorie eins 2000 Euro, die der Kategorie zwei 2500 Euro. Ferner ist jeder Mitarbeiter genau einer Abteilung, identifiziert durch eine eindeutige Nummer, zugeordnet.

Gehen Sie dabei nach den in diesem Kapitel vorgestellten Schritten der Normalisierung vor und entscheiden Sie auch, für welche Attribute ein Index angelegt werden soll.

5.3   SQL – Einführung

SQL: Structured Query Language

Die Structured Query Language, kurz SQL, ist eine mengenorientierte Sprache für die Arbeit mit Datenbanken. Entsprechend der verschiedenen notwendigen Arbeiten wird die Sprache in drei Teile eingeteilt:

❑ Datendefinition (DDL = Data Definition Language)

❑ Datenmanipulation und Abfragen (DML = Data Manipulation Language)

❑ Datenprüfung und Datensicherheit (DCL = Data Control Language)

Dieses Unterkapitel stellt die wesentlichsten Befehle der Sprache anhand des in den vorhergehenden Abschnitten erzeugten Datenmodells vor. Dabei wird anfangs auf das Erstellen von Tabellen und auf das Einfügen von Werten eingegangen. Anschließend werden dann Anweisungen, wie etwa SELECT, zum Auswerten derartiger Tabellen präsentiert. Auch wird gezeigt, wie das Arbeiten durch Anlegen eines Index oder einer View optimiert werden kann.

5.3.1   Erstellen von Tabellen

Eine Tabelle kann durch die Anweisung CREATE TABLE erzeugt werden. Dabei werden anschließend der Name der Tabelle und dann in Klammern die Datenelemente angegeben. Bei jedem Datenelement wird auch der Typ angeführt (wie bei einer normalen Recorddefinition). Die möglichen Datentypen werden in Tabelle 5-8 vorgestellt, hängen aber natürlich im Spezialfall von der gewählten Datenbank ab. Insbesondere spielen hier, vor allem neuerdings angesichts des Internetbooms, auch spezielle Datentypen, wie Bilder oder Töne, eine wesentliche Rolle.

CREATE TABLE

Tab. 5–8
Die wichtigsten Datentypen (am Beispiel von Oracle)

Datentyp	Beschreibung
VARCHAR2 (size)	Zeichenketten mit variabler Länge von max. size Zeichen (size < 2000)
CHAR (size)	Zeichenketten mit maximaler Länge von 255, aber fixer Länge von size
LONG	Zeichenketten mit variabler Länge von $2^{31} - 1$ Zeichen (fürTexte)
CHAR	Ein einzelnes Zeichen
NUMBER (p, s)	Zahl mit maximal p Stellen, davon s Vorkommastellen
NUMBER (p)	Integer mit p Stellen
DATE	Datum
RAW (size)	Binärdaten mit einer Länge von size Bytes (size < 256)

Ferner können in der Tabellendefinition die Schlüssel angegeben werden. Dabei kann mit dem Schlüsselwort PRIMARY KEY (Attributsliste) festgelegt werden, welche Attribute den Primärschlüssel bilden. Ebenso kann definiert werden, dass es sich bei einem Attribut um einen Fremdschlüssel handelt. Dies ist sinnvoll, da die Datenbank dann prüfen kann, ob der jeweilige Wert in der fremden Tabelle tatsächlich als Schlüssel vorkommt. In diesem Fall muss die Definition FOREIGN KEY (Attributsliste) REFERENCES Tabellenname aufgenommen werden. Bei dem Tabellennamen handelt es sich um den Namen jener Tabelle, in der der Fremdschlüssel als Primärschlüssel verwendet wird. In unserem Beispiel der Tabelle Buchung sind etwa Buchungskonto und Gegenkonto Fremdschlüssel, die in der Tabelle Konto als Primärschlüssel verwendet werden. Falls festgelegt werden sollte, dass bei einem Attribut der Wert NULL nicht erlaubt ist, so muss nur nach der Attributdefinition das Schlüsselwort NOT NULL verwendet werden.

Schlüssel müssen auch definiert werden

Dementsprechend können die in Abschnitt 5.2.2 entworfenen Tabellen folgendermaßen definiert werden:

```
CREATE TABLE Konto (
    Kontonummer NUMBER (9) NOT NULL,
    Kontenbezeichnung CHAR (30),
    PRIMARY KEY (Kontonummer)
);

CREATE TABLE Buchung (
    Journalnummer NUMBER (9) NOT NULL,
    Buchungstext CHAR (30),
    Buchungsbetrag NUMBER (18, 2),
    Buchungskonto NUMBER (9),
    Gegenkonto NUMBER (9),
    PRIMARY KEY (Nummer),
    FOREIGN KEY (Buchungskonto) REFERENCES Konto,
    FOREIGN KEY (Gegenkonto) REFERENCES Konto,
);

CREATE TABLE RechZahl (
    Rechnungsnummer NUMBER (9) NOT NULL,
    Zahlungsnummer NUMBER (9) NOT NULL,
    PRIMARY KEY (Rechnungsnummer, Zahlungsnummer),
    FOREIGN KEY (Rechnungsnummer) REFERENCES Buchung,
    FOREIGN KEY (Zahlungsnummer) REFERENCES Buchung
);
```

Tabellen können auch nachträglich noch geändert werden

Es ist auch möglich, die Tabellen nachträglich zu verändern und zu löschen. Dabei kann mittels ALTER TABLE Tabellenname ADD (Spaltenname Typ) eine neue Spalte hinzugefügt werden oder aber eine bestehende Spalte mittels ALTER TABLE Tabellenname MODIFY (Spaltenname Typ) abgeändert werden. Während das Hinzufügen meist problemlos geht, muss beim Ändern eines Spaltentyps auf die bereits vorhandenen Werte geachtet werden.

Eine gesamte Tabelle kann mittels DROP TABLE Tabellenname gelöscht werden.

5.3.2   Einfügen und Löschen von Datensätzen

In eine Tabelle können durch INSERT- oder DELETE-Anweisungen Werte eingefügt oder gelöscht werden. Diese Befehle sind prinzipiell sehr einfach anzuwenden:

```
INSERT INTO Konto VALUES (2700, "KASSE")
INSERT INTO Konto VALUES (2800, "BANK")
INSERT INTO Konto VALUES (4000, "ERLÖSE")
INSERT INTO Konto VALUES (2500, "STEUER")
INSERT INTO Buchung VALUES (1, "Testbuchung", 1000, 4000, 2700)
INSERT INTO Buchung VALUES (2, "Steuer", 5030, 2500, 2700)
INSERT INTO Buchung VALUES (3, "Erlöse", 27000, 4000, 2700)
INSERT INTO Buchung VALUES (4, "Steuer", 5030, 2500, 2700)
DELETE FROM Konto WHERE Nummer = 2800
```

Allerdings können auch mit Hilfe von SELECT-Anweisungen mehrere Objekte eingefügt werden, z.B. ein Teil einer anderen Tabelle. Die hier bereits angesprochene SELECT-Anweisung dient generell zur Auswahl einer Menge von Datensätzen aus dem Datenpool. Sie ist Gegenstand einer der nächsten Abschnitte.

5.3.3 Funktionen

SQL erlaubt das Verwenden von diversen vordefinierten Funktionen, um beispielsweise die Summe einer Spalte oder einen Durchschnittswert zu berechnen. Diese Funktionen werden in Tabelle 5-9 vorgestellt.

Funktion	Bedeutung
COUNT	Anzahl der Werte
SUM	Summe der Werte
AVG	Mittelwert
MAX	Größter Wert
MIN	Kleinster Wert
VARIANCE	Varianz
STDDEV	Standardabweichung

Tab. 5–9
Vordefinierte SQL-Funktionen

Der Mittelwert des Betrages aller Buchungen könnte dementsprechend etwa mit AVG (Betrag) berechnet werden. Selbstverständlich können diese Ausdrücke auch innerhalb anderer SQL-Anweisungen verwendet werden, so ermittelt z.B. SELECT * FROM Buchung WHERE Betrag > AVG (Betrag) alle Buchungen mit einem Buchungsbetrag größer als dem durchschnittlichen.

Neben diesen Operationen, die auf die Spalten der Tabellen angewendet werden können, sind auch noch zahlreiche weitere nützliche Funktionen vorhanden. Die wichtigsten werden in Tabelle 5-10 erklärt.

Funktion	Bedeutung
+ - * /	Grundrechnungsarten
POWER (M, N)	Potenzieren
ABS (N)	Absolutwert
SQRT (N)	Quadratwurzel
LOWER (S)	Umwandlung auf Kleinbuchstaben

Tab. 5–10
Weitere nützliche Funktionen

Funktion	Bedeutung
UPPER (S)	Umwandlung auf Großbuchstaben
SUBSTR (S1, S, N)	Substringfunktion
SYSDATE	Aktuelles Datum und aktuelle Uhrzeit
USER	Name des Benutzers

Darüber hinaus können eigentlich alle von Delphi oder Java bekannten Ausdrücke erzeugt werden. Neben den bereits erwähnten arithmetischen können auch boolesche Ausdrücke, etwa mit Vergleichsoperationen (=, <>, <, >, <=, >=) oder mittels logischen Operatoren (NOT, AND, OR), gebildet werden.

IN und BETWEEN   Gerade für das Arbeiten mit Mengen sind auch die Operatoren IN und BETWEEN gedacht. Mit IN (Werteliste) kann überprüft werden, ob ein Wert innerhalb einer gewissen Menge enthalten ist, etwa Kontonummer IN (4000, 4020, 4060). Mittels BETWEEN Vergleichswert1 AND Vergleichswert2 kann geprüft werden, ob sich ein Wert innerhalb eines gewissen Bereiches befindet, etwa Kontonummer BETWEEN 4000 AND 4050.

LIKE   Für Zeichenketten gibt es außerdem den besonderen Vergleichsoperator LIKE, der Vergleiche mit so genannten Mustern ermöglicht. Ein Muster ist eine Zeichenkette, in der die Zeichen »%« und »_« eine Sonderbedeutung haben: »%« steht für eine beliebig lange, eventuell auch leere Folge von beliebigen Zeichen, »_« steht für ein beliebiges, einzelnes Zeichen. Damit lassen sich Vergleiche formulieren wie "MARKUS" LIKE "M%" oder "MARKUS" LIKE "MAR_U%". Beide Vergleiche würden ein wahres Ergebnis liefern.

5.3.4   SELECT-Anweisung

Mittels SELECT können Daten aus der Datenbank ausgewählt werden   Diese Anweisung dient, wie bereits angesprochen, dazu, Daten aus der Datenbank zu lesen. Das Ergebnis ist eine Menge von Daten, die wiederum wie eine Tabelle strukturiert ist. Um dies zu erklären, wollen wir schrittweise vorgehen.

Einfache SELECT-Anweisung

Die wohl einfachste Form der SELECT-Anweisung könnte etwa so aussehen:

```
SELECT * FROM Konto
```

Als Ergebnis wird ganz einfach die Tabelle aller Konten zurückgegeben, es werden also alle Datensätze mit allen Feldern ausgewählt. Dies kann sowohl was die Sätze als auch was die Felder betrifft eingeschränkt werden. Würde etwa statt eines Sterns ein oder mehrere Attribut(e) angeführt werden, so wird eine Ergebnistabelle mit nur diesen Spalten erzeugt, dementsprechend liefert etwa

```
SELECT Buchungstext, Buchungsbetrag FROM Buchung
```

das in Tabelle 5-11 sichtbare Ergebnis zurück:

Buchungstext	Buchungsbetrag
Testbuchung	1000
Steuer	5030
Erlöse	27000
Steuer	5030

Tab. 5–11
Ergebnis einer SELECT-Anweisung mit Spalteneinschränkung

Um zu vermeiden, dass Zeilen mit demselben Inhalt doppelt oder mehrfach vorkommen, wie hier "Steuer", 5030, kann das Schlüsselwort DISTINCT verwendet werden:

DISTINCT

```
SELECT DISTINCT Buchungstext, Buchungsbetrag FROM Buchung
```

In der SELECT-Anweisung können aber nicht nur Attribute der Tabelle, sondern auch andere Werte, etwa Berechnungen wie der doppelte Betrag (Buchungsbetrag * 2), ausgewählt werden. Solchen »virtuellen« Spalten kann auch ein Ersatzname mittels des Schlüsselworts AS gegeben werden. Dieser Name kann dann in den folgenden vorgestellten Klauseln angesprochen werden. Eine derartige Definition kann etwa so aussehen:

```
SELECT DISTINCT Buchungstext, Buchungsbetrag * 2 AS DBetrag FROM
Buchung
```

WHERE-Klausel

Darauf aufbauend kann auch gezeigt werden, welche Möglichkeiten es noch gibt, nur bestimmte Datensätze auszuwählen. Mit einem WHERE können diejenigen Datensätze, die ein bestimmtes Kriterium erfüllen, ausgewählt werden, so liefert beispielsweise

```
SELECT DISTINCT Buchungstext, Buchungsbetrag FROM Buchung
        WHERE Buchungsbetrag > 5000
```

das in Tabelle 5-12 gezeigte Ergebnis.

Buchungstext	Buchungsbetrag
Steuer	5030
Erlöse	27000

Tab. 5–12
Ergebnis einer SELECT-Anweisung mit WHERE-Klausel

Es werden also nur die Attribute `Text` und `Betrag` jener Buchungen angezeigt, die einen `Buchungsbetrag` größer 5000,- aufweisen.

In dieser WHERE-Klausel können natürlich sämtliche in Abschnitt 5.3.3 besprochenen Funktionen und Operatoren verwendet werden.

ORDER BY-Klausel

Sortierung der Datensätze

Datenbanken haben auch den Vorteil, dass die ausgewählten Daten einfach sortiert werden können. Dies kann durch Anhängen der ORDER BY-Klausel erzielt werden. In diesem Fall wird die Ergebnismenge sortiert nach den angegebenen Kriterien ermittelt. Die Syntax dabei lautet einfach `ORDER BY Attributname`. Sollten die Werte des Attributes nicht eindeutig sein, so können durch Beistrich getrennt weitere Attribute angegeben werden, nach denen bei Gleichheit des ersten Attributes sortiert wird. Falls absteigend sortiert werden sollte, kann abschließend das Schlüsselwort `DESC` angegeben werden.

Eine Sortierung der Konten nach `Kontenbezeichnung` kann daher etwa so aussehen:

```
SELECT * FROM Konto ORDER BY Kontenbezeichnung
```

GROUP BY-Klausel

Gruppierung mit
GROUP BY

Mittels der GROUP BY-Klausel lässt sich das Ergebnis nach Attributen gruppieren. Als einfaches Beispiel könnten die Buchungen nach dem `Buchungskonto` gruppiert werden:

```
SELECT Buchungskonto, MAX (Buchungsbetrag), COUNT (*)
    FROM Buchung
    GROUP BY Buchungskonto
```

Das Ergebnis ist nach dem Kriterium `Buchungskonto` gruppiert. Ausgegeben werden neben diesem, noch der maximale Buchungsbetrag je Gruppe und die Anzahl der Buchungen je Gruppe. Das Ergebnis ist in Tabelle 5-13 angegeben.

Tab. 5–13
Ergebnis der
GROUP BY-Klausel

Buchungstext	Buchungsbetrag	COUNT (*)
Steuer	5030	2
Erlöse	27000	2

HAVING-Klausel

HAVING

Analog zur WHERE-Klausel, mit deren Hilfe nur diejenigen Zeilen, die eine gewisse Bedingung erfüllen, ausgewählt werden, kann bei Gruppen die Auswahl mit der HAVING-Klausel eingegrenzt werden.

Dann werden nur diejenigen Gruppen in der Ergebnismenge berücksichtigt, die diese Bedingung erfüllen. So kann im obigen Beispiel die Gruppe mit dem maximalen Betrag von 27000 ausgeschlossen werden, wenn folgende SELECT-Anweisung verwendet wird:

```
SELECT Buchungskonto, MAX (Buchungsbetrag), COUNT (*)
    FROM Buchung
    GROUP BY Buchungskonto
    HAVING MAX (Buchungsbetrag) < 27000
```

Selbstverständlich ist es auch möglich, die Klauseln beliebig zu kombinieren, so wäre auch folgende Anweisung denkbar:

```
SELECT Buchungskonto, MAX (Buchungsbetrag), COUNT (*)
    FROM Buchung
    WHERE Buchungsbetrag < 20000
    GROUP BY Buchungskonto
    ORDER BY MAX (Buchungsbetrag)
```

5.3.5 Mengenoperationen

Nachdem es sich bei SQL, wie schon in der Einleitung erwähnt, um eine mengenorientierte Abfragesprache handelt, spielen Mengenoperationen darin natürlich eine große Rolle. Die bedeutendste ist der so genannte »Join« oder Verbund. Dabei werden verschiedene Tabellen miteinander (oder auch eine Tabelle mit sich selbst) verbunden. Im Wesentlichen wird so das kartesische Produkt dieser Tabellen gebildet, also alle aufgrund der Abfrage möglichen Kombinationen bilden die Ergebnismenge. Ein »Join« kann mittels SELECT-Anweisung formuliert werden, allerdings werden in der FROM-Klausel eben mehrere Tabellen durch Komma getrennt angeführt. So können die Tabellen Buchung und Konto auf folgende Art verbunden werden:

»Join« oder Verbund

```
SELECT Konto.Kontennummer, Kontenbezeichnung, Buchungsbetrag, Gegenkonto
    FROM Konto, Buchung
```

Wie in diesem Beispiel zu sehen ist, kann bei gleich lautenden Attributen aus verschiedenen Relationen wie bei einer normalen Programmiersprache die Punktschreibweise Tabellenname.Attributname verwendet werden, um Eindeutigkeit zu schaffen. Das Ergebnis dieses Joins wird in Tabelle 5-14 dargestellt.

Konto.Kontennummer	Kontenbezeichnung	Buchungsbetrag	Gegenkonto
2700	KASSE	1000	2700
2700	KASSE	5030	2700
2700	KASSE	27000	2700

Tab. 5–14
Ergebnis des einfachen Joins

Konto.Kontennummer	Kontenbezeichnung	Buchungsbetrag	Gegenkonto
2700	KASSE	5030	2700
4000	ERLÖSE	1000	2700
4000	ERLÖSE	5030	2700
4000	ERLÖSE	27000	2700
4000	ERLÖSE	5030	2700
2500	STEUER	1000	2700
2500	STEUER	5030	2700
2500	STEUER	27000	2700
2500	STEUER	5030	2700

Ein solcher Join ist vor allem dann sinnvoll, wenn nur die Zeilen der Tabellen miteinander verbunden werden, zwischen denen ein Zusammenhang besteht, etwa wie in folgender SELECT-Anweisung:

```
SELECT Konto.Kontonummer, Kontenbezeichnung, Buchungsbetrag, Gegenkonto
    FROM Konto, Buchung
    WHERE Konto.Kontonummer = Buchungskonto
```

Es werden also nur die Konten mit den Buchungen verbunden, bei denen die `Konto.Kontonummer` gleich dem `Buchungskonto` ist. Dabei findet der Fremdschlüssel `Buchungskonto` in der Tabelle `Buchung` Anwendung. Das Ergebnis dieses Joins ist in Tabelle 5-15 dargestellt.

Tab. 5–15
Ergebnis des Joins mit
Anwendung des
Fremdschlüssels
Buchungskonto

Konto.Kontennummer	Kontenbezeichnung	Betrag	Gegenkonto
4000	ERLÖSE	1000	2700
4000	ERLÖSE	27000	2700
2500	STEUER	5030	2700
2500	STEUER	5030	2700

Outer-Join   Eine spezielle Art dieses Joins, der Outer-Join, lässt sich ebenso realisieren. Dabei werden nicht nur alle jene Datensätze beider Tabellen, die die WHERE-Klausel erfüllen, ausgewählt, sondern, je nach Art des Outer-Joins, noch weitere Datensätze:

❏ LEFT OUTER JOIN: Alle Datensätze der linken Tabelle werden ausgewertet, auch wenn dazu nicht bei jedem Datensatz eine Verbindung zur rechten Tabelle hergestellt werden kann.

❏ RIGHT OUTER JOIN: Wie LEFT OUTER JOIN, nur werden alle Datensätze der rechten Tabelle ausgewertet.

❏ FULL OUTER JOIN: Alle Datensätze beider Tabellen werden ausgewertet, unabhängig davon ob Verknüpfungen zwischen den Tabellen aufgelöst werden können oder nicht.

Leider verwenden die verschiedenen Datenbanksysteme sehr unterschiedliche Schreibweisen für den Outer-Join, deshalb wird an dieser Stelle nicht näher darauf eingegangen.

Abschließend sei erwähnt, dass es selbstverständlich auch noch die üblichen Mengenoperationen gibt:

Mengenoperationen

❏ Vereinigung von Mengen: UNION

❏ Durchschnitt von Mengen: INTERSECT

❏ Differenz von Mengen: MINUS

5.3.6 UPDATE-Anweisung

Als nächster Punkt in dieser kleinen SQL-Einführung sei noch kurz erklärt, wie sich einzelne Zeilen in einer Tabelle verändern lassen. Dabei können die Spaltenwerte der gesamten Tabelle oder auch nur von ausgewählten Zeilen, die ein bestimmtes Kriterium erfüllen, auf einen neuen Wert gesetzt werden. Dazu ist die UPDATE-Anweisung erforderlich. Diese hat folgenden grundsätzlichen Aufbau: UPDATE Tabellenname SET Spaltenname = Wert. Sollen nur ausgewählte Zeilen verändert werden, so können diese mit einer WHERE-Klausel bestimmt werden. Beispielsweise kann das Buchungskonto aller Buchungen mit dem Text "Steuer" mittels folgender UPDATE-Anweisung auf den Wert 5040 gesetzt werden:

Mittels UPDATE können einzelne Zeilen in einer Tabelle verändert werden

```
UPDATE Buchung
    SET Buchungskonto = 5040
    WHERE TEXT = "Steuer"
```

5.3.7 Weitere Anweisungen

Sichten (Views)

Die bereits in Abschnitt 5.2.4 vorgestellten Views können durch die Zuhilfenahme von Zugriffsoperationen definiert werden. Dies geschieht mittels folgender Anweisung:

Views zeigen nur einen ausgewählten Teil

```
CREATE VIEW Viewname AS SELECT-Anweisung
```

Dabei stehen alle Möglichkeiten der SELECT-Anweisung zur Verfügung. Um etwa eine View Buchungsauswahl, die nur die Felder Buchungstext und Buchungsbetrag aller Buchungen mit einem

Buchungsbetrag größer als 5000 beinhaltet, zu erstellen, kann folgende Anweisung verwendet werden:

```
CREATE VIEW Buchungsauswahl AS
    SELECT DISTINCT Buchungstext, Buchungsbetrag FROM Buchung
    WHERE Buchungsbetrag > 5000
```

Mit dieser View kann nun wie mit einer normalen Tabelle weitergearbeitet werden, sofern es sich nicht um Datenmanipulationsoperationen handelt. Diese sind nur dann möglich, wenn die zu verändernden (einzufügenden, löschenden) Datensätze der View in einer Basistabelle abgebildet werden können. Somit darf die View für diesen Fall keine Konstrukte wie Joins, Mengenoperatoren, GROUP BY-Klauseln, Aggregationsfunktionen oder den DISTINCT-Operator enthalten.

Index

CREATE INDEX

Die Bedeutung eines Index in einer Datenbank wurde bereits in Abschnitt 4.2.5 erklärt. Im Folgenden wird nun die CREATE INDEX-Anweisung vorgestellt, mit der ein derartiger Index angelegt werden kann. Diese Anweisung ist zwar im SQL-Standard nicht enthalten, wird aber von den meisten Datenbanken ähnlich eingesetzt. Dabei wird der Index name in der Tabelle tab auf die Spalten spaltenliste mittels folgender Anweisung definiert: CREATE INDEX name ON tab (spaltenliste). Würde etwa ein Index name auf die Kontenbezeichnung gelegt werden, so könnte dies so aussehen:

```
CREATE INDEX name ON Konto (Kontenbezeichnung)
```

Eindeutiger Schlüssel wird mittels UNIQUE gekennzeichnet

Falls es sich bei dem Attribut um einen eindeutigen Schlüssel handelt, so kann statt CREATE INDEX das Schlüsselwort CREATE UNIQUE INDEX verwendet werden, um eine zusätzliche Optimierung zu erreichen. Ferner können an die Indexdefinitionen die Schlüsselwörter ASC bzw. DESC angehängt werden, um eine aufsteigende bzw. absteigende Sortierung des Index zu erreichen, was für eine sortierte Ausgabe von Daten, in denen das Sortierkriterium mit den Spalten eines Index beginnt, wichtig ist. Ein derartiger Index kann dann mittels DROP INDEX name wieder entfernt werden.

Berechtigungen

GRANT-Anweisung

Wie bereits in der Einführung zu diesem Kapitel erwähnt, liegt ein entscheidender Vorteil von Datenbanken darin, dass sehr einfach Berechtigungen auf einzelne Tabellen vergeben werden können. Dadurch wird sichergestellt, dass Unbefugte nicht auf die Daten zugreifen können. Diese Berechtigungen lassen sich sehr genau einstellen, so dass beispielsweise ein bestimmter Benutzer zwar gewisse Auswertungen durchführen darf, nicht aber neue Datensätze anlegen kann (nur lesender Zugriff). Grundsätzlich hat immer derjenige, der eine Tabelle anlegt, die Zugriffsrechte darauf. Sollten weitere Benutzer berechtigt werden, so müssen ihnen die entsprechenden Zugriffsrechte erteilt werden. Dies ist durch die GRANT-Anweisung möglich. Dabei können diese Berechtigungen sowohl auf Tabellen als auch auf Views vergeben werden. Die Anweisung kann mittels GRANT privilege ON tab TO user angewendet werden. Welche verschiedenen Berechtigungen für privilege eingesetzt werden können, zeigt Tabelle 5-16.

Privilege	Berechtigung zum
SELECT	Auswählen von Datensätzen
INSERT	Einfügen von neuen Datensätzen
UPDATE	Ändern von Spalten der Tabelle
DELETE	Löschen von Datensätzen
ALTER	Ändern des Aufbaus der Tabelle
INDEX	Anlegen eines Index
ALL	Totalen Zugriff (Summe aller Berechtigungen)

Tab. 5–16
Mögliche Berechtigungen

Um dem Benutzer MHK001 Leserechte auf die Tabelle Konto zu geben, ist also folgende GRANT-Anweisung nötig:

```
GRANT SELECT ON Konto TO MHK001
```

Durch Anhängen der Schlüsselwörter WITH GRANT OPTION wird dem Benutzer erlaubt, seine Rechte an andere Benutzer weiterzugeben.

Rechte können unter Umständen auch weitergegeben werden

Einmal erteilte Berechtigungen können natürlich auch wieder weggenommen werden. Dies ist durch REVOKE privilege ON tab TO user möglich.

5.3.8 Übungen

Aufgabe 1 (20 Minuten): Erstellen von Tabellen

Verwenden Sie die Lösung der Aufgabe 1 aus Abschnitt 5.2.6 und formulieren Sie SQL-Anweisungen, die die notwendigen Tabellen definieren.

Aufgabe 2 (100 Minuten): Erstellen von Abfragen

Formulieren Sie SQL-Anweisungen aufbauend auf die in Aufgabe 1 erstellten Tabellen, die folgende Ergebnisse liefern:

1. Liste aller Mitarbeiter

2. Liste aller Mitarbeiter mit Nummer, Name und Geburtsdatum, sortiert nach Name

3. Alle Mitarbeiter der Abteilung Nummer 10

4. Die Mitarbeiter der Abteilung Nummer 10 sortiert nach Geburtsdatum

5. Liste aller Mitarbeiter mit Nummer, Name und Gehaltsbetrag

6. Das höchste, das geringste und das durchschnittliche Gehalt aller Mitarbeiter

7. Das höchste Gehalt der Abteilung Nummer 10

8. Liste aller Mitarbeiter der Abteilung Nummer 10, absteigend sortiert nach Gehalt

9. Liste aller Mitarbeiter, deren Name mit ″Kn″ beginnt

10. Liste aller Mitarbeiter, deren Geburtsdatum nicht bekannt ist

11. Die höchste Gehaltskategorie je Abteilung

12. Liste aller Abteilungen, in denen mindestens die Gehaltskategorie 3 bezahlt wird

13. Erzeugen Sie einen Index auf den Namen eines Mitarbeiters

5.4　SQL – Programmzugriff

Embedded SQL　Im Folgenden wird gezeigt, wie von einem Programm aus auf die Datenbank zugegriffen werden kann. Dabei handelt es sich um einen sehr wesentlichen Punkt, für den die Klassenbibliotheken entsprechende Funktionen anbieten. Damit ist es relativ einfach möglich, die in den vorhergehenden Abschnitten vorgestellten SQL-Anweisungen in ein Programm einzubetten. Aufgrund dieser Einbettung wird dabei auch von »embedded SQL« gesprochen.

Delphi: DBTables　Um die SQL-Funktionalitäten nutzen zu können, muss die Unit DBTables verwendet werden.

Java: java.sql　Um die SQL-Funktionalitäten zu nutzen, muss das Paket java.sql importiert werden.

Der Zugriff auf eine Datenbank von einem Programm aus läuft nach folgendem Schema ab:

❑ Zuerst muss eine Verbindung zu der Datenbank eingerichtet werden.

❑ Anschließend kann eine SQL-Anweisung an die Datenbank gesendet werden.

❑ Das zurückgelieferte Ergebnis muss lokalen Variablen zugeordnet werden, die dann ausgewertet werden können.

Entsprechend diesem generellen Schema sind die folgenden drei Abschnitte aufgebaut.

5.4.1   Einrichtung der Verbindung

Als erster Schritt muss zu der bestehenden Datenbank eine Verbindung mittels eines Datenbanktreibers geschaffen werden. Resultat ist ein Zeiger auf diese Datenbank auf den innerhalb des Programms immer wieder zugegriffen werden kann. Der Aufbau der Verbindung ist sehr einfach, aber stark von der verwendeten Klassenbibliothek abhängig. Für unsere beiden Beispiele Delphi und Java folgt jeweils eine kurze Beschreibung.

Datenbanktreiber

Um eine Verbindung zu einer Datenbank herzustellen, muss ein Objekt der Klasse TDatabase verwendet werden. Dieses Objekt muss mittels Create angelegt werden, wobei als Parameter die globale Variable session, die von der Unit DBTables zur Verfügung gestellt wird, übergeben werden kann. Ansonsten müsste eine eigene Datenbanksitzung (Objekt der Klasse TSession) angelegt werden.

Delphi

Danach müssen einige Attribute dieses Objektes initialisiert werden. Die wesentlichen sind databaseName und driverName. Mittels databaseName wird der Name der Datenbank festgelegt. Dies ist notwendig, da spätere Abfragen auf diese Datenbank den Namen benötigen. Bei driverName geht es darum, festzulegen, um welche Datenbank (Oracle, Intrabase, Sybase, usw.) es sich handelt. Im Falle von Intrabase etwa muss der Driver namens »INTRBASE« verwendet werden.

Die Datenbank Intrabase befindet sich auf der beiliegenden CD

Um zu vermeiden, dass die Programmausführung durch ein Datenbanklogin unterbrochen wird, muss dieses durch Setzen des Attributes loginPrompt auf FALSE verhindert werden. Zuvor muss aber festgelegt werden, mit welchem User und Passwort der Zugriff erfolgen soll. Dies ist mittels Setzen von Parametern durch Params.Add(s) möglich. Mit s muss eine Zeichenkette übergeben werden, wie es aus dem nachfolgenden Quellcodefragment ersichtlich ist. Ebenso muss ein Parameter SERVER NAME auf diese Weise gesetzt werden, um festzulegen, wo sich die Datenbank befindet, im unteren Beispiel also in der Datei »fibu«. Abschließend ist es auch noch nötig, das Attribut connected auf TRUE zu setzen, damit die Datenbankverbindung auch tatsächlich aktiv ist. Diese Schritte sind im folgenden Quellcodefragment zu sehen:

```
var db: TDatabase;
...
db := TDatabase.Create(session);
db.driverName := 'INTRBASE';
db.name := 'fibu';
db.databaseName := 'fibu';
db.Params.Add('USER NAME=SYSDBA'); // Achtung: keine Leerzeichen!!
db.Params.Add('PASSWORD=masterkey');
db.Params.Add('SERVER NAME=fibu');
db.loginPrompt := false;
db.connected := true;
```

Java Eine Verbindung vom Datentyp `Connection` kann einfach durch Aufruf der Methode `DriverManager.GetConnection(name, user, pwd)` erzeugt werden. Unter `name` wird dabei der Name der Datenbank verstanden, wobei dieser den Aufbau »jdbc:borland:local:Datenbankname« haben sollte. Der vordere Teil »jdbc:borland:local« bezeichnet das Protokoll und das Unterprotokoll,mit dessen Hilfe die Verbindung aufgebaut wird. Da der verwendete Treiber zuvor geladen werden muss, erfolgt vorneweg ein Aufruf der Art `Class.forName ("com.borland.datastore.jdbc.DataStoreDriver")`, im gegebenen Fall wird dabei ein Datenbanktreiber für DataStore verwendet. Würde die Datenbank nicht lokal am Client liegen, sondern wie im Praxisfalle üblich auf einem Datenbankserver, so müsste statt `jdbc:borland:dslocal` die Start-URL `jdbc:borland:dsremote` verwendet werden. Danach müsste nicht nur der Dateiname, sondern auch der Rechnername folgen. Selbstverständlich können aber auch andere Datenbanktreiber benutzt werden, für Oracle wäre beispielsweise `oracle.jdbc.driver.OracleDriver` notwendig.

Da Datenbanken ein umfassendes Berechtigungssystem unterstützen (siehe dazu Abschnitt 5.1.3), sollten auch der Username `user`, mit dem auf die Datenbank zugegriffen werden soll, und dessen Passwort `pwd` mitgegeben werden. Ein Beispiel kann etwa so aussehen:

```
Class.forName("com.borland.datastore.jdbc.DataStoreDriver");
String file = "FIBU.jds";
String url = "jdbc:borland:dslocal:" + file;
Connection db;
db = DriverManager.getConnection(url, "SYSDBA", "masterkey");
```

Auf folgende Art und Weise kann die Datenbankverbindung danach wieder beendet werden:

Delphi Um anzuzeigen, dass die Verbindung zur Datenbank nicht mehr genutzt wird, muss das Attribut `connected` auf `FALSE` gesetzt werden.

Das Datenbankobjekt kann dann danach durch Aufruf des Destruktors `Free` freigegeben werden.

Die Verbindung zur Datenbank kann einfach durch Aufrufen der Methode `close`, also etwa `dbConn.close()`, geschlossen werden.

Java

5.4.2 Sendung der SQL-Anweisung an die Datenbank

Beim Ausführen einer SQL-Anweisung ist es prinzipiell notwendig, eine Methode aufzurufen, der als Parameter eine Zeichenkette mit der SQL-Anweisung übergeben wird. Grundsätzlich bieten die Klassenbibliotheken dafür oft mehrere verschiedene Möglichkeiten an, von denen die wichtigsten hier vorgestellt werden. Wesentlich ist die Unterscheidung, ob die SQL-Anweisung ein Ergebnis zurückliefert oder nicht. Im ersteren Falle muss nämlich dieses Ergebnis in eigene Ergebnisvariablen geladen und anschließend ausgewertet werden. Damit beschäftigt sich noch der nächste Abschnitt.

Die SQL-Anweisung ist Parameter einer Methode

Falls eine SQL-Anweisung, die kein Ergebnis zurückliefert, ausgeführt werden sollte, also etwa eine INSERT-Anweisung, so kann die Abfrage ganz einfach durch Aufruf der Methode `Execute(statement, nil, false, nil)` erfolgen. Dabei wird mittels `statement` die gewünschte SQL-Anweisung als Zeichenkette übergeben. Die weiteren Parameter, die in dieser Angabe bereits mit `nil` oder `false` belegt wurden, können dazu verwendet werden, um einen Cache anzulegen oder weitere Eigenschaften zu übergeben. Dies ist im Regelfall nicht nötig, Details können der Anleitung zu Delphi entnommen werden.

Delphi: Execute

Eine weitere Möglichkeit besteht darin, ein Objekt der Klasse `TQuery` zu verwenden. Dabei handelt es sich um Objekte, die eine Abfrage kapseln können. Diese werden mittels `Create(nil)` angelegt. Falls eine Windows-Applikation (siehe dazu Kapitel 6) vorliegt, so kann statt `nil` hier auch die entsprechende Komponente übergeben werden. Um festzulegen, welche Datenbank verwendet wird, muss das Attribute `databaseName` entsprechend gesetzt werden, dabei wird der Name, der beim Verbinden mit einem Objekt der Klasse `TDatabase` angegeben wurde, verwendet. Wesentlich ist dann, dass das Attribut `sql` die Abfrage selbst enthält. Dieses Attribut muss zuerst mittels der Methode `Clear` initialisiert werden, danach kann mit der Methode `Add(s)` eine Zeichenkette `s`, die die Abfrage beinhaltet, übergeben werden.

Wenn diese vorbereitenden Maßnahmen durchgeführt wurden, dann kann die SQL-Abfrage ausgeführt werden. Je nachdem ob eine Ergebnismenge dabei ermittelt wird (etwa eine SELECT-Anweisung) oder nicht (etwa eine INSERT-Anweisung), muss die Methode `Open` bzw. ExecSQL für diesen Zweck aufgerufen werden. Ein Beispiel für den ersteren Fall kann dem folgenden Quellcodefragment entnommen werden.

```
var s: String; q: TQuery;
...
s := 'SELECT * FROM KONTO';
q := TQuery.Create(nil);
q.databaseName := 'FIBU';
q.sql.Clear; // Initialisierung
q.sql.Add(s);
q.Open; // Ausführung falls Select, ansonsten ExecSQL
```

Java: Statement

Um in Java eine SQL-Abfrage auszuführen, muss ein Objekt der Klasse Statement angelegt werden. Dies ist einfach durch Aufruf der Funktionsmethode db.createStatement() möglich, wobei db die Datenbank ist, auf der die Abfrage ausgeführt werden soll. Das anschließende Ausführen der Abfrage ist durch Aufrufen der Methoden executeQuery(s) bzw. executeUpdate(s) möglich, wobei s eine Zeichenkette ist, die die SQL-Abfrage beinhaltet. Welche der beiden Methoden verwendet wird, hängt davon ab, ob ein Ergebnis zurückkommt, also etwa eine SELECT-Anweisung ausgeführt wird, oder ob dies nicht der Fall ist, etwa bei einer INSERT- oder DELETE-Anweisung. Im ersteren Fall wird executeQuery ausgeführt und ein Objekt vom Typ ResultSet zurückgegeben. Auf diesen Typ wird noch näher im nächsten Abschnitt eingegangen. Falls kein Ergebnis erwartet wird, kann executeUpdate ausgeführt werden, wobei hier ein Integerwert zurückgegeben wird, der die Anzahl der Zeilen, die davon betroffen waren, angibt. Ein Beispiel für den ersteren Fall zeigt das folgende Quellcodefragment.

```
String s = "SELECT * FROM KONTO";
Statement q = db.createStatement();
ResultSet res = q.executeQuery(s);
```

5.4.3   Auswertung des Ergebnisses

Ergebnismenge muss von vorne bis hinten durchgelesen werden

Bei Abfragen, die eine Ergebnismenge ermitteln, also bei einem SQL-Statement, ist es natürlich auch wichtig, dieses Ergebnis durchzuarbeiten. Im Wesentlichen muss dabei die Ergebnismenge von vorne bis hinten durchgelesen werden. Das Schwierige dabei ist aber der Zugriff auf ein einzelnes Element dieser Ergebnismenge, da es sich ja um verschiedenste Datentypen (Konto, Buchung usw.) handeln kann. Eine einfache Variante ist dabei Spalte für Spalte auszulesen, wobei der einzelne Spaltenwert in ein spezielles typunabhängiges Objekt geladen wird, das dann zur Weiterverarbeitung in den gewünschten Typ umgewandelt wird.

Das im vorhergehenden Abschnitt erzeugte Abfrageobjekt q kann   *Delphi*
nun ausgewertet werden. Über die Ergebnisdatenmenge kann dabei
einfach iteriert werden, indem mittels Aufruf der Methode First ein
virtueller Zeiger auf das erste Objekt gesetzt wird. Solange dabei nicht
das Ende der Datenmenge (in diesem Fall wäre das Attribut eof
TRUE) erreicht wird, kann dann immer der jeweilige Datensatz ausgewertet werden und mittels der Methode Next der virtuelle Zeiger auf
das nächste Objekt gesetzt werden. Hier tritt nun das bereits angesprochene Problem bei der Auswertung des jeweiligen Datensatzes auf, da
es sich dabei um ein beliebiges Objekt mit beliebigem Datenaufbau
handeln kann. Eine Möglichkeit wäre eine Konvertierung durchzuführen, eine einfachere die einzelnen Attribute auszulesen. Dabei kann
mittels der Methode FieldByName('Attributname') der Spaltenwert in
einem Objekt der Klasse TField erhalten werden. Bei dieser Klasse handelt es sich um eine Spezialklasse, die jeden beliebigen Spaltenwert aufnehmen kann und diesen dann durch Aufrufe von Methoden der Art
AsInteger() oder AsString() in einen Standardtyp umwandelt. Das
folgende Quellcodefragment zeigt, wie die Ergebnismenge Zeile für
Zeile ausgegeben werden kann.

```
q.First;
while not q.eof do begin
    Write(q.FieldByName('Nummer').AsInteger());
    Write(' ');
    WriteLn(q.FieldByName('Bezeichnung').AsString());
    q.Next; // eof wird true wenn Next fehlschlägt
end;
```

Falls die Namen der Attribute, also der Spalten, zur Entwicklungszeit
nicht bekannt sind, etwa weil erst zur Laufzeit entschieden wird, auf
welche Tabelle die Abfrage erfolgen soll, so kann mittels Aufruf der
Methode GetFieldNames(list) eine Liste der Attribute erstellt werden.
list ist dabei vom Typ TStrings, eine von der Delphi-Klassenbibliothek angebotene Liste von Zeichenketten. Auf die einzelnen Zeichenketten kann dabei durch Zugriff auf das Attribut strings, ein einfaches Array (mit Index 0 beginnend), zugegriffen werden. Die Anzahl
der Zeichenketten ist dem Attribut count zu entnehmen.

Die im vorhergehenden Abschnitt gewonnene Ergebnismenge res   *Java*
kann sehr einfach durch zeilenweises Iterieren ausgewertet werden. Zu
Beginn ist dabei ein virtueller Zeiger unmittelbar vor der ersten Zeile
positioniert. Mit der Methode next() kann dann immer auf die
nächste Zeile gesprungen werden (beim ersten Aufruf also auf die
erste). Falls ein Weitergehen nicht möglich ist, gibt diese Methode den
Wert FALSE zurück. Ein weiteres Problem ist dann aber, wie bereits
angesprochen, die Auswertung des jeweiligen Datensatzes, da es sich

dabei ja um ein beliebiges Objekt mit beliebigem Datenaufbau handeln kann. Eine Möglichkeit wäre etwa eine Konvertierung durchzuführen, eine einfachere die einzelnen Attribute auszulesen. Dabei kann durch Aufruf von Methoden der Art `getInt(s)` oder `getString(s)` ein Spaltenwert erhalten werden, wobei mit `s` der Spaltenname übergeben werden muss. Anstelle des Spaltennamens kann aber auch der Spaltenindex (Achtung! Beginnt mit 1) übergeben werden, dies ist möglich, da diese Methoden überschrieben wurden und auch einen Integerwert als Parameter verarbeiten können. Je nachdem welcher Datentyp dabei erwartet wird, muss die gewünschte get-Methode aufgerufen werden. Das folgende Quellcodefragment zeigt beispielsweise, wie die Ergebnismenge Zeile für Zeile ausgegeben werden kann.

```
while (res.next()) {
    System.out.print(res.getInt("NUMMER"));
    System.out.print(" ");
    System.out.println(res.getString("BEZEICHNUNG"));
}
```

ResultSetMetaData   Falls die Spaltennamen zur Entwicklungszeit nicht bekannt waren, kann durch Aufruf der Methode `getMetaData()` ein so genanntes ResultSetMetaData-Objekt mit der Anzahl der Spalten, den Datentypen und anderen Eigenschaften der Zeilen erzeugt werden. Genauere Hinweise zum Aufbau dieses Datentyps können der Beschreibung der Java-Klassenbibliothek entnommen werden.

5.4.4 Zusammenfassendes Beispiel

Der Übersicht halber sind in den Listings 5-1 und 5-2 sowohl das Delphi- als auch das Java-Beispiel vollständig angeführt.

Delphi   Wichtig ist hier, dass zum Abschluss des Beispiels sowohl das Datenbank- als auch das Abfrageobjekt noch freigegeben werden müssen.

Listing 5–1
Beispiel für die Delphi-
Implementierung eines
Datenbankzugriffes

```
program BspKonto;

uses
    Forms, DBTables, SysUtils;

var
    ch: Char;
    s: String;
    db: TDatabase;
    q: TQuery;

begin
    // --- Verbindung zur Datenbank
    db := TDatabase.Create(session);
    db.driverName := 'INTRBASE';
```

```
db.databasename := 'FIBU';
db.Params.Add('USER NAME=SYSDBA'); // Achtung: keine Leer-
                                              zeichen!!
db.Params.Add('PASSWORD=masterkey');
db.Params.Add('SERVER NAME=fibu');
db.loginPrompt := false;
db.connected := true;
// --- SELECT-Anweisung ausführen
s := 'SELECT * FROM KONTO';
q := TQuery.Create(nil);
q.databaseName := 'FIBU';
q.Sql.Clear; // Initialisierung
q.Sql.Add(s);
q.Open; // Ausführung falls Select, ansonsten ExecSQL
// --- Ergebnismenge auswerten
q.First;
while not q.eof do begin
   Write(q.FieldByName('Nummer').AsInteger);
   Write(' ');
   WriteLn(q.FieldByName('Bezeichnung').AsString);
   q.Next; // eof wird true wenn Next fehlschlägt
end;
// --- Abschließende Maßnahmen
q.Close;
q.Free;
db.connected := FALSE;
db.Free;
ReadLn(ch); // Eingabe damit Ergebnisschirm nicht gelöscht wird
end.
```

Wesentlich bei diesem Beispiel ist, dass mögliche Java-Exceptions, wie schon in Abschnitt 4.7.1 erklärt, auf jeden Fall abgefangen werden müssen.

Java

```
import java.io.*;
import java.sql.*;

class BspKonto {

    public static void main (String args[]) {
        try {
            // --- Verbindung zur Datenbank
            Class.forName("com.borland.datastore.jdbc.DataStore
                                              Driver");
            String file = "FIBU.jds";
            String url = "jdbc:borland:dslocal:" + file;
            Connection db
            db = DriverManager.getConnection(url,
                        "SYSDBA", "masterkey");
            // --- SELECT-Anweisung ausführen
            String s = "SELECT * FROM KONTO";
            Statement q = db.createStatement();
            ResultSet res = q.executeQuery(s);
            // --- Ergebnismenge auswerten
            while (res.next()) {
                System.out.print(res.getInt("NUMMER"));
```

Listing 5–2
Beispiel für die Java-Implementierung eines Datenbankzugriffes

```
                    System.out.print(" ");
                    System.out.println(res.getString("BEZEICHNUNG"));
                }
                q.close();
                db.close();
            }
            catch (SQLException e) {
                System.out.println("Exception: " + e.getMessage());
                e.printStackTrace(); // gibt nähere Informationen aus
            }
            catch (ClassNotFoundException e) {
                e.printStackTrace();
            }
        }
    }
```

5.4.5   Übungen

Aufgabe 1 (90 Minuten): Datenbankerzeugung

Das Datenbanksystem Intrabase befindet sich auf der beiliegenden CD

Arbeiten Sie die entsprechende Anleitung Ihres Datenbanksystems durch und erstellen Sie anschließend eine Datenbank, die die in Aufgabe 1 aus Abschnitt 5.2.6 entworfenen Tabellen beinhaltet.

Aufgabe 2 (90 Minuten): Datenbankzugriff

Schreiben Sie ein Programm, das auf die in Aufgabe 1 entworfene Datenbank zugreift. Dabei soll eine SELECT-Anweisung eingelesen und nach deren Ausführung die Ergebnisse entsprechend ausgegeben werden.

6 Grafische Benutzeroberflächen

Die vorangegangenen Kapitel haben den Leser in die Welt der objektorientierten Programmierung und der Datenbanken eingeführt. Abschließend wird noch kurz auf die grafischen Benutzeroberflächen eingegangen, da diese mittlerweile für neue Programme ein absolutes Muss sind. COBOL-Programme haben hingegen traditionellerweise oft nur eine textuelle Oberfläche. Dieses Kapitel wird zeigen, dass der Unterschied dieser beiden Oberflächen nicht nur in der aufwendigeren Programmierung und Anwendung einiger Klassen liegt, sondern dass durch die ereignisorientierte Programmierung überhaupt ein anderer Ansatz benötigt wird.

Textuelle versus grafische Benutzeroberfläche

6.1 Aufbau einer grafischen Benutzeroberfläche

Eine grafische Benutzeroberfläche (englisch »Graphical User Interface«, daher oft auch mit GUI abgekürzt) unterscheidet sich von einer textuellen nicht nur dadurch, dass sie auf den ersten Blick »freundlicher« aussieht. Der wesentliche Unterschied besteht darin, dass der Benutzer verschiedenste Eingabemöglichkeiten hat und nicht auf ein am Bildschirm angezeigtes Menü beschränkt ist. Dazu gehören unter anderem:

❏ Auswahl einer Menüoption

❏ Mausklick auf ein Objekt

❏ Eingabe eines Textes

❏ Einfügen eines Objektes über die Zwischenablage

❏ Änderung der Fenstergröße

Jede dieser Aktionen bietet Eingaben für ein Programm, je nach Aufbau der grafischen Benutzeroberfläche sind sogar noch weitere möglich. Ein Beispiel für eine derartig mächtige grafische Benutzeroberfläche ist in Abbildung 6-1 zu sehen.

Abb. 6–1
Beispiel für eine grafische Benutzeroberfläche

Um eine solche grafische Benutzeroberfläche zu erstellen, muss sie zuerst einmal entworfen werden. Je nach gewählter Programmierumgebung kann dies im Detail sehr unterschiedlich vor sich gehen. Normalerweise wird aber mit einem so genannten leeren Formular, einfach einem leeren Programmfenster, in welches Steuerelemente eingefügt werden können, begonnen. Größe und Position dieser Steuerelemente können dabei mit Hilfe der Maus festgelegt werden. Eine Auswahl der gängigsten Steuerelemente ist in Tabelle 6-1 dargestellt. Selbstverständlich können aber durch die objektorientierte Struktur neue Steuerelemente jederzeit dazu programmiert werden, ohne am bestehenden System irgendetwas ändern zu müssen.

Tab. 6–1
Auswahl der gängigsten Steuerelemente

Element	Abbildung	Kurzbeschreibung
Button	T1	Ein Button ist ein kleines Rechteck, das mit einer Aktion, die bei einem Mausklick ausgelöst wird, verbunden ist.
Checkbox	T2	Eine Checkbox ist ein ankreuzbares Feld, das zwei Zustände haben kann: angekreuzt oder nicht.
Label	T3	Ein Label ist ein statischerText, der angezeigt wird, aber vom Benutzer nicht editiert werden kann.
Text	T4	Durch einen Text kann ein Eingabefeld definiert werden, in das der Benutzer eine beliebige ein- oder mehrzeilige Eingabe machen kann.

Element	Abbildung	Kurzbeschreibung
Radio-Button	T5	Ein Radio-Button ist einer Checkbox ähnlich, nur wird dieser meist rund dargestellt und für Eigenschaften, die sich gegenseitig ausschließen, verwendet.
List-Box	T6	Eine List-Box wird verwendet, um eine Liste von Elementen anzuzeigen. Der Benutzer kann damit ein Element der Liste auswählen.
Combo-Box	T7	Eine Combo-Box ist einer List-Box ähnlich, allerdings verfügt diese zusätzlich über ein Editierfeld, das zum Suchen in der Liste oder zur Eingabe eines zusätzlichen Wertes verwendet werden kann.
Bitmap	T8	Eine Bitmap kann verwendet werden, um diverse Abbildungen in der grafischen Benutzeroberfläche darzustellen.

Nachdem ein derartiges Formular erzeugt wurde, dient dieses als zentraler Kern der Applikation. Dabei ist es nicht mehr nötig, die einzelnen Steuerelemente zu programmieren, da deren Funktionsweise Bestandteil der Klassenbibliothek ist. Es muss also kein Code geschrieben werden, der angibt, wie eine Schaltfläche ihr visuelles Erscheinungsbild ändert, wenn der Benutzer darauf klickt. Das Programm muss nur entsprechend auf den Klick, also auf das Ereignis, reagieren. Darauf wird noch in Kapitel 6.2 eingegangen.

Zentraler Kern der Applikation

Auch eine Texteingabe ist sehr einfach zu realisieren, da das gewählte Steuerelement beispielsweise etwa für die korrekte Platzierung des Cursors oder eine gewisse Fehlerüberprüfung sorgt. Genau diese Punkte sind bei einer textuellen Benutzeroberfläche hingegen sehr schwierig auszuprogrammieren. Bei Eingaben der Art `ReadLn` kann hingegen kaum beeinflusst werden, welche Länge der eingelesene Text hat oder ob gewisse Zeichen nicht zugelassen sind. Bei dieser Form kann nur nach erfolgter Falscheingabe eine Fehlermeldung ausgegeben werden, die falsche Eingabe selbst kann aber nicht verhindert werden.

Texteingabe ist einfach zu realisieren

Die angesprochenen Steuerelemente sind dabei Objekte, auf die vom Programm aus ganz normal zugegriffen werden kann. Somit können etwa bestehende Steuerelemente entfernt, neue eingefügt oder aber deren Eigenschaften geändert werden. Dies ist durch das Setzen von Attributen möglich, die natürlich je Steuerelement sehr verschieden sind. Im Wesentlichen sind das aber meist Attribute der folgenden Art:

Steuerelemente sind Objekte mit Attributen

❏ `caption`: Text, der auf dem Steuerelement angezeigt wird

❏ `font`: Schriftart, in der dieser Text angezeigt wird

❏ `height`: Höhe des Steuerelementes

❏ `width`: Breite des Steuerelementes

❏ `name`: Wird intern in der Applikation verwendet, um auf das Steuerelement zugreifen zu können

❏ ...

Durch Setzen der Caption-Eigenschaft eines Buttons kann der Text, der auf dem Button steht, zur Laufzeit abgeändert werden. Startwerte für diese Attribute können allerdings schon während des Erstellen des Formulars gewählt werden.

Es kann immer nur ein Formular aktiv sein und nur ein Steuerelement den Fokus haben

Es ist dabei auch möglich, mehrere Formulare zu erstellen. Zur Laufzeit kann dann, etwa aufgrund einer Eingabe, ein anderes Formular angezeigt werden und dieses dient dann als neuer zentraler Kern der Applikation. Wesentlich ist dabei der so genannte Fokus, der bestimmt, welches Steuerelement aktiv ist. Dieser wird normalerweise durch Hervorhebung, z.B. dunklere Schrift oder gestrichelte Linie, gekennzeichnet. Der Fokus ist wichtig, da dieses Steuerelement die Tastatureingaben des Benutzers empfängt. Selbstverständlich muss der Fokus immer eindeutig einem Steuerelement eines Formulars zugeordnet sein, wobei auch immer nur genau ein Formular aktiv sein kann.

6.2   Ereignisorientierte Programmierung

Grundlegend anderer programmtechnischer Ablauf

Im Gegensatz zu einem traditionellen kommandozeilenorientierten Textinterface gibt es bei einer grafischen Benutzeroberfläche einen grundlegend anderen programmiertechnischen Ablauf, da derartige Oberflächen ereignisgesteuert sind, wodurch für verschiedene Benutzeraktionen, beispielsweise das Drücken einer Taste, die Auswahl eines Menüpunktes oder ein Mausklick, spezielle Programmteile ausgeführt werden. Abbildung 6-2 zeigt diesen ereignisgesteuerten Ablauf

Das grundsätzliche Konzept ist also, auf jedes Ereignis entsprechend zu reagieren. Wurde beispielsweise der Button gedruckt, dann `Methode1` ausführen, wurde Text eingegeben, dann `Methode2`, bei Auswahl der Checkbox `Methode3` und so weiter. Das folgende kurze Codefragment in Algorithmenschreibweise zeigt dieses Prinzip etwas formeller:

```
HandleEvent (ev: Event)
begin
    case ev.kind of
        keyDown: HandleKey(ev)
        mouseDown: HandleClick(ev)
        …
    end;
end;
```

Diese Prozedur `HandleEvent` ist dabei eigentlich das Hauptprogramm. Die Applikation fängt damit alle Events ab und arbeitet diese durch Methodenaufrufe ab. Erst bei Beendigung des Programms wird `HandleEvent` verlassen. Dies kann folgendermaßen aussehen:

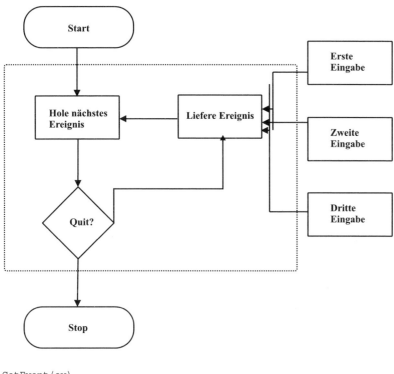

Abb. 6–2
Ereignisgesteuerter Ablauf

```
GetEvent(ev)
while ev.kind <> endEvent do
    HandleEvent(ev);
    GetEvent(ev);
end;
```

6.3 Kurzer Blick auf die Klassenbibliotheken

Das Erstellen einer Benutzeroberfläche und das Arbeiten damit ist meist stark von der Klassenbibliothek abhängig. Darüber hinaus spielt aber auch die Entwicklungsumgebung eine große Rolle. Bereits in Kapitel 1 wurde erwähnt, dass etwa in Delphi eine einfache Applikation durchaus mit einigen wenigen Mausklicks erzeugt werden kann. Da dieses Buch eine allgemeine Einführung in die objektorientierte Programmierung gibt und eine detaillierte Präsentation dieser Funktionalitäten den Rahmen sprengen würde, sind im Folgenden nur kurz die wichtigsten Punkte vorgestellt. Dies geschieht beispielhaft anhand einer einfachen Windows-Anwendung `HelloWorld`, die über einen statischen Text `s1` und einen Button `but` verfügt. Durch Klicken des Buttons wird der Text »Button geklickt« angezeigt. Diese Bildschirmmaske ist in Abbildung 6-3 vor und nach dem Klicken des Buttons sichtbar.

Abb. 6–3
Bildschirmmaske »Hello World«

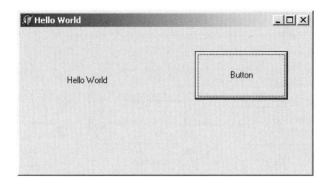

Delphi Für das Formular selbst muss eine eigene, von TForm abgeleitete Klasse definiert werden. Die beiden Steuerelemente s1 und but werden als Attribute in dieser Klasse eingebettet. Die Standardeigenschaften dieser Steuerelemente werden aber nicht im Programm selbst gesetzt, sondern in einem speziellen Tool, dem so genannten Objektinspektor (siehe Abbildung 6-4). Hier kann beispielsweise festgelegt werden, dass das Attribut caption des Buttons but, also der im Button angezeigt Text, auf den Wert »Button« gesetzt wird.

Abb. 6–4
Objektinspektor: Setzen der Eigenschaften

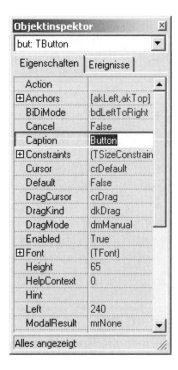

Dementsprechend kann der für die in Abbildung 6-3 gezeigte Bildschirmmaske notwendige Typ TMyForm folgendermaßen aussehen:

```
type
    TMyForm = class(TForm)
        s1: TLabel;
        but: TButton;
    end;

var
    myForm: TMyForm;
```

Jetzt muss nur noch eine Variable von diesem Typ deklariert werden. Der gesamte hier angeführte Quellcode muss aber nicht geschrieben werden, sondern wird von der Delphi-Entwicklungsumgebung automatisch generiert. Ebenso ist es sehr einfach auf die einzelnen Ereignisse zu reagieren. Im gegebenen Fall sollte ja bei Klicken des Buttons der Text von s1 auf »Button geklickt« geändert werden. Dazu kann eine Methode ChangeText der Klasse TMyForm geschrieben werden, die das Attribut caption von s1 entsprechend setzt.

```
procedure TMyForm.ChangeText (sender: TObject);
begin
    s1.caption := 'Button geklickt';
end;
```

Der Parameter sender gibt dabei an, welches Steuerelement das Ereignis ausgelöst hat. Im gegebenen Fall wird also der Button als Parameter an die Methode übergeben, die dann auf diesen zugreifen könnte. Damit aber beim Klicken des Buttons überhaupt die Methode ChangeText ausgeführt wird, muss im Objektinspektor angegeben werden, dass im Falle eines Mausklicks (OnClick) diese Methode aufgerufen werden sollte. Dies ist in Abbildung 6-5 zu sehen

Wie aus dieser Abbildung ersichtlich ist, können auch Methoden für verschiedene andere Ereignisse gesetzt werden, etwa wenn mit der Maus nur über den Button gefahren wird. Der Event-Handler wird dabei automatisch vom Objektinspektor generiert und ist für den Programmierer gar nicht sichtbar.

Zusammenfassend zeigt Listing 6-1 den gesamten Quellcode der für dieses Programm notwendig ist. Standardverhalten, wie das Beenden der Applikation durch Klicken des Kreuzes rechts oben, wird selbstverständlich von der Basisklasse TForm geerbt und muss nicht extra implementiert werden.

Abb. 6–5
Objektinspektor: Setzen
der Ereignisse

Listing 6–1
Delphi-Lösung von
HelloWorld

```
unit HelloWorld;

interface

uses Windows, Messages, SysUtils, Classes, Graphics, Controls,
     Forms, Dialogs, StdCtrls;

type
    TMyForm = class(TForm)
        s1: TLabel;
        but: TButton;
        procedure ChangeText (sender: TObject);
    end;

var
    myForm: TMyForm;

implementation

procedure TMyForm.ChangeText (sender: TObject);
begin
    s1.caption := 'Button geklickt';
end;

end.
```

Standardeinstellungen
der Steuerelemente
werden im Objekt-
inspektor festgelegt

Abschließend sei nochmals erwähnt, dass das Programm nur deswegen so kurz ist, weil sowohl die Standardeinstellungen der Steuerelemente als auch die Definition, welche Methode bei welchem Ereignis aufzurufen ist, im Objektinspektor festgelegt werden. Dies muss nicht unbedingt vorteilhaft sein, da bei Auftreten von Problemen nicht nur der Quellcode, sondern auch verschiedene Einträge im Objektinspektor geprüft werden müssen, was durchaus mühsam und schwer nachvollziehbar sein kann.

Für das Formular selbst muss eine eigene Klasse, die von JFrame *Java* abgeleitet wird, implementiert werden. In diese muss ein Panel (Klasse: JPanel), also ein spezieller Container, der Steuerelemente beinhalten kann, eingebettet werden. Ferner muss festgelegt werden, wie diese Steuerelemente innerhalb dieses Panels angeordnet werden. Hier ist meist die Anordnung XYLayout, also Festlegen der Koordinaten eines Eckpunktes, sinnvoll. Außerdem müssen die beiden Steuerelemente s1 und but in diesen Typ eingebettet werden. Der prinzipielle Aufbau des Typs, zumindest was die Attribute betrifft, sieht dementsprechend so aus:

```
public class Frame1 extends JFrame {
    JPanel contentPane;
    XYLayout xYLayout1 = new XYLayout();
    JLabel s1 = new JLabel();
    JButton but = new JButton();
    …
}
```

Außerdem muss ein Konstruktor geschrieben werden, der die diversen Standardeinstellungen, etwa die Aufschrift am Button oder die Position der Steuerelemente, festlegt. Dieser Konstruktor regelt aber auch, wie auf die auftretenden Ereignisse reagiert wird. Grundsätzlich muss in Java einmal festgelegt werden, welche Ereignisse auftreten können. Zu diesem Zweck muss die Methode enableEvents(ev) aufgerufen werden, wobei mit ev jene Arten von Ereignissen mitgegeben werden, die aktiviert werden sollten. Welche Ereignisse möglich sind, kann dabei der Klasse AWTEvent entnommen werden.

Um dann entsprechend auf die Ereignisse reagieren zu können, müssen so genannte Listener-Klassen registriert werden. Für jedes mögliche Ereignis (Maus-Ereignis, Key-Ereignis, Window-Ereignis) gibt es eine eigene Listener-Klasse. Im gegebenen Fall muss ein Maus-Listener mit Hilfe der Funktion addMouseListener registriert werden. Dieser wird durch Ableiten der Klasse java.awt.event.MouseAdapter gewonnen. Auf den Mausklick muss dann entsprechend durch Aufruf einer Methode reagiert werden.

Der gesamte Konstruktor wird in einem try-Block implementiert, um eventuell auftretende Exceptions abfangen zu können. Das folgende Quellcodefragment zeigt den Konstruktor:

```
// Den Frame konstruieren
public Frame1 () {
    enableEvents(AWTEvent.WINDOW_EVENT_MASK);
    try {
        jbInit();
    }
    catch(Exception e) {
        e.printStackTrace();
    }
}

// Initialisierung der Komponenten
private void jbInit () throws Exception  {
    contentPane = (JPanel) this.getContentPane();
    contentPane.setLayout(xYLayout1);
    // … Setzen von Eigenschaften
    but.addMouseListener(new java.awt.event.MouseAdapter() {

        public void mouseClicked (MouseEvent e) {
            but_mouseClicked(e);
        }
    });
    contentPane.add(s1, new XYConstraints(21, 50, 138, 36));
    contentPane.add(but, new XYConstraints(246, 48, 81, 31));
}
```

Der Vollständigkeit halber wird in Listing 6-2 das gesamte Programm angegeben. Daraus ist auch ersichtlich, wie das Window-Event WINDOW_CLOSING korrekt abgearbeitet werden muss, damit die Applikation terminiert.

Listing 6–2
Java-Lösung von
HelloWorld

```
package helloworld;

import java.awt.*;
import java.awt.event.*;
import javax.swing.*;
import com.borland.jbcl.layout.*;

public class Frame1 extends JFrame {
    JPanel contentPane;
    XYLayout xYLayout1 = new XYLayout();
    JLabel s1 = new JLabel();
    JButton but = new JButton();

    // Den Frame konstruieren
    public Frame1 () {
        enableEvents(AWTEvent.WINDOW_EVENT_MASK);
        try {
            jbInit();
        }
        catch(Exception e) {
            e.printStackTrace();
        }
    }

    // Initialisierung der Komponenten
    private void jbInit () throws Exception  {
```

```
s1.setText("Hello World");
contentPane = (JPanel) this.getContentPane();
contentPane.setLayout(xYLayout1);
this.setSize(new Dimension(400, 300));
this.setTitle("Frame-Titel");
but.setText("Button");
but.addMouseListener(new java.awt.event.MouseAdapter() {

    public void mouseClicked (MouseEvent e) {
        but_mouseClicked(e);
    }
});
contentPane.add(s1, new XYConstraints(21, 50, 138, 36));
contentPane.add(but, new XYConstraints(246, 48, 81, 31));
}

// Überschrieben, so dass eine Beendigung
// beim Schließen des Fensters möglich ist.
protected void processWindowEvent (WindowEvent e) {
    super.processWindowEvent(e);
    if (e.getID() == WindowEvent.WINDOW_CLOSING) {
        System.exit(0);
    }
}

void but_mouseClicked (MouseEvent e) {
    s1.setText("Button geklickt");
}
}
```

6.4 Tipps für die Gestaltung der Benutzeroberfläche

Grundsätzlich könnte an dieser Stelle noch sehr viel mehr zu diesem Thema erklärt werden. Da aber das Erstellen einer Benutzeroberfläche, wie bereits erwähnt, sehr stark von der gewählten Programmierumgebung abhängt und außerdem meist in den Handbüchern dazu nachgelesen werden kann, möchten wir uns auf die bisherigen Ausführungen beschränken. Abschließen möchten wir das Kapitel aber noch mit einer Reihe von Tipps zur Gestaltung der grafischen Benutzeroberfläche:

Programme werden für den Benutzer geschrieben, nicht für den Programmierer!

❑ Benutzerorientierter Entwurf: Es sollte immer daran gedacht werden, wie das Programm am einfachsten vom Benutzer bedient werden kann.

❑ Aussehen des Formulars: Die Steuerobjekte sollten nicht quer durcheinander gewürfelt dargestellt werden. Zum Beispiel erhöhen Fluchtlinien die Übersichtlichkeit.

❑ Konsistenz: Ähnliches sollte immer ähnlich dargestellt werden, Verschiedenes immer verschieden.

- ❑ Fehlertoleranz: Der Benutzer soll Fehler machen dürfen, das Programm sollte sich dementsprechend verhalten und eine verständliche Fehlermeldung bringen. Auf keinen Fall sollte ein Benutzerfehler zu einem Programmabsturz führen.

- ❑ Rückkoppelung: Ergebnisse von Operationen sollten immer sofort angezeigt werden.

- ❑ Tastaturbenutzer: So schön das Arbeiten mit der Maus ist, effizienter ist meist die Tastatureingabe. Daher sollte die Benutzeroberfläche so aufgebaut sein, dass auch mit der Tastatur gearbeitet werden kann.

- ❑ Funktionstasten: Aufgepasst werden sollte bei der Belegung dieser Tasten, da je nach Betriebssystem oft viele standardmäßig vergeben sind (etwa bedeutet F1 in Windows immer Hilfe). Natürlich sollten diese Funktionstasten auch in einer neuen Applikation entsprechend verwendet werden.

- ❑ Einfachheit: Der Grundsatz »As simple as possible« sollte dabei immer gelten.

7 Resümee

Allen, die bis zu dieser Stelle des Buches vorgedrungen sind, sei gratuliert. Sie haben sich nun ein solides Wissen über die objektorientierte Programmierung und auch über weitere neue Techniken wie Datenbanken oder Benutzeroberflächenprogrammierung erarbeitet.

7.1 Zusammenfassung

An dieser Stelle sind noch einmal – in stichwortartiger Schreibweise – die Kernpunkte der einzelnen Kapitel zusammengefasst. Der Leser sollte sich zu jedem Stichwort Gedanken machen. Falls bei dem einen oder anderen noch Schwachpunkte auftreten, so ist es sicherlich sinnvoll, die dazugehörigen Abschnitte zu wiederholen und sich insbesondere die Übung anzusehen:

OOP-Kurs in Stichworten

❏ Grundlagen: Symbole, Standardtypen, Deklarationen, Wertzuweisung, if-Anweisung, Mehrfachverzweigung, Schleifen, Prozeduren, Parameter, lokale Namen, Funktionen, Rekursion, Arrays, Strings, Records, schrittweise Verfeinerung, Open-Array-Parameter, Prozedurvariablen, Java Virtual Machine, Module, Export, Import, Modularisierung, Pointer, Objekte anlegen und löschen.

❏ Dynamische Datenstrukturen: Abstraktion, ADS, ADT, lineare Listen, Stacks, Queues, Bäume, Binärbäume, logisches Löschen, Traversieren, ausgeglichene Bäume, Algorithmen, Heaps, Graphen, Hashen, Sortieralgorithmen.

❏ Objektorientierte Programmierung im eigentlichen Sinne: Klassendefinition, Anlegen und Freigeben von Objekten, Instanzen, Methoden, Konstruktoren, Destruktoren, Vererbung, dynamische Bindung, abstrakte Klassen, Zugriffsklassen, Überladen, Methode von Abbot, CRC-Karten, UML, generische Bausteine, austauschbares Verhalten, erweiterbare Bausteine, heterogene Datenstrukturen, Klassenbibliotheken, `TObject`, Design Patterns, Factory, Iterator, Komponenten, Exceptions, Schnittstellen, Properties.

❑ Datenbanken: Grundidee, Datensicherheit, Datenschutz, Recovery, Transaktionen, Commit, Deadlock, Client/Server-Lösung, objektorientierte Datenbanken, Datenmodellierung, Normalisierung, ER-Modell, Generalisierung, Aggregation, Sichten, Index, Surrogat, SQL, Tabelle erzeugen, Einfügen und Löschen von Datensätzen, Funktionen, SELECT-Anweisung, Mengenoperationen, UPDATE-Anweisung, Berechtigungen, embedded SQL, Datenbanktreiber, Sendung der SQL-Anweisung an die Datenbank, Auswertung des Ergebnisses.

❑ Grafische Benutzeroberflächen: Aufbau einer GUI, Steuerelemente, ereignisorientierte Programmierung, `HandleEvent`, Objektinspektor, Formular, Tipps für die Gestaltung der Benutzeroberflächen.

Meisterung der Komplexität

Bei all diesen Themen stand eines im Vordergrund: Meisterung der Komplexität. Objektorientiertes Programmieren ist eben leider keine einfache, sondern eine komplexe Angelegenheit. Bei der Softwareentwicklung sollte daher immer folgende Reihenfolge eingehalten werden:

❑ Modell bilden: Programmieren bedeutet zu verstehen!

❑ Programm implementieren: mit Hilfe der Verwendung einer Klassenbibliothek

❑ Benutzeroberfläche gestalten

Der gesamte OOP-Kurs in diesem Buch war so aufgebaut, dass diese Schritte nun eigentlich erfolgreich abgearbeitet werden können. Genau dieser schrittweise Aufbau, der sich an obiger Reihenfolge orientiert hat, unterscheidet diesen OOP-Kurs auch von den meisten anderen, die oftmals mit dem Design der Benutzeroberfläche beginnen und das Programmieren einzelner Methoden eher nebenbei behandeln. Hier stand das Programmieren im Mittelpunkt!

As simple as possible

Der Leser sollte sich aber auch noch die Grundsätze »As simple as possible« und »Programmieren bedeutet zu verstehen!« auf seinen Weg in die objektorientierte Programmierung und vor allem für den objektorientierten Entwurf mitnehmen. Es ist sehr wichtig auch die kompliziertesten Sachverhalte zu verstehen und einfach darzustellen sowie einfache und damit leicht verständliche Lösungen für diese zu suchen. Sehr gut kann diese Kunst etwa anhand von [BGP00] verstanden und erlernt werden.

7.2   Ein OOP-Umstieg in der Praxis

Wie bereits in Kapitel 1 erwähnt, wurde dieser OOP-Kurs auch erfolgreich bei der Firma BMD Systemhaus GmbH, Österreichs führendem Produzenten von Rechnungswesensoftware, angewandt [Kna99]. BMD hat eine SW-Entwicklungsabteilung mit mehr als 50 Mitarbeitern, die vom Autor des Buches seit 1997 geleitet wird. Vierzig dieser Entwickler waren und sind teilweise noch damit beschäftigt, ein COBOL-Produkt zu warten und weiter zu entwickeln. Diese BMD-Eigenentwicklung – ein integriertes Softwarepaket für alle Geschäftsbereiche – wird bei mehr als 10.000 Kunden, darunter Österreichs führende Steuerberater und einige der größten österreichischen Unternehmen, eingesetzt. BMD hat sich in der letzten Zeit aber auch am internationalen Markt orientiert und konnte mehrere Kunden in Deutschland, Ungarn und Tschechien gewinnen.

BMD

Dieses COBOL-Produkt, das bereits mehr als 25 Jahre im Einsatz ist, wurde und wird unter Zuhilfenahme der objektorientierten Programmiersprachen Delphi und Java neu implementiert, dabei entsteht eine neue Art von Rechnungswesensoftware BMD NTCS (New Technology Commercial Software), die die Vorteile der BMD-Software und des Windows-Betriebssystems vereinen soll. Dieses Unterkapitel gibt den Projektverlauf und die Erfahrungen wieder, die im Laufe des Projektes gemacht wurden. Gerade die Erfahrungen werden all jenen, die COBOL-Projekte in OOP umsetzen sollen, sicherlich von Nutzen sein.

25 Jahre Erfahrung: NTCS

7.2.1   Hauptaufgaben

In der ersten Projektphase waren zwei Hauptaufgaben zu bearbeiten: Einerseits mussten die notwendigen Tools, also die Klassenbibliothek, implementiert werden. Andererseits war es notwendig, die COBOL-Programmierer in objektorientierte Programmierer »umzuwandeln«. Aufbauend auf diese Vorbereitungen konnten die einzelnen Programmpakete unter Zuhilfenahme der objektorientierten Klassenbibliothek neu implementiert werden.

7.2.2   Implementierung der notwendigen Windows-Tools

Diese Aufgabe ist sehr wesentlich, da sie die Basis für das gesamte Projekt bildet. In einem ersten Schritt musste die geeignete Entwicklungsumgebung ausgewählt werden. Zwar wäre es auch denkbar gewesen, eine neuere Version unseres COBOL-Compilers zu verwenden, aber wie bereits schon in Kapitel 1.5 erwähnt, wurde dies nicht wirklich

Auswahl der geeigneten Entwicklungsumgebung

gewünscht. Unterschiedliche Tools, die auf verschiedensten Programmiersprachen (z.B. Java, C++, Visual Basic, Objekt-Pascal) basieren, wurden untersucht, aber je größer die Auswahl, desto schwieriger ist eine derartige Selektion. Schlussendlich wurde Delphi ausgewählt. Dies hatte zwei Gründe: Erstens ist die Delphi-Klassenbibliothek sehr mächtig und unterstützt Datenbankzugriffe, die häufig in einer Rechnungswesensoftware vorkommen. Zweitens basiert Delphi auf der Programmiersprache Pascal, bei der es sich um eine sehr gut lesbare Sprache handelt, die einfach erlernbar für COBOL-Programmierer sein sollte.

Klassenbibliothek für effiziente Eingabemöglichkeiten

Unter Zuhilfenahme dieser neuen Entwicklungsumgebung wurde eine Klassenbibliothek entworfen, die Hauptaugenmerk auf effiziente Eingabemöglichkeiten und Integration aller Pakete legte. Außerdem wurde versucht möglichst viel innerhalb der Klassenbibliothek zu implementieren, da dadurch auch die Entwicklungszeit deutlich reduziert werden kann. Dies hat nicht nur den Vorteil, das neue Produkt früher auf den Markt zu bringen, sondern es reduziert auch den Zeitraum für die nötige Doppelwartung, immerhin muss ja das bestehende Produkt während der objektorientierten Neuimplementierung weiter gewartet werden.

Weitere Teile der Klassenbibliothek sind spezielle Eingabemasken, Reportgeneratoren, Internetkomponenten, Formelgeneratoren, Berechtigungsverwaltung, SQL-Assistenten und so weiter.

7.2.3   Umschulung der COBOL-Programmierer

Für die Entwicklung der Klassenbibliothek wurden teilweise neue Programmierer mit akademischen Background, die in der objektorientierten Programmierung bestens geschult waren, eingestellt. Dieses Team wurde ergänzt um einige weitere Entwickler, die bereits mehrjährige Erfahrung mit dem COBOL-Produkt hatten und zugleich auch die objektorientierte Programmierung beherrschten.

Erfahrungen im Rahmen einer OOP-Umschulung

Die anderen Programmierer hatten sehr gute COBOL-Kenntnisse, aber eher geringe beziehungsweise keine Kenntnisse im Bereich der objektorientierten Programmierung. Ihre Stärke war aber die Erfahrung mit der bestehenden Software, sie wussten ganz genau, was ein neues Produkt alles können sollte und wie dieses aussehen könnte. Diese Kenntnisse sind nach Meinung des Autors wesentlicher und schwerer erlernbar als die OOP-Kenntnisse. Aus diesem Grunde wurde die Entscheidung getroffen, die Programmierer auf objektorientierte Programmierung umzuschulen.

Diese Umschulung fand mit Hilfe des in diesem Buches vorgestellten OOP-Kurses statt. Die einzelnen Lernabschnitte wurden wöchentlich abgehalten, die Übungen wurden ausgearbeitet und auch korrigiert. Die Korrektur der Übungen erfolgte dabei aber nicht, um Noten zu vergeben, sondern um über den Fortschritt der einzelnen Teilnehmer Bescheid zu wissen und um Missverständnisse zu vermeiden.

Übungen werden abgearbeitet und korrigiert

7.2.4 Erfahrungen

BMD NTCS ist – zumindest für österreichische Verhältnisse – ein sehr großes Projekt mit einer Dauer von über fünf Jahren und einem Budget von ungefähr zehn Millionen Euro. Bei derartigen Projekten ist es sehr wichtig, dass die gesamte Firma das Projekt unterstützt. Aus diesem Grund war es notwendig, die gesamte Entwicklungsmannschaft von diesem Projekt zu überzeugen, was nicht einfach war, weil einige fürchteten, ihren Arbeitsplatz zu verlieren. Diese Sorge war aber nicht berechtigt, da die Umschulung durch die Firma durchgeführt wurde und jedem, der diesen Kurs erfolgreich besuchte, garantiert wurde, dass er auch im neuen Projekt mitarbeiten kann. Diese Maßnahme führte dazu, die Mannschaft von dem NTCS-Projekt überzeugen zu können.

Alle müssen an einem Strang ziehen

Ein anderer wichtiger Punkt in einem derartigen Projekt, bei dem ein altes Produkt durch ein neues ersetzt wird, ist – wie bereits erwähnt – die Zeitspanne, in der an beiden gearbeitet werden muss. In so einem Fall gibt es zwei denkbare Strategien: Einerseits ist es möglich, zwei getrennte Entwicklungsteams, die jeweils an einem Projekt arbeiten, zu haben, andererseits kann ein Team eingesetzt werden, das gleichzeitig an beiden arbeitet. Im ersteren Falle würde dies eine Verdopplung der Anzahl der Entwickler bedeuten. Außerdem wäre es schwierig, Programmierer für das »alte« Projekt zu finden, da diese zukünftige Nachteile befürchten würden. Im zweiten Falle werden wahrscheinlich beide Projekte zu kurz kommen.

Strategien für Doppelwartung

BMD hat sich aus diesem Grund für einen »goldenen« Mittelweg entschieden. Dabei wurde eine neue Mannschaft eingestellt, um die Basis des neuen Projektes, die Klassenbibliothek, zu entwickeln. Die bestehenden Programmierer wurden dazu eingesetzt, das vorhandene Programm weiterzuwarten und die spezifischen Teile (aber eben nur Teile) des neuen Projektes zu entwickeln. Diese Vorgangsweise ist aber nur möglich aufgrund des Hauptvorteils der objektorientierten Programmierung: die Modularisierung.

7.3 Begleitende Maßnahmen

Ein Einstieg in die objektorientierte Programmierung ist oftmals auch eine gute Möglichkeit, weitere Neuheiten der Softwareentwicklung umzusetzen. Dies kann sozusagen als begleitende Maßnahme durchgeführt werden. Denkbar wäre dabei etwa eine ISO-9001-Zertifizierung, automatische Tests oder aber ein Versionsmanagement.

7.3.1   ISO 9001

Eine Umstellung von COBOL auf die objektorientierte Programmierung bedingt auch eine Umstellung des gesamten Entwicklungsprozesses, was ja bereits in den vorhergehenden Kapiteln ausreichend erklärt wurde. Diese Umstellung kann sinnvoll von einer Einführung der Norm ISO 9001 begleitet werden. Dabei handelt es sich um ein Modell zur Qualitätssicherung in Design, Entwicklung, Produktion, Montage und Wartung.

Dieses Modell besteht aus etwa zwanzig Elementen, die den Kern bilden und in ihrer Substanz erfüllt werden müssen:

- ❏ Verantwortung des Managements und der Geschäftsführung
- ❏ Qualitätssicherungssystem
- ❏ Interne Audits
- ❏ Korrektur von Fehlern und Mängeln
- ❏ Vertragsprüfung
- ❏ Festlegung der Anforderungen des Auftraggebers
- ❏ Entwicklungsplanung
- ❏ Planung der Qualitätssicherung
- ❏ Design und Implementierung
- ❏ Test und Validierung
- ❏ Akzeptanztest
- ❏ Vervielfältigung, Lieferung und Installation
- ❏ Konfigurationsmanagement
- ❏ Lenkung der Dokumente
- ❏ Qualitätsaufzeichnung
- ❏ Messungen
- ❏ Regeln, Praktiken, Übereinkommen
- ❏ Werkzeuge und Techniken
- ❏ Einkauf und Beschaffung
- ❏ Beigestellte Software
- ❏ Schulung und Training

In einer Dokumentation, dem so genannten Handbuch, muss dabei genau festgelegt werden, wer für diese Elemente in welcher Art und Weise verantwortlich ist. Prinzipiell ist ein derartiges Modell wahrscheinlich in jedem Unternehmen vorhanden, oft ist es aber nicht niedergeschrieben, manchmal wird es nicht eingehalten. Der Sinn der ISO-Zertifizierung ist nun, dies alles niederzuschreiben und somit ein Handbuch zu erstellen, um dann die Qualität als Ganzes zu steigern, indem der Unternehmensalltag auch entsprechend gelebt wird. Im Rahmen der Zertifizierung wird dies dann durch Dritte, der so genannten Zertifizierungskommission, geprüft. Details zur Norm ISO 9001 können beispielsweise in [Tha96] gefunden werden.

Qualitätshandbuch

Eine derartige Zertifizierung bringt neben der Qualitätssteigerung noch häufig einen weiteren Vorteil im Konkurrenzkampf, da viele Kunden zertifizierte Anbieter vorziehen und manche (insbesondere staatliche Organisationen) sogar eine Zertifizierung fordern.

7.3.2 Automatische Tests

Diese auch bei BMD eingesetzte Testmethode ermöglicht eine effiziente Durchführung der nötigen Tests. Dabei werden mit Hilfe von Testwerkzeugen (beispielsweise QACenter von Compuware [Com98]) Testfälle aufgezeichnet und diese immer wieder wiederholt. Ferner können eigene Testfälle, so genannte Testskripts, mit speziellen Abfragen unter Zuhilfenahme einer Makrosprache implementiert werden. QACenter kann außerdem verwendet werden, um Testskripts zu warten, Testdaten zu manipulieren und um Belastungstests durchzuführen.

Testfälle werden aufgezeichnet und beliebig oft wiederholt

Derartige Testwerkzeuge können in einem Drei-Stufen-Prinzip eingeführt werden:

Automatische Tests können in einem Drei-Stufen-Prinzip eingeführt werden

❏ In einem ersten Schritt werden die Werkzeuge installiert und die Testabteilung darauf eingeschult. Dies ist relativ einfach und kann in wenigen Tagen durchgeführt werden. Die schwierigste Aufgabe ist hier eigentlich, die Mitarbeiter von der Sinnhaftigkeit des Projektes zu überzeugen, wobei dazu auch psychologische Arbeit gehört, da das Wort »Automatisierung« manchmal einen negativen Beigeschmack hat.

❏ In einem zweiten Schritt ist es notwendig, eine Testserie aufzubauen. Die grundsätzliche Strategie im Falle von BMD war dabei, eine Buchhaltung anzulegen, einige spezielle Buchungsfälle durchzuführen, die Buchhaltung abzuschließen und eine Bilanz auszudrucken. Diese Testserie wird nach jeder Änderung, de facto also täglich, am Entwicklungsstand durchgeführt. Danach wird –

natürlich automatisch – geprüft, ob die Ausdrucke jeweils identisch sind. Das Wichtigste dabei ist, jene Testfälle zu finden, die in die Testserie eingebaut werden sollten. Mit Hilfe einer solchen Testserie ist sichergestellt, dass das Programm auch nach Änderungen noch funktioniert, und gerade große Änderungen produzieren somit nur kleinere Probleme.

❏ In einem dritten Schritt kann versucht werden, diese automatischen Tests zu »perfektionieren«. Dabei können spezielle Kontrollen eingebaut werden, die beispielsweise folgende Fälle testen: In der BMD-Software sieht der Benutzer nach jeder Buchung das aktuelle Ergebnis des Unternehmens. Eine einfache Kontrolle, die das Anzeigen des Ergebnisses überwacht, kann der Testserie hinzugefügt werden. Durch das Verwenden solcher Kontrollen können automatische Tests die Qualität des Testens deutlich verbessern. Obwohl derartige Kontrollskripts relativ einfach zu implementieren sind, sollte dabei aber bedacht werden, dass diejenigen, die die Software testen, meistens keine Programmierer, sondern Endbenutzer sind. Daher wird es sinnvoll sein, einen Programmierer mit der Implementierung derartiger Kontrollen zu beauftragen.

7.3.3 Versionsmanagement

Wenn die Programme und damit die Sourcen neu geschrieben werden, dann ist dies natürlich auch ein optimaler Zeitpunkt, um die Einführung einer Sourcenverwaltung, also eines Versionsmanagements, zu überlegen.

Entstehungsprozess wird minutiös festgehalten

Derartige Softwaretools halten den kompletten Entstehungsprozess minutiös fest und sind in der Lage, sämtliche abgelaufene Aktivitäten zu rekonstruieren – bis zurück zur Version 1.0. Außerdem können beliebig viele Programmierer an den Sourcen arbeiten, Code-Überschreibungen werden dabei automatisch verhindert.

Sourcen müssen vor der Verwendung »ausgecheckt« werden

Alle Sourcecodedateien sind dabei zentral gespeichert und prinzipiell schreibgeschützt. Wenn eine Änderung an einer Datei vorgenommen werden soll, so muss der Entwickler einen Auftrag bekommen, der beinhaltet, welche Änderung durchgeführt werden soll. Dieser Auftrag, der durchaus auch vom Entwickler selbst kommen kann, berechtigt dazu, den dazugehörigen Sourcecode zu bearbeiten. Zu diesem Zweck wird dieser mittels des Versionsmanagement-Tools »ausgecheckt« und kann danach lokal weiterbearbeitet werden. Ab diesem Zeitpunkt können alle anderen Entwickler nur mehr lesend auf den Sourcecode zugreifen. Sobald die Änderung fertig durchgeführt ist, kann diese Sourcecodedatei wieder »eingecheckt« werden und steht somit allen Entwicklern zur Verfügung. Das Versionsmanagement-Tool registriert dabei alle Änderungen mit den dazugehörigen Aufträgen und es ist daher jederzeit möglich, zu einer beliebigen älteren Source-Version zurückzukehren oder aber sich die Änderungen zwischen zwei Versionen punktgenau anzusehen.

Die anderen Entwickler können danach auch wiederum Änderungen an dieser Datei vornehmen, natürlich aber nur, wenn sie einen Auftrag dafür bekommen und die Datei vorher wieder »auschecken«.

Die Umsetzung einer derartigen Versionsverwaltung erfordert viel Disziplin, erhöht aber deutlich die Qualität (siehe dazu auch Abschnitt 7.3.1) und erleichtert die Fehlersuche. Versionsmanagement-Tools sind vor allem eine effektive Unterstützung bei paralleler Entwicklung.

7.4   Trotzdem bei COBOL bleiben?

Obwohl mit der Durcharbeitung dieses Buches ein großer Schritt in Richtung objektorientierte Programmierung getan wurde, wird der eine oder andere Leser vielleicht bei der Programmiersprache COBOL bleiben wollen. Auf unser Beispiel von Kapitel 1 mit den Quastenflossern zurückkommend, mag dies ja eventuell auch erfolgreich sein.

Vielleicht doch als Quastenflosser probieren?

Das Durcharbeiten dieses Buches, insbesondere der Kapitel 2 und 3, hat aber sicherlich auch die allgemeinen Programmierfähigkeiten verbessert, so dass die Zeit nicht umsonst aufgewendet wurde.

Auch braucht bei COBOL nicht unbedingt gänzlich auf Datenbanken und grafische Benutzeroberflächen verzichtet werden. Mittels ODBC-Treiber ist es möglich, auf die IS-Files von COBOL so zuzugreifen, als würde es sich um Datenbanken handeln und neue COBOL-Entwicklungsumgebungen bieten teilweise die Möglichkeit, neben Terminallösungen auch Windows-Oberflächen zu implementieren.

7.5   Schlusswort

Abschließen möchten wir dieses Buch mit einer Aussage frei nach Professor Zemanek, einem österreichischen Computerpionier der ersten Stunde: »Da die Hardware ja fast perfekt ist, hat der Teufel die Software erschaffen.« Daher nochmals der Grundsatz: Objektorientiertes Programmieren ist komplex und kann nur durch schrittweises Vorgehen und ordentliche Modularisierung gemeistert werden.

Da die Hardware ja fast perfekt ist, hat der Teufel die Software erschaffen

A Arbeit mit den Entwicklungsumgebungen

Dieser Anhang gibt eine kurze Einführung in die auf der CD befindlichen Entwicklungsumgebungen und soll elementare Grundlagen für die Durchführung der Übungen vermitteln. Dabei wird ein ganz einfaches Beispiel, das vor allem die Ein- und Ausgabe behandelt, durchgespielt. Sämtliche Programme sollten dann nach dem hier vorgestellten Muster entworfen werden.

Delphi und JBuilder

A.1 Delphi

Starten Sie das Delphi-System. Wählen Sie den Menüpunkt »Öffnen« im Menü »Datei«. In dem nun folgenden Dateidialog stellen Sie das Verzeichnis Delphi\Musterprojekt Ihrer CD ein und wählen Sie die Datei Muster aus.

Nun öffnet sich ein Eingabefenster, das ein Gerüst eines Pascal-Programms anzeigt. Als erster Schritt muss das Projekt unter einem neuen Namen abgespeichert werden. Dazu ist es nötig, den Menüpunkt »Speichern unter...« im Menü »Datei« auszuwählen. Das Projekt ist nun unter einem sinnvollen Namen, z.B. Uebung0, in einem beliebigen Verzeichnis abzulegen.

Musterprojekt

Daraufhin kann begonnen werden zu programmieren. Ein kurzes Demoprogramm kann beispielsweise folgendes Aussehen haben:

```pascal
// Markus Knasmüller, 8.1.2001
// Programm, das zwei Zahlen einliest und die Summe ausgibt
// dient als Demoprogramm (Übung 0)

program Uebung0;

var
    a, b, sum: Integer;
    dummy: Char;

begin
    Write('Bitte geben Sie den ersten Wert ein:'); ReadLn(a);
    Write('Bitte geben Sie den zweiten Wert ein:'); ReadLn(b);
```

```
    sum := a + b;
    Write('Das Ergebnis ist:');
    WriteLn(sum); // es ginge auch WriteLn(a + b);
    Read(dummy); // notwendig damit Ergebnis stehen bleibt
end.
```

Programm übersetzen
und starten

Füllen Sie den Musterrahmen entsprechend diesem Quellcode aus. Der nächste Schritt besteht nun darin, dieses Programm zu übersetzen und zu starten. Delphi bietet dafür den Menüpunkt »Start« im Menü »Start« (oder die Funktionstaste F9) an. Dieser Menüpunkt übersetzt (kompiliert) das Programm und führt es aus, falls keine Fehler beim Übersetzen aufgetreten sind.

Compiler-
Fehlermeldungen und
-Warnungen

Sollten Fehler bei der Übersetzung aufgetreten sein, so werden diese angezeigt. Delphi teilt dabei das Eingabefenster in zwei Unterfenster. Im oberen wird der eingegebene Quellcode angezeigt, im unteren die Fehlermeldungen. Jene Zeile, wo der Fehler aufgetreten ist, wird im oberen Fenster rot markiert. (Achtung: Es kann durchaus sein, dass der Fehler eine Zeile oberhalb passiert ist und erst in der rot markierten Zeile vom Compiler bemerkt wird, z.B. bei einem vergessenen Strichpunkt.) Der Fehler ist dementsprechend zu korrigieren. Treten mehrere Fehler auf, so kann im unteren Teilfenster mittels Maus zu den jeweiligen Fehlern gesprungen werden. Nach der Korrektur muss der Menüpunkt »Start« nochmals ausgewählt werden. Eventuelle Warnungen des Compilers können dabei ignoriert werden.

Wird das Programm ausgeführt, so wird in einem Textfenster die Meldung `Bitte geben Sie den ersten Wert ein:` angezeigt. Darauf ist ein Wert, z.B. 5, einzugeben und die Eingabetaste zu drücken. Danach erscheint eine zweite Meldung `Bitte geben Sie den zweiten Wert ein:`. Wiederum ist ein Wert, etwa 3, einzugeben und die Eingabetaste zu drücken. Nun wird das Ergebnis des Programms wie folgt angezeigt: `Das Ergebnis ist: 8`. Ein beliebiger Tastendruck beendet das Programm. Wie aus dem Programmcode ersichtlich, können also beliebige Werte mittels `Read` bzw. `ReadLn` eingelesen und mittels `Write` bzw. `WriteLn` ausgegeben werden. Das angehängte `Ln` führt dabei zu einem Zeilenumbruch.

Um den Quellcode des Programms auszudrucken, muss nur der Menüpunkt »Drucken« im Menü »Datei« ausgewählt werden.

Units

Wenn neben einem Programm auch Module (siehe z.B. Kapitel 2.7) verwendet werden sollen, so können diese mit dem Menüpunkt »Neu« im Menü »Datei« hinzugefügt werden. Im aufgehenden Dialog muss einfach das Icon »Unit« ausgewählt werden.

A.2 Java

Starten Sie das JBuilder-System. Wählen Sie den Menüpunkt »Neues Projekt... « im Menü »Datei«. Im nun folgenden Dateidialog stellen Sie das gewünschte Verzeichnis, etwa d:\Uebungsprojekt, ein und vergeben Sie den Projektnamen Uebung0.

Neues Projekt

Wählen Sie nun den Unterpunkt »Datei hinzufügen...« des Menüpunktes »Dem Projekt hinzufügen« im Menü »Projekt«. Geben Sie den Dateinamen Uebung0.java ein und beantworten Sie die darauf folgende Frage, ob die Datei angelegt werden sollte, mit »Ja«. Der Name der neuen Datei wird nun im linken Frame angezeigt werden, die Datei kann mittels Doppelklick darauf geöffnet werden.

Daraufhin kann mit dem Programmieren begonnen werden. Ein kurzes Demoprogramm kann beispielsweise folgendes Aussehen haben:

```java
// Markus Knasmüller, 8.1.2001
// Programm, das zwei Zahlen einliest und die Summe ausgibt
// dient als Demoprogramm (Übung 0)
class Uebung0 {

    public static String readName () { // Hilfsprozedur
        String s = "";
        try {
            s = new java.io.DataInputStream(System.in).readLine();
        }
        catch(java.io.IOException e) {}
        return s.trim();
    }

    public static int readInt () { // Hilfsprozedur
        String s = "";
        try {
            s = new java.io.DataInputStream(System.in).readLine();
        }
        catch (java.io.IOException e) {}
        return java.lang.Integer.parseInt(s);
    }

    public static void main (String args[]) {
        int a, b, sum;
        System.out.print("Bitte geben Sie den ersten Wert ein:");
        a = readInt();
        System.out.print("Bitte geben Sie den zweiten Wert ein:");
        b = readInt();
        sum = a + b;
        System.out.print("Das Ergebnis ist:");
        System.out.println(sum);
        // es ginge auch System.out.println(a + b);
    }
}
```

Programm übersetzen und starten

Geben Sie diesen Quellcode einfach ein. Der nächste Schritt besteht nun darin, dieses Programm zu übersetzen und zu starten. Java bietet dafür den Menüpunkt »Projekt ausführen« im Menü »Start« an (oder Taste F9). Dieser Menüpunkt übersetzt (kompiliert) das Programm und führt es aus, falls keine Fehler beim Übersetzen aufgetreten sind. Bevor das Programm ausgeführt wird, muss noch die Hauptklasse gesetzt werden. In diesem Dialog muss der Button »Setzen« und danach die Klasse Uebung0 ausgewählt werden.

Compiler-Fehlermeldungen und -Warnungen

Sollten Fehler bei der Übersetzung aufgetreten sein, so werden diese angezeigt. Java teilt dabei das Eingabefenster in zwei Unterfenster. Im oberen wird der eingegebene Quellcode angezeigt, im unteren die Fehlermeldungen. Jene Zeile, wo der Fehler aufgetreten ist, wird im oberen Fenster rot markiert. Der Fehler ist dementsprechend zu korrigieren. Treten mehrere Fehler auf, so kann im unteren Teilfenster mittels Maus zu den jeweiligen Fehlern gesprungen werden. Nach der Korrektur muss der Menüpunkt »Start« nochmals ausgewählt werden. Eventuelle Warnungen des Compilers können dabei ignoriert werden.

Wird das Programm ausgeführt, so wird im unteren Teil des Bildschirms die Meldung Bitte geben Sie den ersten Wert ein: angezeigt. Darauf ist ein Wert, z.B. 5, einzugeben und die Eingabetaste zu drücken. Danach wird eine zweite Meldung Bitte geben Sie den zweiten Wert ein: ausgegeben. Wiederum ist ein Wert, etwa 3, einzugeben und die Eingabetaste zu drücken. Nun wird das Ergebnis des Programms wie folgt angezeigt: Das Ergebnis ist: 8. Wie aus dem Programmcode ersichtlich, können also beliebige Zahlenwerte mittels readInt, Zeichenketten mittels readName eingelesen werden. Das Quellcodefragment für readInt und readName kopieren Sie dabei am besten in jedes Ihrer Programme, das Eingaben benötigt. Mittels System.out.print bzw. System.out.println können beliebige Werte ausgegeben werden. Das angehängte ln führt dabei zu einem Zeilenumbruch.

Um den Quellcode des Programms auszudrucken, muss nur der Menüpunkt »Drucken« im Menü »Datei« ausgewählt werden.

Module

Wenn neben einem Programm auch Module (siehe z.B. Abschnitt 2.7) verwendet werden sollen, so können diese mit dem Unterpunkt »Datei hinzufügen...« des Menüpunktes »Dem Projekt hinzufügen« im Menü »Projekt« hinzugefügt werden.

B Musterlösungen

Dieser Anhang enthält Musterlösungen zu den Aufgaben der verschiedenen Lernabschnitte. Um den Rahmen dieses Buches nicht zu sprengen, ist hier nur eine Auswahl der Lösungen, meist auch nur in einer Programmiersprache, angegeben. Auf der beiliegenden CD befinden sich aber alle Lösungen sowohl in Delphi- als auch in Java-Code.

Alle Lösungen befinden sich auf der beiliegenden CD

Sämtliche Musterlösungen zeigen jedoch nur beispielhaft einen Weg, selbstverständlich sind oftmals andere – eventuell auch effizientere – Lösungen möglich. Die Musterlösungen sind dazu gedacht, um kurz nachzublättern und so eventuell eine Lösungsidee zu bekommen.

B.1 Lösungen zu Kapitel 2

B.1.1 Übungen in Abschnitt 2.1.5

Aufgabe 1 (20 Minuten): Deklarationen

Delphi

a) `kontoNummer: Integer;`
b) `kontoSaldo: Real;`
c) `ch: Char;`
d) `kurz: Shortint;`
e) `genauerWert: Double;`

Java

a) `int kontoNummer;`
b) `float kontoSaldo;`
c) `char ch;`
d) `byte kurz;`
e) `double genauerWert;`

Aufgabe 2 (30 Minuten): Boolesche Ausdrücke

a) $(x < z)$ and $(y < z)$ and $(x < y)$ or $(x \geq z)$ and $(x < y)$ $\Leftrightarrow$
     $((x < z)$ and $(y < z)$ and $(x < y))$ or $((x \geq z)$ and $(x < y))$ $\Leftrightarrow$
     $((y < z)$ and $(x < y))$ or $((x \geq z)$ and $(x < y))$ $\Leftrightarrow$
     $(x < y)$ and $((y < z)$ or $(x \geq z))$

   $x=3, y=5, z=7 \Rightarrow$ TRUE
   $x=5, y=3, z=7 \Rightarrow$ FALSE
   $x=5, y=7, z=3 \Rightarrow$ TRUE

b)   Formulieren Sie Ausdrücke, welche TRUE ergeben, wenn
     – ch Buchstabe oder Ziffer ist:

```
(ch >= 'a') and (ch <= 'z') or (ch >= 'A') and (ch <= 'Z') or
(ch >= '0') and (ch <= '9')
```

   – x, y, z lauter verschiedene Werte enthalten:

```
(x <> y) and (y <> z) and (x <> z)
```

   – Vereinfachen Sie folgenden Ausdruck:

```
(x <> y) or not ((y = z) and (y = x)) ⟺
(x <> y) or (not(y = z) or not(y = x)) ⟺
(x <> y) or (y <> z) or (y <> x) ⟺ (x <> y) or (y <> z)
```

B.1.2   Übungen in Abschnitt 2.2.7

Aufgabe 1 (60 Minuten): Fibonacci-Zahlen

Delphi

```
program PgmFibonacci;

var
    n, i: Integer;
    fib1, fib2, res: Integer; // Fib(n - 1), Fib(n - 2), Fib(n)
begin
    ReadLn(n);
    while (n >= 0) do begin
        res := 1;
        fib1 := 1; // initialize Fib(n-1)
        fib2 := 1; // initialize Fib(n-2)
        for i := 2 to n do begin
            res := fib1 + fib2; // Fib(n) = Fib(n-1) + Fib(n-2)
            fib2 := fib1; // new Fib(n-2)
            fib1 := res; // new Fib(n-1)
        end;
        WriteLn('Die ', n, '. Zahl lautet:', res );
        ReadLn(n);
    end;
end.
```

Aufgabe 2 (60 Minuten): Buchpreis

```java
import java.io.*;                                                    Java

class PgmBuchpreis {

    static int readInt () {
        String s = "";
        try {
            s = new java.io.DataInputStream(System.in).readLine();
        }
        catch (java.io.IOException e) {}
        return java.lang.Integer.parseInt(s);
    }

    public static void main (String args[]) {
        int number, tage, qualitaet;
        final int PAPERBACK = 300;
        final int HARDCOVER = 400;
        double preis = 0;
        double factor;
        qualitaet = readInt();
        while (qualitaet > 0) {
            number = readInt();
            tage = readInt();
            factor = 1;
            switch (qualitaet) {
                case 1:
                    if (number > 300) {factor = 0.9;}
                    else {
                        if (number > 200) {factor = 0.95;}
                    }
                    preis = PAPERBACK * number * factor;
                    break;
                case 2:
                    if (number > 200) {
                        if (number > 300) {factor = 0.85;}
                        else {factor = 0.9;}
                    }
                    else {
                        if (number > 100) {factor = 0.95;}
                    }
                    preis = HARDCOVER * number * factor;
            }
            if (tage < 10){
                switch (qualitaet) {
                    case 1:
                        if (tage < 5) {factor = 0.97;} else {factor =
                                                                0.99;}
                        break;
                    case 2:
                        if (tage < 5) {factor = 0.95;} else {factor =
                                                                0.97;}
                }
                preis = preis * factor;
```

```
            }
            System.out.print("Der Preis beträgt: ");
            System.out.println(preis);
            qualitaet = readInt();
        }
    }
}
```

B.1.3   Übungen in Abschnitt 2.3.7

Aufgabe 1 (15 Minuten): Vereinfachungen

Diese Quellcodefragmente lassen sich wie folgt vereinfachen:

```
i := j; // Teilaufgabe A

a := a * b + 2 * c; // Teilaufgabe B

if a < b then begin // Teilaufgabe C
    c := a; a := b; b := c;
end;
```

Aufgabe 2 (5 Minuten): Schreibtischtest

Tabelle B-1 zeigt, wie sich die Variablen während der Abarbeitung der Prozedur ändern. Wichtig ist dabei, dass durch die zweimalige Verwendung von x als Ausgangsparameter die Parameter x und y denselben Speicherplatz belegen.

Tab. B–1
Schreibtischtest

Programmzeile	x	y
P(x, x) ;	5	5
y := 2 * x ;	10	10
y := y * x ;	100	100

B.1.4   Übungen in Abschnitt 2.7.5

Aufgabe 1 (180 Minuten): Priority-Queue

Array   Nachdem in der Aufgabe steht, dass höchstens hundert Leute in der Warteschlange sein können, kann ein gewöhnliches Array verwendet werden, um diese zu implementieren. Es macht dabei durchaus Sinn, je nach Kategorie `kind` drei Arrays zu unterscheiden und sozusagen intern drei Warteschlangen je nach Kategorie der wartenden Personen zu verwalten. Eine derartige Lösung kann beispielsweise wie folgt aussehen:

```
unit PriorityQueue;                                        Delphi
interface
    const UNPOPULAR = 1; INDIFFERENT = 2; POPULAR = 3;

    procedure Add (name: String; k: Integer);
    (* fügt eine neue Person - der Art k - der Queue hinzu *)

    procedure GetNext (var name: String);
    (* liefert den Namen der nächsten Person und entfernt diese *)

    function Count (): Integer;
    (* liefert die Anzahl der Personen *)
implementation
    type
        PersonArr = array[0..99] of String;

    var
        queues: array[UNPOPULAR..POPULAR] of PersonArr;
        index: array[UNPOPULAR..POPULAR] of Integer;

    procedure Add (name: String; k: Integer);
    begin
        queues[k, index[k]] := name;
        Inc(index[k]);
    end;

    procedure GetNext (var name: String);
        var i, j: Integer;
    begin
        if index[POPULAR] > 0 then i := POPULAR
        else begin
            if index[INDIFFERENT] > 0 then i := INDIFFERENT
            else i := UNPOPULAR;
        end;
        if index[i] = 0 then name := ''
        else begin
            Dec(index[i]);
            name := queues[i, 0];
            for j := 0 to index[i] do begin
                queues[i, j] := queues[i, j + 1];
            end;
        end;
    end;

    function Count (): Integer;
    begin
        result := index[UNPOPULAR] + index[INDIFFERENT]
        + index[POPULAR];
    end;

initialization
    index[UNPOPULAR] := 0; index[INDIFFERENT] := 0;
    index[POPULAR] := 0;
end.
```

B.1.5   Übungen in Abschnitt 2.8.6

Aufgabe 1 (170 Minuten): Priority-Queue

Zeiger müssen verwendet werden

Im Gegensatz zur vorhergehenden Aufgabe ist die Anzahl der Personen hier nicht beschränkt, daher kann auch kein Array verwendet werden. Stattdessen wird einfach eine dynamische Liste implementiert. Da somit das Einfügen und Löschen sehr einfach ist, erübrigt sich eine Aufsplittung in drei Teillisten. Eine derartige Lösung kann beispielsweise wie folgt aussehen:

Java

```java
package Priority;

class Person {
    String name;
    int kind;
    Person next;
}

public class PriorityQueue {
    public final int UNPOPULAR = 1;
    public final int INDIFFERENT = 2;
    public final int POPULAR = 3;

    static int nrOfElems;
    static Person head;

    public static void add (String name, int k) {
        Person p1, p2;
        nrOfElems++;
        if ((head == null) || (head.kind < k)) {
            // neues Element wird neuer head
            p1 = head;
            head = new Person();
            head.name = name; head.kind = k; head.next = p1;
        }
        else {
            p1 = head; p2 = head;
            while ((p1 != null) && (p1.kind >= k)) {
                p2 = p1; p1 = p1.next;
            }
            p1 = new Person();
            p1.name = name; p1.kind = k; p1.next = p2.next;
            p2.next = p1;
        }
    }

    public static String getNext () {
        String n;
        if (head != null) {
            n = head.name;
            head = head.next;
            nrOfElems--;
            return n;
```

```
      }
      else {
         return "";
      }
   }

   public static int count () {
      return nrOfElems;
   }

   static {
      nrOfElems = 0;
      head = null;
   }
}
```

Aufgabe 2 (10 Minuten): Fehlersuche

Das Problem besteht darin, dass mittels `new(p)` ein Objekt angelegt wird, auf das aber nie zugegriffen wird, die Anweisung ist also vollkommen sinnlos. Durch die nächste Zuweisung `p := nil` ist der angelegte Speicherblock nicht mehr erreichbar. In Delphi, wo wegen des fehlenden Garbage Collectors derartig angelegte Blöcke auch wieder explizit freigegeben werden müssen, führt dieses dazu, dass der Block durch die nicht Erreichbarkeit nicht mehr freigegeben werden kann. Dadurch bleibt dieser Speicherplatz ungenutzt.

Auf angelegtes Objekt wird nie zugegriffen

B.2   Lösungen zu Kapitel 3

B.2.1   Übungen in Abschnitt 3.1.4

Aufgabe 1 (170 Minuten): Relations

```
unit Relations;

interface
   type
      Item = ^ItemDesc;
      ItemDesc = record
         oid: String;
         adr: Integer;
         q: Boolean;
         next: Item;
      end;

      Relation = ^RelationDesc;
      RelationDesc = record
         head: Item;
         n: Integer;
      end;
```

Delphi

```
      function Adr (r: Relation; oid: String): Integer;
      procedure Delete (r: Relation; oid: String);
      function  Entries (r: Relation): Integer;
      procedure Insert (r: Relation; oid: String; adr: Integer;
                     q: Boolean);
      function Quality (r: Relation; oid: String): Boolean;
      procedure Init (var r: Relation);

      var err: Boolean;

implementation
      procedure Search (r: Relation; oid: String; var prev, elem: Item);
      begin
         prev := nil; elem := r.head;
         while (elem <> nil) and (elem.oid <> oid) do begin
            prev := elem; elem := elem.next;
         end;
      end;

      function Adr (r: Relation; oid: String): Integer;
         var prev, elem: Item;
      begin
         err := false;
         Search(r, oid, prev, elem);
         if elem <> nil then result := elem.adr
         else begin
            err := true;
            result := 0;
         end;
      end;

      procedure Delete (r: Relation; oid: String);
         var prev, elem: Item;
      begin
         err := false;
         Search(r, oid, prev, elem);
         if elem <> nil then begin
            Dec(r.n);
            if prev = nil then begin
               r.head := elem.next;
            end
            else begin
               prev.next := elem.next;
            end;
         end
         else begin
            err := true;
         end;
      end;

      procedure Insert (r: Relation; oid: String; adr: Integer;
                     q: Boolean);
         var elem: Item;
      begin
         err := false;
         New(elem); elem.adr := adr; elem.oid := oid; elem.q := q;
```

```
      elem.next := r.head;
      r.head := elem;
      Inc(r.n);
   end;

   function Quality (r: Relation; oid: String): Boolean;
      var prev, elem: Item;
   begin
      err := false;
      Search(r, oid, prev, elem);
      if elem <> nil then result := elem.q
      else begin
         err := true;
         result := false;
      end;
   end;

   function Entries (r: Relation): Integer;
   begin
      err := false; result := r.n;
   end;

   procedure Init (var r: Relation);
   begin
      New(r);
      r.n := 0; r.head := nil;
      err := false;
   end;
end.
```

Aufgabe 2 (10 Minuten): Abstrakter Datentyp

Das Umwandeln einer abstrakten Datenstruktur in einen abstrakten Datentyp erfordert immer folgende Änderungen:

Umwandlung ADS in ADT

❏ Einbettung der globalen Variablen in einen exportierten Typ

❏ Hinzufügen eines Parameters dieses Typs zu allen Prozeduren

❏ Hinzufügen einer Init-Prozedur, die die Funktionen des Modulrumpfes übernimmt

Dementsprechend sieht das Resultat folgendermaßen aus:

```
unit Lists;

interface
   type
      ListItem = record
         x: Integer;
      end;

      List = record
         l: array [0..30] of ListItem;
         n: Integer;
      end;
```

```
procedure Enter (var l: List; item: ListItem);
procedure Print (l: List);
procedure Init (var l: List);

implementation

procedure Enter (var l: List; item: ListItem);
begin
   l.l[l.n].x := item;
   Inc(l.n);
end;

procedure Print (l: List);
   var i: Integer;
begin
   for i := 0 to l.n - 1 do begin
      WriteLn(l.l[i].x);
   end;
end;

procedure Init (var l: List);
begin
   l.n := 0;
end;
end.
```

B.2.2   Übungen in Abschnitt 3.2.4

Aufgabe 1 (200 Minuten): Queue

Delphi
```
unit Queues;

interface
   type
      Proc = Procedure (x: Integer);

      Node = ^NodeDesc;
      NodeDesc = record
         val: Integer;
         next: Node;
      end;

      Queue = record
         n: Integer; // Anzahl der Elemente
         top: Node;
      end;

   procedure EnQueue (var q: Queue; val: Integer);
   procedure DeQueue (var q: Queue; var val: Integer);
   procedure NewQueue (var q: Queue);
   function NrOfElems (q: Queue): Integer;
   function Full (q: Queue): Boolean;
   function Empty (q: Queue): Boolean;
   procedure Iterate (q: Queue; p: Proc);

implementation
```

```
procedure EnQueue (var q: Queue; val: Integer);
   var x, cur: Node;
begin
   New(x); x.val := val; x.next := nil; // Element anlegen
   Inc(q.n);
   if q.top = nil then begin
      q.top := x;
   end
   else begin
      cur := q.top;
      while cur.next <> nil do cur := cur.next;
      cur.next := x;
   end;
end;

procedure DeQueue (var q: Queue; var val: Integer);
   var h: Node;
begin
   if q.top = nil then begin val := -1; exit; end;
   h := q.top; // für Speicherfreigabe
   val := q.top.val;
   q.top := q.top.next; // zweites Element wird zum ersten
   Dispose(h);
   Dec(q.n);
end;

procedure NewQueue (var q: Queue);
begin
   q.top := nil; q.n := 0;
end;

function NrOfElems (q: Queue): Integer;
begin
   result := q.n;
end;

function Full (q: Queue): Boolean;
begin
   result := false; // niemals voll, da dynamischer Datentyp
end;

function Empty (q: Queue): Boolean;
begin
   result := q.n = 0;
end;

procedure Iterate (q: Queue; p: Proc);
   var h: Node;
begin
   h := q.top;
   while h <> nil do begin
      p(h.val);
      h := h.next;
   end;
end;
end.
```

Aufgabe 2 (20 Minuten): Diskussion

Beim Vergleich zwischen den dynamischen und statischen Datentypen fallen folgende Unterschiede (aus Sicht des dynamischen Typs) auf:

☐ Es wird nur genau der Speicherplatz, der für die jeweils eingefügte Anzahl von Elementen notwendig ist, reserviert.

☐ Die Queue kann beliebig groß werden, die Funktion `Full` liefert dementsprechend nie TRUE zurück. Der unwahrscheinliche Fall, dass der Hauptspeicher nicht ausreicht, kann wohl problemlos vernachlässigt werden.

☐ Bei den Einfüge- und Löschoperationen brauchen nur einzelne Zeiger umgelegt zu werden, der Rest der gesamte Liste ist davon nicht betroffen. Allerdings sind diese Operationen oft trotzdem nicht einfach zu durchschauen.

☐ Das einzelne Element benötigt durch den Pointer geringfügig mehr Speicherplatz.

B.2.3   Übungen in Abschnitt 3.4.5

Aufgabe 1 (10 Minuten): Heap

Heapordnung   Bei dieser Aufgabenstellung handelt es sich um einen Heap, da die Heapordnung gilt. Diese besagt, dass der Vater von `a[i]` durch `a[i div 2]`, die Söhne durch `a[2 * i]` und `a[2 * i + 1]` bestimmbar sein müssen und der Vater immer größer sein muss als beide Söhne. Dies ist in Abbildung B-1 deutlich zu sehen.

Abb. B–1
Heap in Baumdarstellung

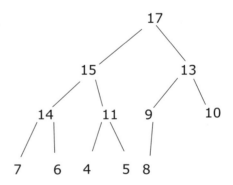

B.3   Lösungen zu Kapitel 4

B.3.1   Übungen in Abschnitt 4.1.6

Aufgabe 1 (180 Minuten): Queue

```
unit Queues;                                              Delphi

interface
    type
        Proc = Procedure (x: Integer);

        Node = ^NodeDesc;
        NodeDesc = record
            val: Integer;
            next: Node;
        end;

        Queue = class (TObject)
            private
                n: Integer; // Anzahl der Elemente
                top: Node;
            public
                constructor Create;
                procedure EnQueue (val: Integer);
                procedure DeQueue (var val: Integer);
                function NrOfElems (): Integer;
                function Full (): Boolean;
                function Empty (): Boolean;
                procedure Iterate (p: Proc);
        end;

implementation

    constructor Queue.Create;
    begin
        top := nil; n := 0;
    end;

    procedure Queue.EnQueue (val: Integer);
        var x, cur: Node;
    begin
        New(x); x.val := val; x.next := nil; // Element anlegen
        Inc(n);
        if top = nil then begin
            top := x;
        end
        else begin
            cur := top;
            while cur.next <> nil do cur := cur.next;
            cur.next := x;
        end;
    end;

    procedure Queue.DeQueue (var val: Integer);
        var h: Node;
```

```
      begin
         if top = nil then begin val := -1; Exit; end;
         h := top; // für Speicherfreigabe
         val := top.val;
         top := top.next; // zweites Element wird zum ersten
         Dispose(h);
         Dec(n);
      end;

      function Queue.NrOfElems (): Integer;
      begin
         result := n;
      end;

      function Queue.Full (): Boolean;
      begin
         result := false;
      end;

      function Queue.Empty (): Boolean;
      begin
         result := n = 0;
      end;

      procedure Queue.Iterate (p: Proc);
         var h: Node;
      begin
         h := top;
         while h <> nil do begin
            p(h.val);
            h := h.next;
         end;
      end;
   end.
```

Java

```
      package Q;

      class Node {
         int val;
         Node next;
      }

      public class Queue {
         Node top;
         int n; // Anzahl der Elemente

         public Queue () {
            top = null;
            n = 0;
         }

         public void enqueue (int val) {
            Node x, cur;
            x = new Node(); x.val = val; x.next = null; // Element anlegen
            n++;
            if (top == null) {top = x;}
            else {
               cur = top;
```

```
        while (cur.next != null) {cur = cur.next;}
        cur.next = x;
    }
}

public int dequeue () {
    int val;
    if (top == null) {return -1;}
    val = top.val;
    top = top.next; // zweites Element wird zum ersten
    n--;
    return val;
}

public int nrOfElems () {
    return n;
}

public boolean full () {
    return false;
}

public boolean empty () {
    return n == 0;
}

public void print () {
    Node h;
    h = top;
    while (h != null) {
        System.out.println(h.val);
        h = h.next;
    }
}
}
}
```

B.3.2   Übungen in Abschnitt 4.3.6

Aufgabe 1 (180 Minuten): Entwurf der Klasse Konto

Tabelle B-2 zeigt die wesentlichen Substantive, Verben und Adjektive, die in diesem kurzen Beispiel vorkommen.

Substantive	Verben	Adjekive
Konto	Buchungen ausdrucken	OP-führend
Personenkonto	Buchung hinzufügen	
Sachkonto		
Umsatz		
Name		
Buchung		

Tab. B–2

Substantive, Verben und Adjektive der Kontospezifikation

Substantive	Verben	Adjekive
Buchungsdatum		
Gegenkonto		
Soll-/Haben-Kennzeichen		
Buchungsbetrag		
Kontensaldo		

Diese Auflistung zeigt mögliche Kandidaten für Klassen, Methoden und Attribute. Als erster Schritt lässt sich eine Klasse Konto mit den Attributen Nummer, Name und Kontensaldo bilden. Diese Klasse hat auch zwei Methoden PrintBuchungen und AddBuchung. Von dieser Klasse können zwei weitere Klassen, Personenkonto und Sachkonto, abgeleitet werden, wobei die Klasse Personenkonto zusätzlich über ein Attribut Umsatz verfügt. Das Adjektiv OP-führend ist hier nur eine zusätzliche Information, die nicht zu einem Attribut führt.

Daneben gibt es noch eine Klasse Buchung mit den Eigenschaften Buchungsdatum, Gegenkonto, Soll-Haben-Kennzeichen und Buchungsbetrag. Ebenso verfügt jedes Konto über eine Liste von Buchungen.

Die dazugehörende UML-Darstellung ist in Abbildung B-2 zu sehen.

Abb. B–2
UML-Darstellung des Kontomodells

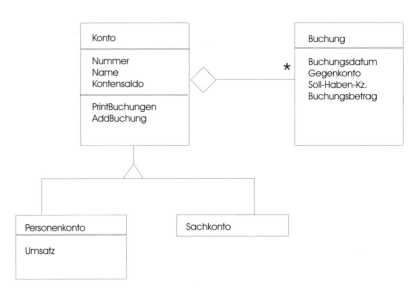

B.4 Lösungen zu Kapitel 5

B.4.1 Übungen in Abschnitt 5.1.9

Aufgabe 2 (10 Minuten): Relationen

Zugegeben eine gemeine Frage, aber die Antwort ist relativ einfach: Relationen sind nicht sortiert.

Aufgabe 3 (40 Minuten): Transaktionen

Tabelle B-3 zeigt das Ergebnis bei paralleler Ausführung, Tabelle B-4 bei serieller Ausführung.

Tab. B–3
Ergebnis bei paralleler Ausführung

Transaktion T1	A_{T1}	B_{T1}	Transaktion T2	A_{T2}	B_{T2}	A_{Datei}	B_{Datei}
Read A	40					40	40
			Read A	40			
			A := 10	10			
			Write A	10		10	
A := A + 10	50						
Read B		40					
B := A * 2		100					
			Read B		40		
			B := 10		10		
			Write B		10		10
Write A	50					50	
Write B		100					100

Bei paralleler Ausführung ist das Ergebnis demnach A = 50, B = 100.

Transaktion T1	A_{T1}	B_{T1}
Read A	40	
A := A + 10	50	
Read B		40
B := A * 2		100
Write A	50	
Write B		100
Transaktion T2	**A_{T2}**	**B_{T2}**
Read A	50	

Tab. B–4
Ergebnis bei serieller Ausführung

Transaktion T1	A_{T1}	B_{T1}
A := 10	10	
Write A	10	
Read B		100
B := 10		10
Write B		10

Bei serieller Ausführung ist das Ergebnis jeweils 10, wodurch leicht ersichtlich ist, dass die beiden Transaktionen nicht serialisierbar sind.

B.4.2 Übungen in Abschnitt 5.2.6

Aufgabe 1 (100 Minuten): Normalisierung

Im ersten Schritt werden ganz einfach die Datenelemente, die in dem Modell vorkommen, aufgelistet. Diese Auflistung ist in Tabelle B-5 sichtbar.

Tab. B–5
Erste Normalform

	1	2	3	4	5	6	7	8
1 Nummer	X	X	X	X	X	X	X	
2 Name								
3 Geburtsdatum								
4 Religionsbekenntnis								
5 Gehalt								
6 Gehaltskategorie des Mitarbeiters								
7 Abteilungsname								
8 Abteilungsnummer								

Grundsätzlich ist das Ergebnis dieser ersten Normalform also nur eine einzige Tabelle. Auch bei Betrachtung der Regeln der zweiten Normalform kann diese Einteilung erhalten bleiben, da kein Attribut schon von einem Teil des Schlüssels funktional abhängt. Im nächsten Arbeitsschritt ist es nun notwendig festzustellen, ob Datenelemente, die keine Schlüssel sind, tatsächlich vom Schlüssel abhängen. Ferner muss sichergestellt werden, dass diese von keinem anderen Datenelement abhängig sind. Hier ergeben sich einige Probleme, da einmal der Abteilungsname von der Abteilungsnummer sowie das Gehalt von der Gehaltskategorie abhängig ist. Aus diesem Grund sollten diese Werte in eigene Tabellen ausgelagert werden.

Somit ergeben sich folgende Tabellen in dritter Normalform:

Tabellen in dritter Normalform

❑ Die Tabelle `Mitarbeiter` mit dem Schlüsselfeld `Mitarbeiternummer` und den Datenfeldern `Name`, `Geburtsdatum`, `Religionsbekenntnis`, `Gehaltskategorie` und `Abteilungsnummer`.

❑ Die Tabelle `Gehalt` mit dem Schlüsselfeld `Gehaltskategorie` und dem Datenfeld `Betrag`.

❑ Die Tabelle `Abteilung` mit dem Schlüsselfeld `Abteilungsnummer` und dem Datenfeld `Abteilungsname`.

Zusätzlich ist es sicher sinnvoll, einen Index auf das Datenfeld `Name` in der Tabelle `Mitarbeiter` zu legen, da Auswertungen in alphabetischer Reihenfolge wohl häufig erfolgen. Weitere Indexobjekte können in Erwägung gezogen werden und sind sicherlich von den gewünschten Anwendungen abhängig.

Die zu diesem Modell gehörende ER-Darstellung zeigt Abbildung B-3.

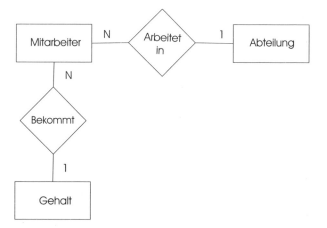

Abb. B-3
ER-Modell für Gehaltsverrechnung

An dieser Stelle sei noch angemerkt, dass auch andere Zwischenergebnisse bei dieser Aufgabe denkbar sind. Das Endergebnis sollte dem der Musterlösung aber gleich sein.

B.4.3 Übungen in Abschnitt 5.3.8

Aufgabe 1 (20 Minuten): Erstellen von Tabellen

```
CREATE TABLE Mitarbeiter (
    Nummer NUMBER (6) NOT NULL,
    Name CHAR (30),
    Geburtsdatum DATE,
```

```
    Religionsbekenntnis CHAR (30),
    Gehaltskategorie NUMBER (4) NOT NULL,
    Abteilungsnummer NUMBER (4) NOT NULL,
    PRIMARY KEY (Nummer),
    FOREIGN KEY (Gehaltskategorie) REFERENCES Gehalt,
    FOREIGN KEY (Abteilungsnummer) REFERENCES Abteilung
);

CREATE TABLE Gehalt (
    Kategorie NUMBER (4) NOT NULL,
    Betrag NUMBER (18, 2),
    PRIMARY KEY (Kategorie)
);

CREATE TABLE Abteilung (
    Nummer NUMBER (4) NOT NULL,
    Name CHAR (30),
    PRIMARY KEY (Nummer)
);
```

Aufgabe 2 (100 Minuten): Erstellen von Abfragen

1. SELECT * FROM Mitarbeiter

2. SELECT Nummer, Name, Geburtsdatum FROM Mitarbeiter ORDER BY Name

3. SELECT * FROM Mitarbeiter WHERE Abteilungsnummer = 10

4. SELECT * FROM Mitarbeiter WHERE Abteilungsnummer = 10 ORDER BY Geburtsdatum

5. SELECT Nummer, Name, Betrag FROM Mitarbeiter, Gehalt WHERE Gehaltskategorie = Kategorie

6. SELECT MIN(Betrag), MAX(Betrag), AVG(Betrag) FROM Mitarbeiter, Gehalt WHERE Gehaltskategorie = Kategorie

7. SELECT MAX(Betrag) FROM Mitarbeiter, Gehalt WHERE Abteilungsnummer = 10 AND Gehaltskategorie = Kategorie

8. SELECT Nummer, Name, Betrag FROM Mitarbeiter MA, Gehalt GE WHERE MA.Gehaltskategorie = GE.Kategorie AND Abteilungsnummer = 10 ORDER BY Betrag DESC

9. SELECT * FROM Mitarbeiter WHERE Name LIKE "Kn%"

10. SELECT * FROM Mitarbeiter WHERE Geburtsdatum = NULL

11. SELECT Abteilungsnummer, MAX(Gehaltskategorie) FROM Mitarbeiter GROUP BY Abteilungsnummer

12. SELECT Abteilungsnummer, MIN(Gehaltskategorie) FROM Mitarbeiter GROUP BY Abteilungsnummer HAVING MIN (Gehaltskategorie) > 2

13. CREATE INDEX MyInd ON Mitarbeiter(Name)

C   Glossar

Abstrakte Daten-struktur (ADS)   Datenstruktur, die von jedem beliebigen Klienten durch den Zugriff auf klar definierte Prozeduren verwendet werden kann, deren Implementierung aber offen ist.

Abstrakte Klasse   Derartige Klassen bestehen im Regelfall nur aus Methodenköpfen ohne Implementierung und werden niemals in einer Applikation verwendet, sondern dienen nur als künstliche Oberklasse.

Abstrakter Datentyp (ADT)   Datenstruktur, die sich nach außen wie ein Datentyp präsentiert.

Aggregation   Zusammenfassung mehrerer Objekte als Teile eines neuen Objektes.

Anomalien   Unerwartete Ergebnisse bei Einfüge-, Lösch- oder Änderungsoperationen, die durch Fehler beim Datenbankentwurf entstehen.

Assoziation   Beziehung zwischen zwei Objekten.

Attribut   Attribute sind die beschreibenden Eigenschaften eines Entitätstyps, etwa Kundennummer, Name oder Telefonnummer.

Ausgeglichener Baum   Siehe balancierter Baum

Balancierter Baum   Dabei handelt es sich um eine spezielle Art eines Baumes, bei dem sichergestellt wird, dass dieser nicht zu einer linearen Liste entarten kann. Es wird also die Höhe des Baumes erst dann erhöht, wenn es unbedingt nötig ist.

Basisklasse   Eine Klasse, die für andere Klassen als Oberklasse dient, selbst aber von keiner anderen Klasse abgeleitet wird, beispielsweise TObject in Delphi.

Baum	Spezielle Datenstruktur, bei der sich ganz oben eine Wurzel und darunter eine gewisse Anzahl von Knoten, so genannten Söhnen, befindet. Jeder dieser Söhne ist dabei wieder eine Wurzel eines Teilbaumes. Jene Knoten, die keine Söhne mehr haben, werden als Blatt bezeichnet.
Beziehung	Eine Beziehung (engl. relationship) legt fest, wie einzelne Objekte zueinander in Beziehung stehen. In einer Datenbank kann dies durch Referenzierung eines Schlüssels erfolgen.
Binärer Baum	Eine spezielle Art eines Baumes, wobei jeder Knoten maximal zwei Söhne (einen linken und einen rechten) hat.
Blatt	Jene Knoten eines Baumes, die keine Söhne mehr haben.
Client/Server	Durch eine Client/Server-Verarbeitung wird eine Anwendung in zwei Teile unterteilt: Das Frontend, das Daten auf der Arbeitsstation darstellt und bearbeitet, und das Backend, das zum Speichern, Abrufen und Schützen von Daten verwendet wird.
Commit	Durch ein Commit wird eine Transaktion unwiderruflich abgeschlossen.
Compiler	Werkzeug, mit dessen Hilfe ein Programm in ausführbaren Code übersetzt werden kann. Während bei einem Interpreter der Code jedes Mal zur Laufzeit übersetzt wird, wird beim Compiler der Code im Vorhinein und daher nur einmal übersetzt.
Concurrency	Spezielle Datenbankeigenschaft, wobei mehrere Programme zur gleichen Zeit auf dieselben Daten zugreifen können.
Datenabstraktion	Darunter wird das Verbergen von Daten hinter einer Schnittstelle verstanden. Nur über diese kann auf die Daten zugegriffen werden.
Datenbanktreiber	Eigene Software, die es ermöglicht, eine Verbindung zwischen Programm und Datenbank aufzubauen.
Deadlock	Darunter wird das gegenseitige Blockieren zweier Transaktionen verstanden, das entstehen kann, wenn zwei Transaktionen jeweils ein Objekt sperren und auf die Freigabe des jeweils von der anderen Transaktion gesperrten Objektes warten.
Debugger	Ein spezielles Werkzeug, mit dessen Hilfe es möglich ist, ein Programm Schritt für Schritt abzuarbeiten und dabei immer die aktuellen Werte der lokalen Variablen anzeigen zu lassen. In COBOL wird dafür häufig auch der Begriff Animator verwendet.

Destruktor	Destruktoren dienen dazu, Objekte freizugeben, und bieten die Möglichkeit, in diesem Moment noch abschließende Aktionen, wie etwa Nullsetzen eines Zählers, durchführen zu können.
Dynamische Datenstruktur	Datenstruktur, die erst dynamisch, also zur Laufzeit, angelegt wird. Die Größe ist daher beliebig.
Entität	Dabei handelt es sich um ein identifizierbares Objekt der realen Welt, das durch bestimmte Merkmale gekennzeichnet werden kann. Jede Entität hat gewisse Eigenschaften, die als Attribute bezeichnet werden.
Event	Darunter wird ein Ereignis, das in Zusammenhang mit einer grafischen Benutzeroberfläche auftreten kann, verstanden. Beispiele dafür wären etwa Bewegungen mit der Maus oder Tastatureingaben.
Exception	Exceptions sind Objekte, die einen Ausnahme- oder Fehlerzustand signalisieren. Diese können mittels der Anweisungen `raise` bzw. `throw` ausgelöst und durch try-Blöcke abgefangen werden.
Fokus	Dieser Begriff ist wichtig im Zusammenhang mit grafischen Benutzeroberflächen. Dabei kann jeweils nur eine Komponente den Fokus besitzen, was bedeutet, dass Tastatureingaben an diese weitergeleitet werden.
Fremdschlüssel	Ein Fremdschlüssel ist ein Datenelement, das sich auf einen Primärschlüssel bezieht. Der Wert steht dabei für den ganzen Datensatz in der Tabelle, auf die er verweist. Die Werte in einem Fremdschlüssel können sich im Gegenteil zum Primärschlüssel wiederholen.
Garbage Collection	Automatische Möglichkeit nicht mehr benötigte Objekte aus dem Speicher zu entfernen. Diese Funktionalität wird von Java, nicht aber von Delphi angeboten.
Generalisierung	Die Oberklasse stellt eine verallgemeinerte, also generalisierte Form der abgeleiteten Klasse dar, weswegen von einer Generalisierungsstruktur gesprochen werden kann.
HTML (Hypertext Markup Language)	Eigene Sprache zur Beschreibung von Web-Seiten.
Index	Ein Index dient in einer Datenbank dazu, einen schnellen Zugriff auf eine gewünschte Zeile zu ermöglichen. Dabei können bestimmte Spalten als Indexspalten definiert werden, für die dann ein Index definiert wird.

Information Hiding	Technik, die dafür sorgt, dass die Daten nach außen verborgen werden. Steht in engen Zusammenhang mit der Datenabstraktion.
Instanz	Eine Instanz ist nur ein anderes Wort für ein Objekt, in dem Sinne, dass ein Objekt von seiner Klasse instanziert wird.
Interpreter	Werkzeug, mit dessen Hilfe ein Programmcode zur Laufzeit in ausführbaren Code übersetzt werden kann. Während bei einem Compiler der Code im Vorhinein und daher nur einmal übersetzt wird, wird beim Interpreter der Code jedes Mal zur Laufzeit übersetzt.
ISO (International Organisation for Standardisation)	Standardisierungskomitee
Java	Diese OOP-Sprache ist C++ sehr ähnlich und vor allem für die Programmierung von Internetseiten gedacht. Durch den Internetboom hat diese Sprache die größten Wachstumsraten.
javadoc	Dabei handelt es sich um einen Dokumentationsgenerator, der anhand von Java-Quelltexten HTML-Seiten generiert. Diese enthalten die jeweiligen Klassen, Interfaces, Methoden, Konstruktoren und Variablen.
Join	Ein Join verbindet, ähnlich wie das kartesische Produkt, zwei Relationen miteinander.
Klasse	Eine Klasse entspricht in etwa einem abstrakten Datentyp, also einem Typ, von dem Variablen deklariert werden können und die dann über Attribute und Operationen (Methoden) verfügen.
Klassenbibliothek	Sammlung von Klassen, auf die im Sinne der Wiederverwendung zurückgegriffen werden kann.
Konstruktor	Spezielle Methode, die zum Anlegen und Initialisieren eines Objektes verwendet wird.
Kurzschluss-auswertung	Eine Kurzschlussauswertung liegt dann vor, wenn bei booleschen Abfragen der Art A or B zuerst A ausgewertet wird und nur, falls dieses nicht bereits wahr ist, auch B ausgewertet wird. Analog dazu wird bei A and B zuerst A ausgewertet und nur, falls dieses wahr ist, wird auch B ausgewertet, da sonst das Ergebnis ja bereits feststeht. Dies ist wichtig zu wissen, da, falls es sich bei B beispielsweise um eine Funktionsprozedur handelt, diese eventuell nicht aufgerufen wird.

Laufzeitfehler	Ein schwerer Programmfehler, der sich erst zur Laufzeit (also nicht schon während des Kompilierens) zeigt. Dies könnte etwa eine Division durch Null oder ein Zugriff auf eine nicht angelegte dynamische Datenstruktur sein. Wird ein derartiger Fehler nicht durch eine so genannte Exception abgefangen, wird dadurch das Programm beendet.
LOCK	Anweisung, die es ermöglicht, ein Datenobjekt, das geändert werden soll, zu sperren, um es vor Änderungen durch andere Datenbankoperationen zu schützen.
Mehrfachvererbung	Tritt dann auf, wenn eine Klasse von mehreren Basisklassen abgeleitet wird.
Meldung	Auftrag an ein Objekt, sozusagen ein dynamisch gebundener Prozeduraufruf.
Methode	Eine Operation, die von einer Klasse angeboten wird.
Nachricht	Aufforderung an ein Objekt, eine bestimmte Methode auszuführen.
Normalisierung	Aufteilen der Daten in Relationen, so dass diese redundanzfrei sind und Anomalien vermieden werden.
NULL-Wert	Spezieller Wert in einer Datenbank, der anzeigt, dass der Wert unbekannt oder unbestimmbar ist.
Oberon-2	Sehr effiziente und schön strukturierte objektorientierte Programmiersprache, die als Nachfolger von Pascal gesehen werden kann.
Objekt	Exemplar einer Klasse.
Objektorientierte Datenbank	Spezielle Form von Datenbanken, bei der nicht Tabellen, sondern Objekte im Mittelpunkt stehen und gespeichert werden.
OQL	Abfragesprache für objektorientierte Datenbanken, die durch die ODMG (Object Database Management Group) definiert wurde.
Paket	Klassen können in Java zu Paketen zusammengefasst werden.
Primärschlüssel	Dabei handelt es sich um ein Datenelement, mit dem ein Objekt eindeutig identifiziert werden kann, beispielsweise um eine Kontonummer.

Profiler	Spezielles Werkzeug, um die Dauer der Programmausführung zu messen. Damit ist es möglich, für jede Codezeile genau festzuhalten, wie oft sie durchlaufen wurde und welche Zeitspanne dies benötigte.
QACenter	Werkzeug der Firma Compuware, das zum automatischen Testen eingesetzt werden kann.
Recovery	Wiederherstellen eines konsistenten Datenbankzustandes, sogar im Falle eines kompletten Systemabsturzes.
Rekursion	Eine Rekursion tritt auf, wenn eine Prozedur sich selbst direkt oder indirekt wieder aufruft.
Schlüssel	Attributkombination, die alle Instanzen einer Klasse (Relation) eindeutig identifiziert.
Spezialisierung	Die Unterklasse stellt eine spezielle Form der Oberklasse dar, weswegen von einer Spezialisierungsstruktur gesprochen werden kann. Beispielsweise ist ein Angestellter eine spezielle Form eines Mitarbeiters.
SQL	Abfragesprache für relationale Datenbanken.
Statische Datenstruktur	Datenstruktur, deren Größe bereits vor Ausführung des Programms bekannt ist, also vollkommen unabhängig von etwaigen Eingaben ist. Die Datenstruktur wird bereits aufgrund der Deklaration angelegt und kann zur Laufzeit weder wachsen noch schrumpfen.
Surrogat	Künstlicher Schlüssel, wie etwa die ISBN-Nummer.
Transaktion	Einheit von Anweisungen, wobei entweder alle oder gar keine durchgeführt werden.
URL	Eine URL (Uniform Resource Locator) ist ein standardisiertes Darstellungsverfahren von Internetadressen.
UML	Die Unified Modeling Language (UML) ist eine Notation, mit deren Hilfe objektorientierte Modelle dargestellt werden können.
Unicode	Unicode ist ein genormter 16-Bit-Zeichensatz, mit dem Java arbeitet. Dadurch ist die Unterstützung eines enormen Zeichensatzes (etwa auch japanische Sonderzeichen) möglich.
Vererbung	Typerweiterung, mit der eine Spezialisierung einer Klasse erzielt werden kann.

View	Logische Sicht auf eine oder mehrere Relationen.
Y2K-Problem	Problem, das im Rahmen des Jahrtausendwechsels von 1999 auf 2000 aufgetreten ist. Viele Programme haben nur die beiden letzten Ziffern der Jahreszahl gespeichert, wobei also der Wechsel von 99 auf 00 auftrat. Dadurch ist beispielsweise eine zeitliche Sortierung nicht mehr möglich.
Zuweisungs-kompatibilität	Der rechte Ausdruck einer Zuweisung kann ohne Typumwandlung auf den linken Teil zugewiesen werden.

D Literaturverzeichnis

[Abb83]   Abbott: Program Design by Informal English Descriptions. Communications of the ACM, vol 26(11), 1983

[BGP00]   Böszörményi, Gutknecht, Pomberger: The School of Niklaus Wirth. dpunkt.verlag, 2000

[BMRS98]   Buschmann, Meunier, Rohnert, Sommerlad, Stal: Pattern-orientierte Software-Architektur. Addison-Wesley, 1998

[CaWa97]   Campione, Waltrath: Das Java^{TM} Tutorial. Addison-Wesley, 1997

[Com98]   Compuware: QARun – Language Reference Manual. Compuware Corporation, 1998

[DaDa98]   Date, Darwen: SQL – Der Standard. Addison-Wesley, 1998

[Dat90]   Date: An Introduction to Database Systems. Volume I, Fifth Edition, Addison-Wesley, 1990

[EcGo00]   Echtle, Goedike: Lehrbuch der Programmierung mit Java. dpunkt.verlag, 2000

[GHJV96]   Gamma, Helm, Johnson, Vlissides: Entwurfsmuster – Elemente wiederverwendbarer objektorientierter Software. Addison-Wesley, 1996

[HiKa99]   Hitz, Kappel: UML@Work. dpunkt.verlag, 1999

[JeWi74]   Jensen, Wirth: Pascal – User Manual and Report. Springer-Verlag, 1974

[Kna97]   Knasmüller: Oberon-D: On Adding Database Functionality to an Object-Oriented Development Environment. Trauner, 1997

[Kna99]   Knasmüller: Quo Vadis, BMD? Research Projects at BMD Steyr – An Experience Report. Proceedings European Software Day, Milano, p. 145-152, Österreichische Computer Gesellschaft, 1999

[Knu84]   Knuth: Literate Programming. Computer Journal, vol 27(2), 1984

[MeWü00]   Meier, Wüst: Objektorientierte und objektrelationale Datenbanken. 2. Auflage, dpunkt.verlag, 2000

[MiSi99]   Middendorf, Singer: Java Programmierhandbuch und Referenz für die Java-2-Plattform. 2. Auflage, dpunkt.verlag, 1999

[Mös99]   Mössenböck: Objektorientierte Programmierung in Oberon-2. Springer-Verlag, 1999

[Par72]   Parnas: On the Criteria to be Used in Decomposing Systems into Moduls. Communications of the ACM, vol 15(12), 1972

[Pie99]   Piemont: Komponenten in Java. dpunkt.verlag, 1999

[PoBl97]   Pomberger, Blaschek: Software Engineering. Hanser, 1997

[Pre95]   Pree: Design Patterns for Object-Oriented Software Development. ACM Press, Addison-Wesley, 1995

[Sed88]   Sedgewick: Algorithmen. Addison-Wesley, 1988

[Szy99]   Szyperski: Component Software: Beyond Object-Oriented Programming. ACM Press, Addison-Wesley, 1999

[Tha96]   Thaller: ISO 9001: Software-Entwicklung in der Praxis. Heise, 1996

[Wir71]   Wirth: Program Development by Stepwise Refinement. Communications of the ACM, vol 14(4), 1971

[Wir86]   Wirth: Algorithmen und Datenstrukturen mit Modula-2. Teubner, 1986

Index

2000, 377 Seiten, 109 Abbildungen, Broschur
DM 59,00 / öS 431,00 / sFr 53,50
ISBN 3-932588-22-3

Klaus Echtle, Michael Goedicke

Lehrbuch der Programmierung mit Java

Dieses Lehrbuch vermittelt die Grundlagen-kenntnisse im Programmieren, wie sie in den einführenden Veranstaltungen des Grundstudiums in Informatik, Wirtschafts-informatik und ähnlichen Fächern gelehrt werden. Um diese Lehrinhalte zu vermitteln, wird hier die moderne Programmiersprache Java verwendet. Neben den Basiskonzepten des Programmierens im Kleinen wird auch betrachtet, welche Bedeutung Strukturen des Programmierens im Großen haben und wie sie programmtechnisch umgesetzt werden können. Abgerundet wird das Buch mit einem Ausblick auf programmtechnische Konzepte, die über das rein sequentielle Programmieren hinausgehen (Ausnahmebehandlung und Threads).
Übungsmaterialien finden Sie unter
http://www.dpunkt.de/lehrbuch

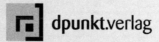 dpunkt.verlag

Ringstraße 19 • 69115 Heidelberg
fon 0 62 21/14 83 40
fax 0 62 21/14 83 99
e-mail hallo@dpunkt.de
http://www.dpunkt.de

1999, 368 Seiten, Broschur, mit CD
DM 78,00 / öS 569,00 / sFr 70,50
ISBN 3-932588-38-X

Martin Hitz, Gerti Kappel

UML@Work

Von der Analyse zur Realisierung

Anhand der Entwicklung eines Web-basierten, verteilten Kalendermanagers wird der objektorientierte Modellierungsstandard UML (Unified Modeling Language, Version 1.3) vorgestellt. Die Konzepte und Einsatzmöglichkeiten von UML werden schrittweise und praxisnah eingeführt, beginnend mit der Anforderungsbeschreibung bis hin zur Implementierung eines Java-Programms mit Datenbankanbindung.

Kritische Reflexionen über einzelne Schwächen von UML, eine Einführung in das UML-Metamodell, ein Überblick über existierende UML-Werkzeuge und ein umfangreiches Glossar bieten zusätzliches Insider-Wissen für den Entwickler im technischen und kommerziellen Umfeld sowie für den Studierenden und Lehrenden.

Die beigelegte CD-ROM enthält das komplette Beispiel in Rational Rose und als Java-Code.

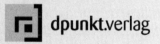 dpunkt.verlag

Ringstraße 19 • 69115 Heidelberg
fon 0 62 21/14 83 40
fax 0 62 21/14 83 99
e-mail hallo@dpunkt.de
http://www.dpunkt.de

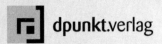